KB051337

스타트업,
록스타처럼 성공하라

스타트업, 록스타처럼 성공하라

세계적 록스타에게 배우는 스타트업 경영전략

이용준 지음

더봄

프롤로그

록 밴드를 시작한다는 것은 기업을 경험하는 것이다.

Starting a rock band is a very entrepreneurial experience.

-쉐인 스노우(Shane Snow), 미국 저널리스트, 작가

2016년 3월 쿠바 아바나에 위치한 시우다드 데포르티바 경기장 일대는 수백 명의 경찰이 동원되어 완전히 통제되었고, 경기장과 인접한 주요 도로까지 봉쇄되었다. 1959년 쿠바혁명 이래 가장 큰 규모의 집회가 열렸기 때문이다. 쿠바 당국에 의해 대통령 국빈 방문에 준하는 교통 통제가 이루어졌다. 이 집회의 주인공은 바로 1960년대부터 현재까지 현역으로 활동하고 있는 록 밴드 롤링 스톤스의 쿠바 공연이었다. 이미 칠순을 넘긴 이 노장 밴드의 공연을 보기 위해 무려 60만 명의 관중들이 모여들었고, 쿠바 언론은 이들의 방문을 오바마 대통령의 쿠바 방문과 맞먹는 역사적인 사건

으로 기록했다.

'대중음악의 역사는 비틀스의 탄생 전과 후로 나누어진다.'라는 평가를 받는 비틀스는 대중음악의 판도뿐 아니라 각종 사회현상에도 영향을 끼친 전무후무한 밴드였다. 더욱 놀라운 것은 1962년 데뷔해 1970년 공식적으로 해체하기까지 이들의 활동 기간이 7년 7개월에 불과했다는 것이다. 이는 현재 데뷔 8년 차를 맞는 에이핑크나, 이미 데뷔 10년 차를 훌쩍 넘어버린 소녀시대의 활동에도 못 미치는 기간이다.

학창 시절부터 록 음악에 빠졌던 나는 20대 초반부터 현재까지 다양한 밴드를 거치며 기타 연주를 해왔다. 내가 활동한 팀 중에는 오디션을 보고 참여해 활동한 팀도 있었고, 리더로서 구성한 팀도 있었다. 음악 장르도 헤비메탈에서 교회 음악, 인디 밴드에서 사내 밴드까지 다양했다. 내가 몸담았던 팀들 중에는 성공적으로 세팅되어 조직적으로도, 음악적으로도 안정된 팀이 있었던 반면, 잦은 멤버 교체와 팀 운영 미숙으로 해체를 겪은 팀도 있었다. 이런 다양한 장르의 음악과 다양한 구성원들과 함께 밴드를 하면서 깨달은 것은 밴드 조직이 스타트업 기업과 매우 닮았다는 것이다.

먼저, 스타트업과 록 밴드는 조직적인 구조가 매우 유사하다. 록 밴드는 보컬, 베이스, 드럼, 기타 등 역할과 책임이 명확한 기능 단위로 구성된 조직이다. 스타트업 또한 각 분야의 전문가들로 결성되어 이들이 높은 권한과 자율성 그리고 책임을 지는 조직이다.

즉 두 조직 모두 뛰어난 역량과 기능을 가진 멤버들이 최소한의 인원으로 구성되었다는 공통점이 있다.

둘째, 스타트업과 록 밴드 모두 동일한 비전을 가지고 같은 목표를 추구하는 조직이다. 록 밴드의 멤버들은 밴드 리더가 추구하는 명확한 음악적 장르 속에 결속되어 움직이는 비전 중심의 조직이다. 이는 창립자의 비전 아래 한 방향으로 나아가는 스타트업의 구성원들과 유사하다.

셋째, 스타트업과 록 밴드는 불확실한 시장에서 위험을 무릅쓰고 발빠른 조직 문화, 유연한 의사결정, 차별화된 경영 전략 속에서 성장하는 조직이다.

이 책은 '스타트업과 록 밴드가 이러한 공통점을 갖고 있다면, 뛰어난 성과를 낸 록 밴드의 성공비결을 스타트업 경영에 적용해 볼 수 있지 않을까?' 하는 물음에서 시작되었다. 그리고 다양한 케이스 스터디를 통해 세계적으로 성공한 록 밴드들이 우리에게 귀중한 비즈니스적 통찰력을 제공한다는 사실을 알게 되었다. 즉 대중의 기호에 맞추어 등장하고 사라지는 수많은 뮤지션들과 트렌드의 변화에 따라 생존을 위협받는 거친 음악 시장 속에서도 반세기 동안 영속해온 밴드, 짧은 기간 동안 놀라운 영향력을 행사했던 밴드, 지속적으로 성과를 보여주는 밴드의 다양한 사례와 비결을 분석했을 때, 미래가 불확실하고 급변하는 비즈니스 환경에서 생존해나가야 하는 스타트업에도 동일한 비즈니스 방향과 영감을 적용할 수 있다는 결론을 얻게 된 것이다.

바야흐로 스타트업의 전성시대가 열렸다. 4차 산업혁명을 선도하겠다는 취지에 따라 국가적 차원의 스타트업 지원 정책이 쏟아지고 IT 기술과 미디어의 발달은 스타트업의 진입 장벽을 무너뜨렸다. 외적으로는 스타트업 투자 인프라 구축, 인터넷과 소셜미디어의 발달 같은 하드웨어가 구축되었고, 대기업과 스타트업 간 R&D 협력 프로그램, 다양한 스타트업 교육 프로그램 등 쓸 만한 소프트웨어도 대량 업데이트됐다. 이전과는 비할 바 없이 좋은 환경 속에 이제 마음만 먹으면 누구나 스타트업을 시작할 수 있는 기회가 열린 것이다. 이런 스타트업의 열기 속에 최근 9만 6천 개의 스타트업들이 우후죽순 생겨났다. 하지만, 아쉽게도 이들의 3년 뒤 생존율은 10%에 불과하다. 따라서 단지 뛰어난 아이디어만으로는 기업을 지켜갈 수 없다는 것을 단적으로 보여주었다.

이제 막 시작한 1년 미만의 IT 관련 스타트업의 대표 4명과 인터뷰를 진행했다.

"가장 힘든 것은 자금조달입니다. 제때 투자받지 못하면, 성장 전략, 기술력 모두 물거품이 되죠."

"원가와 품질, 개발관리 측면에서도 어려움이 많아요."

"외로움과 싸워야 한다는 것이 가장 힘듭니다. 모든 문제를 결국에는 혼자 해결할 수밖에 없거든요."

이렇게 다양한 스타트업의 어려움을 토로하는 동안 2시간이 훌쩍 흘렀다. 이들 스타트업 기업에 정말 필요한 것은 무엇일까? 답이 없는 토론이 오가는 동안 이들에게 정말 필요한 것은 혁신기술 또는 투자나 고객 유치가 아닌, 자신에 대한 진지한 관찰과 성찰을 통해 비즈니스를 새롭게 바라보는 관점을 기르는 것이라는 결론에 이르렀다. 그리고 이를 통해 자신만의 생존 전략과 차별성을 찾아야 한다는 것이다.

이 책은 세계적으로 성공하고 영향력을 펼치는 다양한 록 밴드들의 성공 전략을 연구하고 비즈니스적 관점으로 재해석하여 스타트업 기업에 비즈니스적 영감을 제공할 목적으로 집필되었다. 이 책이 생존을 위해 고군분투하는 많은 스타트업들, 그리고 이를 뛰어넘어 오래도록 영속할 위대한 기업으로 이어갈 스타트업들에게 작은 도움이 되었으면 한다. 스타트업, 록스타에게 배워라! 그리고 록스타처럼 성공하라!

차례

PART 1

스타트업
경영전략

우리나라에서 메이저 레코드사와 음반 계약을 하고 정규 앨범을 발매한 록 밴드는 약 390개 정도로 추정된다. 하지만 시간이 흘러 돌아보면 현재까지 앨범을 내거나 활동을 유지하고 있는 밴드는 10% 정도에 불과하다. 스타트업의 생존율도 이와 비슷하다. 통계에 따르면 국내 스타트업 창업 후 살아남을 확률은 10%에 불과하다. 살아남은 10%에서도 소수만이 투자를 유치해 성장할 수 있는 기회를 얻는다. 따라서 이런 치열한 경쟁 속에 스타트업이 생존하기 위해서는 전략이 필요하다. 희소한 경영자원으로 경쟁에서 우위를 차지하고 조직을 유지시키기 위해서는 어떤 제품을 어떻게 팔고 어떻게 관리할 것인가에 대한 확고한 의사 결정이 필요하다는 것이다. 첫 장에서는 밴드들이 생존을 위해 펼쳐온 전략을 살펴보고 이를 어떻게 조직에 적용할지 알아본다.

1

스틸 팬더,
완벽한 모방을 통한 성공

    몸에 딱 붙는 가죽 바지에 허리춤에는 체인을 가득 둘렀다. 두건을 둘러싼 이마 옆으로 흘러내리는 머리카락은 풀어헤친 가슴을 덮고 있고, 쏟아지는 조명 아래 짙은 메이크업과 형광색의 화려한 기타가 과장된 무대의 연출을 돕고 있다. 타임머신을 타고 막 1980년대에서 날아와 무대에 오른 듯한 외모를 보여주는 이들은 시대와의 타협은 없다는 듯 헤비메탈 전성기의 록씬을 그대로 재현해낸다. 바로 21세기에 1980년대 스타일의 헤비메탈을 추구하는 장발 4인방 스틸 팬더Steel Panther의 이야기다.

    스틸 팬더는 반 헤일런Van Halen의 트리뷰트 밴드로 커리어를 시작해 80년대를 풍미했던 헤비메탈의 부활을 꿈꾸며 결성된 미국 메탈 밴드다. 이들은 그런지, 하드코어, 얼터너티브가 판을 치던

2000년대 초에 80년대 록씬의 요소들을 과장되게 표현하거나, 그 시대의 명곡을 우스꽝스럽게 패러디해서 명성을 얻기 시작했다. 스틸 팬더는 80년대를 대표하던 글램, 헤어 메탈 콘셉트를 뮤직비디오에서 과장되고 코믹하게 표현하여 유튜브에서 큰 인기를 끌었다. 그리고 이를 본 음악관계자들에 의해 유명 록 밴드의 오프닝 기회를 얻게 되었고, 이를 계기로 큰 명성을 얻었다.

| 성장 전략으로서의 창조적 모방 |

커버 밴드 시절을 거쳐, 21세기형 글램 메탈이라는 독자적인 음악 장르를 확고히 하기 위해 사용한 전략은 바로 창조적 모방 전략이었다. 스틸 팬더가 단순히 패러디를 통해 이목을 끌어 순간적인 유명세에 젖어 있었다면 유명 가수들의 오프닝 밴드나 지역 클럽을 전전하는 그저 그런 밴드들 중 하나가 되었을지도 모른다. 하지만 이들이 탁월했던 점은 단순히 모방에서 그치는 것이 아니라, 이것을 창조적인 모방으로 승화시켜 조직을 더 큰 성장으로 이끌었다는 데 있다. 자신들이 추구하는 음악적 방향을 명확히 하고 패러디를 통해 얻은 경험을 새로운 창작물로 발현해 낸 것이다.

스틸 팬더는 카피와 패러디로 클럽을 전전하다가 어느 정도 이름이 알려지자 본격적인 오리지널 앨범 작업에 몰두한다. 이들의 모양새는 코믹한 패러디 밴드였지만, 이후 발매된 음반에서는 자신들의 음악적 실력을 과시하며 팀의 색깔이 명확한 오리지널 곡들로만 가득 채운 앨범을 발매한다. 2009년 첫 메이저 레이블에서 발매한 〈필 더 스틸〉Feel the Steel 앨범을 통해 빌보드 200 차트의 100위권 이내 진입에 성공했다. 이들은 80년대에 향수를 가진 관객들의 니즈를 파악했고, 영리하게도 한발 더 나아가 자신들의 독특한 코믹 콘셉트에 독창성을 살리면서 새로운 음악 시장을 개척한 것이다. 2011년 발매된 〈볼스 아웃〉Balls Out 앨범은 아이튠즈 록 차트에서 내로라하는 록 밴드 메가데스Megadeth, 메탈리카Metallica를 제치고 순위권에 진입하는 데 성공했고 최근에는 어쿠스틱 라이브 앨범 발매를 통해 자신들의 음악적 방향을 확실히 보여줬다. 단순한 패러디 밴드가 아닌 완벽한 프로 밴드로서의 성공을 알린 것이다.

스틸 팬더가 보여준 모방 전략은 비즈니스에서도 유의미하다. 모방을 통해 창의적인 전략을 도출할 수 있기 때문이다. 미국 오클라호마대학교The University of Oklahoma 심리학과에서는 모방과 창의 간 관계를 밝히는 실험을 진행한 적이 있다. 연구팀은 실험 참가자에게 몇 개의 예시 그림과 함께 외계인을 그리게 했다. 참가자들의 대부분은 외계인을 그릴 때 연구팀이 보여준 그림을 보고 외계인의 특징을 묘사했다. 그리고 연구팀이 예시 그림을 많이 보여줄수록 참가자들이 그리는 외계인의 종류가 늘어났다. 그리고 외계인의 초기 디자인을 보여준 후 더 보완해 보라는 주문을 받은 참가자들은 더욱 독창적인 디자인의 결과물을 보여주었다. 즉 모방을 통해 얼마든지 창의적인 결과물을 도출할 수 있다는 것이다.

시간이 흐르고 트렌드가 변해도, 기업의 성공은 모방을 통한 창조 전략에서 나왔다. 80, 90년대 일본 기업의 성공 동력은 모방이었다. 미국에서 트랜지스터를 개발하면, 일본은 이 기술을 가전제품에 응용해 세계를 석권했다. 비디오 카세트 레코더^{VCR}를 처음 발명한 것은 미국이었지만, 소니는 카세트형 테이프 방식의 VCR을 개발해 대중화시켰다. 21세기에 접어들어서는 중국이 모방을 통해 급성장을 이뤄냈다. 샤오미^{Xiaomi}, 알리바바^{Alibaba}, 바이두^{Baidu}가 그 대표적인 기업들이다. 북경 장강상 학원^{Cheung Kong Graduate School of Business} 텅빙성 교수는 "중국은 최근 20~30년간 해외 유명 기업 제품을 따라 만들며 습득한 기술을 중국 시장에 맞게 조금씩 변형하여 혁신을 이뤄냈다."고 설명하면서 카피캣 전략의 중요성을 언급했다.

스타트업으로 시작해 놀라운 성과를 일궈낸 기업들 또한 모방 전략을 통해 자신들만의 독창성을 구축하고 이로써 시장을 장악해 왔다. 비자, 마스터 카드는 신용카드를 최초로 선보인 다이너스 클럽 신용카드의 사업 모델을 차용해 비즈니스를 시작했지만 공항라운지 무료입장, 가맹점 할인 같은 독자적인 서비스 개발로 시장을 점유했다. 블록버스터^{Blockbuster}의 비즈니스 모델을 따라서 DVD유통 산업에 뛰어든 넷플릭스^{Netflix}도 훗날 독보적인 콘텐츠 사용권과 자체 콘텐츠 제작을 통해 스타트업의 신화가 됐다.

스틸 팬더가 보여 준 것처럼 카피캣이 성공하기 위해서는 단순한 모방이 아닌 창조적인 모방으로 연결시키는 것이 중요하다. 그리고 이를 위해서는 전략적인 접근이 필요하다. 미국 오하이오주립 대The Ohio State University 경영대학원의 오데드 센카Oded Shenkar 교수는 "성공적인 모방을 위해서는 전략이 필요하다."고 강조했다. 그렇다면 어떤 전략을 활용해야 창조적 모방을 가능하게 할 수 있을까?

| 최고의 것을 찾아 완벽히 모방하라 |

단순히 좋은 아이디어나 비즈니스 모델을 찾아 베끼는 것은 의미가 없다. 먼저 조직에 접목시킬 가장 좋은 것을 찾아 벤치마킹하는 결단이 필요하다. 홈플러스의 사례를 들어보자. 정문에 들어서면 쇼핑 카트를 가지고 2층으로 올라갈 수 있는 무빙워크가 보인다. 지금은 굉장히 흔한 이런 방식은 홈플러스가 1995년 유통 사업에 뛰어들 당시에는 찾아볼 수 없었던 획기적인 방식이었고, 이는 소비자들이 카트를 끌고 매장 곳곳을 누빌 수 있는 쇼핑의 편리함을 제공해 매출 증가에 큰 공을 세웠다.

홈플러스가 유통 시장에 뛰어들 시기에는 이미 11개의 선도 업체들이 시장을 장악하고 있었다. 치열한 경쟁에서 이승한 회장이 선택한 성공 전략은 바로 모방이었다. 다만, 이마트 등 국내 경쟁자들이 아닌 글로벌 베스트 플레이어를 모방하기로 했다. '최고를 찾아 따라 한다.' 이것이 성공 전략이었다. 홈플러스는 세계적으로 유명한 할인 유통매장, 백화점, 쇼핑몰을 찾아 지구를 7바퀴 반 돌았다. 그리고 미국의 한 유통매장에서 본 격자형 무빙워크를

'창조성이란 매우 실용적인 것이며, 거의 사업과 같은 노력을 기울여야 한다. 그리고 그 노력은 모방에 시간을 쏟아붓는 것이다.' 창조적 모방의 핵심은 바로 '완벽한 모방'에 있다는 것이다. 어설프게 따라하거나, 일부 좋은 부분만 차용해서는 실패로 끝나게 된다. 하지만, 완전한 모방은 제품이나 서비스의 원리와 작동 방식을 완벽하게 이해했다는 것이다. 그 과정에서 단편적인 분석이 아닌 종합적인 통찰을 통해 보다 나은 아이디어를 제공하게 된다.

개조해 국내 최초로 도입했고 시장의 큰 반향을 불러일으켰다. 그러니 이왕 모방하려면 최고를 찾아 모방해야 한다는 것이다.

스틸 팬더 또한 지금의 자리에 있기까지 반 헤일런Van Halen, 건즈 앤 로지스Guns N' Roses, 본 조비Bon Jovi, 머틀리 크루Mötley Crüe, 오지 오스본Ozzy Osbourne, 데프 레퍼드Def Leppard 등 당대 최고 밴드의 커버 곡들을 가지고 1,000번 이상 무대에 올랐다. 그리고 이 경험이 충분히 쌓여 스틸 팬더가 추구하고자 하는 음악적 방향의 토대가 되었다.

최고를 찾았으면 그 다음으로 필요한 것은 완벽히 따라 해보는 것이다. 미국 무용계의 여왕, 브로드웨이 뮤지컬계의 신화로 불리는 세계적인 안무가 트와일라 타프Twyla Tharp는 그의 저서 《천재들의 창조적 습관》The Creative Habit에서 이렇게 말한 바 있다.

"창조성이란 매우 실용적인 것이며, 거의 사업과 같은 노력을 기울여야 한다. 그리고 그 노력은 모방에 시간을 쏟아붓는 것이다."

창조적 모방의 핵심은 바로 '완벽한 모방'에 있다는 것이다. 어설프게 따라하거나, 일부 좋은 부분만 차용해서는 실패로 끝나게 된다. 하지만, 완전한 모방은 제품이나 서비스의 원리와 작동 방식을 완벽하게 이해했다는 것이다. 그 과정에서 단편적인 분석이 아닌 종합적인 통찰을 통해 보다 나은 아이디어를 제공하게 된다. 우리나라는 외국의 히트 상품을 완전히 분해한 후 다시 조립해보는 역공학Re-engineering을 바탕으로 빠른 기술 발전을 이뤄냈다. 그리고 이 방식을 통해 생산원가를 낮추거나 사용자의 편의성을 보완한 제품들을 선보이면서 독자적인 기술력으로 발전시킬 수 있었다.

지금은 혁신 회사로 손꼽히는 사우스웨스트 항공Southwest Airlines도 미국 1세대 저가 항공사였던 퍼시픽 사우스웨스트 항공Pacific Southwest Airlines을 무조건 모방하는 것으로 시작했다. 심지어 운영 매뉴얼을 그대로 가져와 똑같이 사용했다. 이후 이런 완벽한 모방의 경험은 사업의 핵심을 보는 안목을 길러주었으며 현재 사우스웨스트의 독자적인 전략과 조직 문화로 발전시키는 데 큰 도움을 주었다.

유럽 저가 항공사의 대명사로 알려진 아일랜드의 라이언에어Ryanair도 마찬가지였다. 라이언에어의 CEO 마이클 오리어리Michael O'Learys는 성공 원인에 대해 다음과 같이 설명했다. "사우스웨스트를 베낀 게 우리가 한 전부이다." 이처럼 성공적인 모방은 뛰어난 기업들의 장점을 분석하기만 해서는 안 된다. 완벽한 모방을 통해 완벽하게 타사의 기술을 체득하고 지속적인 경험을 통해 창조적 모방으로 연결시켜야 한다.

밴드 결성 초기 스틸 팬더는 캘리포니아주 선셋스트립Sunset Strip의 라이브 클럽에서 매주 월요일 저녁 공연을 진행했다. 이들의 공연 곡들은 80년대 가장 유명했던 글램 메탈 밴드들의 노래였다. 그런데 스틸 팬더가 무대에서 보여준 것은 단순한 카피 수준을 뛰어넘는 것이었다. 커버한 밴드들의 무대의상, 행동과 멘트 등 모든 특징을 분석하고 연구해 매주마다 80년대 히트 밴드와 완벽하게 빙의된 무대를 선보인 것이다. '완벽한 모방', 이것이 현재의 스틸 팬더를 있게 만든 성공 요인이었고, 기업의 비즈니스를 성공시키는 카피캣 전략인 것이다.

스틸 팬더의 등장 초기 그들은 과장된 표현으로 인해 저속한 패러디 밴드에 불과하다는 비평가들의 비난을 받았다. 하지만 결과적으로 전 세계적으로 탄탄한 팬층을 확보했고, 80년대 메탈씬을 선도하던 동료 밴드들의 존경을 받는 밴드가 됐다. 머틀리 크루 Mötley Crüe, 데프 레파드 Def Leppard, 주다스 프리스트 Judas Priest 등 지금은 시대에 맞게 변해 버린 80년대 밴드들은 스틸 팬더가 보여준 자취를 통해 그들의 전성기를 회상할 수 있었고, 그 시대의 메탈 정신을 돌아볼 수 있게 하는 유일한 밴드라고 이들을 칭송하기까지 했다.

스틸 팬더는 패러디 음악을 한다고 해서 실력이 부족한 밴드가 아니었다. 스틸 팬더 멤버들의 나이는 45~50세 사이로 실제 80년대 글램 메탈의 전성기를 직접 본 세대였고, 그리움을 추억하며 21세기에 그 시절의 정신과 음악을 부활시키고자 한 선구자들이었다. 그들은 음악적으로 재능 있는 뮤지션들이었고, 탁월한 쇼맨십을 가진 지금은 찾아보기 힘든 제대로 된 밴드 중 하나였다. 완벽한 모방을 통해 가장 창의적인 밴드 중 하나가 된 스틸 팬더를 보며 조직들은 성공을 위한 모방 전략을 고민해 볼 수 있을 것이다.

2

밴드 키스의
스토리텔링 전략

"최고의 밴드를 원하는가? 최고의 밴드가 여기 있다! 세계 최고로 핫한
밴드, 키스!"
You Wanted The Best? You Got The Best! The Hottest Band In
The World, KISS!

전설적인 록 밴드 키스^{KISS}의 라이브 공연 캐치프라이즈이다.
공포영화에나 나올 법한 기괴한 분장과 온갖 특이한 장신구로 무
장하고 무대에서 뿜어 나오는 강렬한 불꽃 아래 입에서 피를 흘리
며 등장하는 이들은 한 번 보면 절대 잊어버릴 수 없는 충격적인
퍼포먼스를 관객에게 선사한다. 키스는 위의 캐치프라이즈처럼 실
제로 가장 잘나가는 핫한 밴드로 스타워즈와 함께 70년대 미국 문

화의 상징으로 군림해 온 밴드이다. 28개의 골드앨범(50만 장 이상 판매된 앨범) 보유, 전 세계적으로 1억 장의 음반을 팔아 치웠으며, 록 음악계의 수많은 서브 컬처를 생산해낸 모체가 된 밴드이다. 당시 스파이더맨, 아이언맨, 배트맨에 이어 마블 코믹스의 새로운 히어로로 키스 멤버들이 만화책에 등장할 정도였으니, 그 인기는 가히 상상을 초월할 정도였다. 키스가 미국 문화의 아이콘으로 자리매김할 정도로 큰 상업적 성공을 거둘 수 있었던 이유는 무엇일까?

| 성공의 전략이 된 스토리 |

키스는 상품의 콘셉트를 명확히 하고 스토리텔링을 통해 브랜딩을 극대화시켰다. 키스는 하드록이라는 음악적 장르를 추구하면서, 다른 밴드들이 보여주지 못한 뚜렷한 콘셉트로 자신들의 존재감을 분명히 했다. 키스는 쏟아져 나오는 수많은 록 밴드들 사이에서 차별성을 갖고 밴드의 입지를 굳힐 방법을 전략적으로 모색했다. 그리고 무대 위에 오르기 전 흑백으로 대조되는 강한 메이크업을 통해 자신들만의 아이덴티티를 구축하고 그들만의 스토리텔링을 시작했다.

먼저 멤버들의 개성을 따라 각자의 캐릭터를 만들었다. 베이스의 진 시먼스Gene Simmons는 지옥에서 온 악마, 리듬 기타의 폴 스탠리Paul Stanley는 스타차일드, 리드기타 에이스 프레일리Ace Frehley는 우주인, 드럼의 피터 크리스^{Peter Criss}는 고양이 인간이라는 독특한 설정을 만들었다. 그리고 그에 따라 얼굴에 별을 그리거나, 악마 분장을 하는 식으로 자신들의 캐릭터를 극대화시켰다. 그리고 캐릭터에 스토리를 만들어 생명을 불어넣었다. 이후 마블 코믹스에서는 이러한 캐릭터들을 특징을 살려 별 모양의 오른쪽 눈으로 레이저를 쏘는 능력을 갖춘 스타 차일드, 순간이동 능력을 가진 우주인 스페이스맨, 하늘을 날고 불을 뿜는 데몬 캐릭터를 새로운 히어로로 등장시켜 밴드의 스토리텔링을 더욱 강화시켜 주었다. 밴드에 캐릭터를 만들고, 거기에 적절한 스토리를 입히자 키스라는 브랜드는 마돈나, 마이클 잭슨과 함께 미국 문화의 아이콘으로 떠올랐다. 이로써 밴드는 상업적 성공과 명성을 얻게 되었다.

세일즈에는 'Fact tells, but story sells'라는 격언이 있다. 사실은 전달되지만, 이야기는 팔린다는 뜻이다. 이는 스토리가 주는 강한 영향력을 대변해 주고 있으며, 스토리의 힘을 전략적으로 활용해 큰 성공으로 연결시킬 수 있음을 보여준다. 소비자들은 자신에게 가치 있다고 생각되는 제품에는 기꺼이 큰돈을 지불한다. 따라서 기업은 브랜드와 제품에 특정 가치를 부여하기 위한 전략을 모색하였고 제품, 브랜드, 기업에 대한 스토리를 들려줌으로써 소비자의 관심과 감성을 자극하여 판매로 연결시켰다.

스토리텔링 전략으로 성공한 에비앙^{evian}을 예로 들어 보자. 유럽의 고가 생수 브랜드인 에비앙은 신장 결석을 앓고 있던 프랑스한 귀족이 알프스의 작은 마을에서 나는 지하수를 마시고 병을 치료했다는 이야기를 마케팅에 적극 활용했다. 에비앙은 이 스토리를 통해 몸에 좋은 물과 신비로운 약수의 이미지를 구축했으며 단순한 생수가 아닌 고품질의 건강수로 포지셔닝하여 시장에서 입지를 굳건히 할 수 있었다. 생수 한 병에 스토리를 입히자 사람들은 열광했다. 에비앙의 가격은 몇 천 원에서 몇 만 원에까지 이르지만 사람들은 그만한 가치가 있다고 믿었고 에비앙은 최고의 프리미엄 생수가 되었다.

담배 브랜드 말보로^{Marlboro}의 이야기를 해보자. 말보로는 실화가 아니라 그럴듯한 이야기를 만들어 전파시키면서 브랜드의 이미지를 긍정적으로 구축했다. 사랑하는 두 남녀가 있었다. 하지만, 집안의 반대로 둘은 헤어지게 되었고 여자는 원치 않는 사람과 강제로 결혼하게 되었다. 남자는 담배 한 개비를 피우는 동안만이라도 함께 있어 달라고 여자에게 부탁한다. 담배에 필터가 없어 둘이 함께한 시간은 순식간에 끝나버린다. 그 짧은 시간이 안타까웠던 남자는 세계에서 최초로 필터가 적용돼 천천히 타들어가는 담배를 만든다. 여자가 남편을 여의고 혼자 살아간다는 이야기를 들은 남자는 여자를 찾아갔지만, 여자는 이미 싸늘한 시신이 되어 있었고 결국 사랑을 이루지 못한다. 슬픔에 빠진 남자는 '남자는 흘러간 로맨스 때문에 항상 사랑을 기억한다'^{Man Always Remember Love Because Of Romantic Over}의 앞 글자를 따서 말보로라는 담배를 만든다.

말보로는 이 같은 스토리를 전개하면서 여성용으로 출시되었던 말보로의 타깃을 남성층으로 확대했고 결과적으로 매출과 시장 점유율을 동시에 잡는 놀라운 성과를 달성한다.

| 양방향 스토리텔링 전략 |

기업들은 비즈니스 전략으로 꾸준히 스토리를 만들어냈으며 이제 스토리텔링이 비즈니스에서 중요하다는 것은 누구나 아는 상식이 되었다. 그리고 아직까지도 소비자들의 관심을 끌 수 있는 중요한 마케팅 전략으로 사용되고 있다. 하지만, 수많은 제품이 쏟아내는 스토리에 고객들은 점점 둔감해졌다. 이제까지는 스토리텔링이 뛰어난 마케터에 의한 고도의 전략으로 펼쳐졌다면, 이제는 기업과 소비자가 함께 스토리를 만들어 가는 방식으로 흐름이 움직이고 있다. 즉 기업이 주입시키는 일방적인 스토리에서 고객이 직접 상품의 스토리를 제작하는 양방향 스토리텔링 전략이 더욱 강한 몰입과 브랜드 인식 효과를 가지고 온다는 것이다.

키스가 밴드 초기 경쟁이 치열한 로큰롤 계에서 입지를 다질 수 있었던 것이 자신들과 마블 코믹스가 만들어 놓은 이미지 덕분이었다면, 이들의 영향력을 미국 전역으로 빠르게 확산시킬 수 있었던 데는 대중들을 통해 재생산된 수많은 루머와 스토리가 한몫을 했다. 즉 기업과 고객의 양방향 채널로 전개되는 스토리텔링을 통해 마케팅 효과를 극대화시킨 것이다. 키스의 과격한 메이크업과 퍼포먼스에서 보여주는 이미지 때문에 사람들은 다양한 소문을 만들어냈다. '그룹의 이름 키스[KISS]는 Knights in Satan's

Service의 약자이다', '이들은 사탄을 섬기는 기사들이며 사탄숭배자 단체, 이교도의 멤버들이다', '키스의 공연에 시먼스가 입에서 흘리는 피는 돼지의 피다', 등 무성한 소문들이 돌았다. 그 때문에 이들은 미국 학부모 단체와 기독교 단체의 거센 항의를 받아야 했고, 무대에서 돼지 피를 사용한다는 소문 때문에 동물보호 비영리 기구인 PETA로부터 조사를 받는다는 등 수많은 전설적인 이야기가 생겨났다. 이러한 다양한 에피소드가 시너지를 내면서 키스가 최초에 포지셔닝한 스토리텔링과 함께 더욱 강력한 브랜딩 효과를 누리게 되었다.

코카콜라는 2014년 스토리텔링형 패키지 〈마음을 전해요〉를 제작했다. 각 패키지에는 제품 라벨마다 '사랑해', '자기야', '웃어요', '잘 될 거야', '우리 가족' 등의 단어가 적혀 있다. 자신이 전달하고 싶은 메시지를 선택해 원하는 상대에게 전달할 수 있도록 기획된 것이다. 코카콜라는 브랜드 로고를 훼손하는 모험을 감행하면서 로고 자리에 메시지 단어들을 넣었다. 단어 선정에도 심혈을 기울였다. 10~30대 남녀 천 명을 대상으로 조사해 상위권에 이름을 올린 22단어를 선별했다. 이를 통해 고객들은 기업이 일방적으로 전달하는 메시지가 아닌 고객이 스스로 메시지 조합을 통해 다양한 스토리가 창출되는 스토리텔링을 선보인 것이다. 결과는 대성공이었다. 전년 대비 매출이 대폭 상승했으며, 메시지 팩은 일반 제품에 비해 2배의 매출 기록을 보였다.

효과적인 양방향 스토리텔링은 어떻게 이루어질까? 양방향 스토리텔링에서 가장 중요한 것은 소비자에게 '브랜드의 이야기를 들어라' 또는 '브랜드 이야기를 말하라'라고 강요하지 않는 것이다. 대신, 그들이 이야기하고 싶은 것이 무엇인지 파악하고, 그것을 스스로 이야기하게끔 유도하는 것이다.

그렇다면 효과적인 양방향 스토리텔링은 어떻게 이루어질까? 양방향 스토리텔링에서 가장 중요한 것은 소비자에게 '브랜드의 이야기를 들어라' 또는 '브랜드 이야기를 말하라'라고 강요하지 않는 것이다. 대신, 그들이 이야기하고 싶은 것이 무엇인지 파악하고, 그것을 스스로 이야기하게끔 유도하는 것이다. 즉 일방적인 기업의 이야기가 아닌, 소비자들의 스토리가 브랜드의 스토리가 되고 그들이 직접 참여하게 함으로써 공감을 이끌어내게 하는 것이다. 소비자들이 직접 말하고, 반응하고, 동의하는 이야기 속에 제품을 자연스럽게 노출시켜 그들과 연대를 형성하는 전략을 사용하는 것이다.

미국에서 폭발적인 성공을 거둔 ABC 스튜디오의 인기 드라마 〈인 더 마더후드〉In The Motherhood 또한 이런 양방향 스토리텔링을 통해 성공을 거둔 대표적인 케이스다. 세 여자의 출산과 육아를 소재로 다룬 코미디 드라마인 〈인 더 마더후드〉에서는 기획 초기 단계부터 '당신의 이야기를 들려주세요'라는 인터넷 공고를 내고 육아를 하는 엄마들의 체험담을 투표를 통해 선정했다. 그리고 육아 및 양육을 하면서 자기 시간을 갖고 싶은 엄마들의 이야기를 공유할 수 있는 플랫폼을 만들어 다양한 실제 체험과 자유로운 의견 교환의 장을 마련했고, 이를 통해 지속적인 관심과 참여를 유도했다.

따라서 드라마를 시청한 시청자들은 자신들의 이야기를 토대로 재구성된 드라마를 보며 충분히 공감할 수 있었고, 더욱 깊은 몰입을 통해 높은 시청률을 올릴 수 있었다.

덴마크의 보험회사인 탑덴마크Topdenmark는 살면서 운이 좋았던 이야기를 공유하는 캠페인을 펼쳤다. 캠페인이 시작되자마자 사람들의 큰 관심과 호응으로 수천 건의 이야기가 응모되었다. 그리고 탑덴마크는 이 이야기를 자사 웹사이트에 공유하고 방문자들로 하여금 최고의 스토리를 선정하도록 온라인 투표를 진행했다. 2만 명이 넘는 사람들이 투표에 참여했고, 선정된 최고의 스토리에는 5만 크로네, 우리나라 돈으로 약 860만 원의 상금이 전달되었다. 탑덴마크는 이 스토리를 광고에 활용하는 등 마케팅에 적극 활용하여 소비자들의 좋은 반응을 얻을 수 있었다.

우리는 성공적인 비즈니스를 위해 밴드 키스가 보여준 스토리텔링 전략을 곰곰이 생각해 볼 필요가 있다. 대중들이 쏟아내는 스토리텔링 덕분에 세계적인 명성을 얻고, 문화의 아이콘으로 자리매김한 키스의 사례는 이제 기업 주도적 스토리텔링이 아닌, 소비자 스스로가 스토리를 만들어내도록 유도하는 새로운 스토리텔링 전략이 필요함을 역설하고 있다. 더 나아가 이제는 제품의 기획 단계부터 고객이 스토리에 참여하거나, 사용자와 함께 스토리를 만들 수 있는 제품을 선보여야 한다.

70년대 그들의 전성기를 걸었던 밴드 키스는 아직도 새로운 스토리를 만들어 가고 있다. 최근 마블코믹스는 새로운 키스 만화 시리즈 〈어둠의 군대〉Dark of Army를 제작했고, 내년까지 월드투어 일정이 잡힌 상태이다. 지난 40년간 보여준 다양한 스토리를 통해 전설적인 밴드가 되어버린 키스는 브랜드를 위해 어떤 이야기를 펼쳐나가야 할지 고민하는 우리에게 시사하는 바가 크다.

3

본 조비, 시대를 버텨내는 힘은 핵심 역량에서 나온다

1980년대는 헤비메탈을 비롯한 록 밴드들의 전성시대였다. 1983년에 결성된 본 조비^{Bon Jovi}도 그 가운데 하나였다. 그동안 수많은 밴드들이 생겨나고 사라졌다. 화이트 라이온^{White Lion}, 신데렐라^{Cinderella}, 포이즌^{Poison} 등 당시 본 조비와 함께 선풍적 인기를 누리던 대부분의 밴드는 2000년 전후로 자취를 감췄다. 본 조비가 다른 록 밴드와 달리 위대한 점은 40년에 가까운 오랜 세월 동안 온갖 풍파를 겪으면서도 꿋꿋이 버텨왔다는 점이다. 수많은 밴드들이 흥행과 침체를 반복하며 사라질 동안 본 조비는 묵묵히 자리를 지켰다. 음반 판매량은 꾸준히 늘어났으며, 신규 앨범 발매 시에는 비평가들의 호평을 받으며 차트의 정상에 있었다. 본 조비는 다른 록스타들과 달리 작은 스캔들 하나 없었으며, 큰 슬럼프도 없이 꾸준하게 대중의 사랑을 받아왔다. 본 조비가 불확실한 밴드 음악 시장에서 독보적인 위치를 차지할 수 있었던 이유는 무엇일까?

1980년대 본 조비가 데뷔하던 당시 본 조비는 여타의 다른 밴드들과 다를 바가 없어 보였다. 당시 유행하던 글램 록의 영향으로 머리를 길게 늘어트리고 화려한 분장과 함께 하드록을 들고 나온 수많은 밴드들 중 하나였다. 80년대에서 90년대 사이는 이들 메탈 밴드들의 절정기로 음반만 들고 나오면 성공하던 시절이었다. 하지만, 끝날 것 같지 않던 이들의 전성기도 90년대에 돌연 불어 닥친 얼터너티브 록의 열풍에 사그라들고 만다. 밴드들은 하나둘씩 떨어져 나갔고, 음악적 노선의 변경을 시도하려고 부단히 애를 썼다. 하지만, 본 조비는 음악적 형태를 크게 바꾸지 않고 자신만의 스타일을 고수했다. 경쾌한 리프에 멜로디 라인이 두드러진 본 조비 식 하드록 사운드를 고수하면서, 시대에 따라 사운드의 강약을 적절히 조정했다. 본 조비가 2000년 후반 〈로스트 하이웨이〉^{Lost Highway} 앨범을 통해 컨트리 스타일의 접목을 시도했을 때도 전혀 이질감을 느낄 수 없었던 이유는 본 조비가 고수한 하드록 스피릿이 앨범의 근간을 이루고 있었기 때문에 사운드의 질감 변화 정도로만 대중들이 받아들였기 때문이다. 이들은 로스트 하이웨이 앨범을 통해 컨트리 부문 빌보드 차트 1위를 차지했다. 이것은 이들이 단순히 트렌드를 좇는 밴드가 아니라, 이들 음악 저변에 블루스와 컨트리의 음악적 전통을 계승하는 본질적인 록 사운드가 살아있다는 것을 대중들이 느꼈기 때문이다.

사실 본 조비의 음악은 결성 초기부터 당시 유행하던 음악과는 거리가 있었다. 그들이 결성됐던 1983년은 일정한 코드 진행이 반복되는 디스토션 기타 리프와 상당한 비중으로 들어가는 일렉 기타의 솔로 연주를 특징으로 하는 헤비메탈 음악의 전성기였다. 당대 결성된 많은 밴드들이 구슬픈 정서의 블루스를 배제한 채 단조로우면서도 확고한 리듬과 속도를 강조하던 시대의 음악에 편승하려고 노력했다. 하지만 본 조비가 들고 나온 음악은 당시 주류 음악에서 벗어난, 하드록에 블루스를 가미하고 도드라진 멜로디를 덧입힌 자신들의 색깔이 묻어 있는 음악이었다. 당대 밴드들이 묵직하고 강렬한 사운드로 향락, 폭력, 섹스를 노래했다면, 이들은 블루스와 R&B를 음악의 중심으로 삼고 미국 중산층과 블루컬러들의 일상을 노래했다. 따라서 평론가들은 그들의 출신지인 뉴저지의 이름을 빗대어 이들의 음악을 뉴저지 사운드라고 불렀고, 본 조비는 이것을 자신들의 핵심 역량으로 삼아 음악적 본질을 해치지 않는 선에서 꾸준히 다양한 음악을 선보였던 것이다.

최근 미국 유명 경제 채널인 CNBC가 본 조비에게 성공 비결을 묻자 그는 이런 말을 했다. "비즈니스에서 성공하고 싶으면 사라질 것과 순간적인 유행을 좇으면 안 된다. 자신이 팔려고 하는 것에 대해 확신을 가져야 한다. 그리고 그러한 신념이 있다면, 그게 무엇이든 마음이 가는 대로 하면 된다. 그러고 나면 성공은 시간 문제다." 즉 유행을 좇지 않고 자신이 추구하는 본질적인 음악에 집중했던 것이 성공의 비결이라는 것이다.

비즈니스도 마찬가지다. 핵심 역량에 집중하지 못하고 시대의 흐름에 따라 변화를 시도했던 기업들은 무너졌고, 핵심 역량에 집중함으로써 다시 회생할 수 있었다. 다양한 혁신 활동과 탁월한 제품력으로 전 세계를 장악한 완구업계의 공룡 레고의 이야기를 해보자. 레고 그룹The Lego Group의 핵심 역량은 '호환성'이었다. 즉 호환이 되는 제품이라는 가치를 앞세워 해를 거듭할수록 성공에 성공을 거듭해왔다. 초기에 제작된 제품과 현재 나온 제품이 서로 호환되고, 결합되어 다양한 설계가 가능하다는 콘셉트 덕분에 신제품이 나올수록 더욱 큰 비즈니스 확장이 가능했다.

하지만, 계속되던 신장세는 90년대 중반에 접어들어 꺾이기 시작했는데, 중국산 유사 블럭과 일본의 비디오게임 산업이 세계시장으로 확대되면서 레고의 수요가 급격히 줄었기 때문이다. 이제 아이들은 책상에 앉아 레고를 조립하기보다는 TV 앞에 앉아 비디오 게임에 열중했다. 위기를 느낀 레고는 제품군을 다양화하는 전략을 펼쳤다. 개발부서는 바쁘게 움직였고 매년 작년 대비 2배수 이상 제품 수를 늘려갔다. 하지만, 아이템 수가 늘어날수록 매출은 더욱 줄어들었다. 레고는 부진한 매출 속에 사업의 다각화를 통해 새로운 성장의 동력을 찾으려고 노력했다. 출판 및 영화 산업, 테마파크, 게임 산업, 의류 산업에까지 손을 대기 시작한 것이다. 하지만 사업부가 커질수록 늘어날 것 같던 매출은 오히려 반 토막이 났고 결국 1999년에는 무려 천 명의 직원을 해고하기에 이른다.

스타트업, 록스타처럼 성공하라

2004년 파산 직전의 레고에 맥킨지^{McKinsey & Company} 출신의 새로운 CEO 크누스토르프^{Jorgen Vig Knudstorp}가 들어온다. 경영 상황과 비즈니스 전략을 브리핑 받은 크누스토르프는 회사를 살릴 새로운 방향을 제시한다. 바로 '블럭으로 돌아가자'^{Back to the bricks}였다. 매출 증대를 위해 제작된 수많은 제품들 속에 레고는 제품의 본질이었던 '블럭 쌓기'라는 핵심 역량을 잃어버렸던 것이다. 크누스토르프는 기존의 모든 전략을 철저히 버리기로 했다. 무리한 사업 확장과 제품의 수를 늘리기 위해 제작된 수많은 종류의 특수 블럭을 처분했다.

크누스토르프는 불필요한 사업부를 매각하고, 라이선스로 전환하며 '블럭'이라는 핵심 역량에 집중하기 시작했다. 문어발식 확장이 아니라, '블럭'의 사용자 층을 분석하고 연령별로 타깃을 정하여 제품을 구성하기 시작한다. 성인층을 노린 스타워즈 시리즈, 아키텍쳐 시리즈, 주니어 시리즈 등 연달아 히트 제품을 내놓았고, 이는 다시 흑자로 돌아서는 기적을 낳았다. 레고의 기적은 철저히 기업의 본질에 대한 자기 성찰과 반성이 있었기에 가능했다.

| 비즈니스의 본질을 고민하라 |

본 조비가 긴 세월 동안 자신의 스타일을 고수하며 생존할 수 있었던 또 다른 이유는 음악의 본질이 주는 메시지에 있었다. 메탈 밴드들이 허무, 폭력, 마약, 섹스에 대해 노래를 해왔다면, 이들

은 삶에 대한 진지한 성찰과 함께 사회에 필요한 메시지를 전달하려고 노력했다. 80년대에는 '리빙 온 어 프레이어'Livin on A Prayer를 통해 삶이 힘든 이들에게 서로 사랑하며, 노력하고 비록 가진 게 없더라도 세상과 싸워 나가야 한다는 메시지를 전달하고 이들을 위로했다. 90년대에는 '킵 더 페이스'Keep the Faith를 통해 좌절하고 있는 세대들에게 믿음을 가지고 버티라고 말했다. 2000년대에는 '잇츠 마이 라이프'It's my life, '로스트 하이웨이'Lost highway를 통해 자신의 길을 찾아 달리라는 메시지를 전달한다. 본 조비의 음악은 시대가 필요로 하는 메시지를 전달함으로써 많은 대중들의 공감을 얻을 수 있었던 것이다. 즉 본 조비가 시대가 흐를수록 더욱 강한 영향력으로 음악계에 자신만의 영역을 개척할 수 있었던 것은 자신이 추구하는 음악적 본질을 이해하고 시대의 조류에 휩쓸리지 않고 중심을 지킨 까닭이었다. 본 조비가 보여준 것처럼 빠른 시대 변화에 따른 비즈니스 전략은 다양한 대응이 아니라 변하지 않는 본질에 집중하는 것일 수 있다.

2000년대 초 세계에서 가장 많이 팔린 MP3 플레이어로 국내 시장 70%, 세계 시장에서 30%의 점유율을 기록했던 아이리버의 사례를 생각해 보자. 아이폰을 필두로 후발 추격자에게 따라 잡힌 아이리버는 사업다각화를 통해 살길을 찾고자 했다. 전자사전, PMP 등 다양한 제품을 만들었지만, 성장에는 한계가 있는 것이었다. 다른 길을 모색한 아이리버는 1년 동안 구글과 함께 전자책 단말기 개발에 사운을 걸고 '스토리HD'라는 단말기를 개발했다. 전자책 3백만 권을 무료로 볼 수 있는 것이었다. 하지만 그것은 아마존의 '킨들'의 그늘에 가려 빛을 보지 못했다. 그동안 수많은 직원들이 회사를 떠났고, 1년에 한 번씩 사장이 바뀌는 어려움을 겪었다. 새로운 선장이 올 때마다 새로운 동력을 찾았지만 번번이 실패했고 방향을 잃었다. 2011년, 아이리버는 새로운 결단을 한다. 조직의 핵심 역량이 무엇이었는지 재점검하는 시간을 가진 것이다. MP3 플레이어로 시작한 아이리버는 곧 '소리'에서 기업의 본질을 찾았고, 이들만의 핵심 역량이었던 음악으로 다시 고객에게 감동을 주자는 티어드랍^{eardrop} 프로젝트가 시작된다. 그리고 불과 3년 만에 고음질 포터블 오디오인 아스텔앤컨이 개발됐고, 이는 영업이익이 흑자로 돌아서는 터닝 포닝트가 되었다.

본 조비는 경향신문의 이메일 인터뷰를 통해 다음과 같이 말했다. "유행을 좇는 것은 위험한 정도가 아니라 수류탄을 짊어지는 것과 같은 일이다. 한때 그런지가 유행했고, 래퍼가 피처링을 하는 것이 유행이었던 적도 있다. 보이밴드, 십대 가수, 헤비메탈 등 다양한 트렌드가 시류에 따라 유행하고 또 사라져 가는 것을 전부 봐 왔다. 결국 스스로에 대해 항상 진실해야 하고 자신만의 사운드를 발전시켜야 한다. 그랬기 때문에 내가 아직도 여기에서 당신과 이야기할 수 있는 것이다." 즉 밴드의 핵심 역량을 고수하면서 시대의 유행을 버텨낸 것, 바로 이것이 지금의 위치에 본 조비를 있게 한 비결이었다. 본 조비는 인터뷰의 말미에 이런 말을 한다. "'유기브 러브 어 배드 네임'^{You give love a bad name}을 들어보면 딱 25살짜리 실패하지 않는 조직은 핵심 역량에 충실한다. 설령 위기가 찾아오더라도 다시 본질로 돌아가는 지혜가 있다. 그리고 시대에 대처하기 위해 트렌드를 좇는 것이 아니라, 시대에 맞게 진화한다.

가 만든 곡 같고, '웬 위 워 뷰티풀'When we were beautiful 은 지금의 내가 아니었으면 못 만들었을 곡이다. 이것은 진화의 과정이며 그때그때 유행을 좇는 것과는 다르다." 이것이 본 조비가 우리에게 주는 비즈니스 인싸이트이다.

실패하지 않는 조직은 핵심 역량에 충실한다. 설령 위기가 찾아오더라도 다시 본질로 돌아가는 지혜가 있다. 그리고 시대에 대처하기 위해 트렌드를 좇는 것이 아니라, 시대에 맞게 진화한다.

"You know the more things change the more they stay the same."(많은 것이 변할수록 더욱 같은 곳에 머물러야 돼.)

본 조비의 가사처럼 급변하는 사회에서 조직을 지탱하는 힘은 조직의 원천인 핵심 역량에 집중할 때 나올 수 있음을 기억하자.

4

그린데이,
단순함으로 일하라

청바지에 흰 티셔츠, 야구 모자를 눌러쓴 20세 청년들은 뭔가 어설퍼 보이는 스쿨밴드의 모습이었다. 하지만 겉모습과는 달리 관객을 사로잡는 파워풀한 연주와 경쾌한 멜로디, 그 속에 배어 있는 호소력 있는 보컬로 동네 라이브 클럽의 무대를 장악했다. 이를 관심 있게 지켜본 레코드사 관계자는 이들과 음반 계약을 맺는다. 그리고 이 밴드는 결성 5년 만에 첫 메이저 앨범 단 한 장만으로 미국 내에서만 천만 장 이상의 앨범을 팔아치우고, 각종 차트와 MTV, 그래미 등 받을 수 있는 어워드는 모조리 쓸어버린다. 데뷔하자마자 단숨에 정상을 찍어버린 이 밴드는 전 세계에서 가장 인기 있는 록 밴드가 되었다. 바로 '바스켓 케이스'Basket case란 곡으로 우리에게 친숙한 펑크 밴드 그린데이Green day의 이야기이다. 데뷔한지 30년 가까이 이들은 큰 실패 없이 꾸준한 성과를 보이며, 아직까지 최고의 록 밴드로 입지를 굳히고 있다. 이런 그린데이의 성공 비결은 무엇일까?

| 단순한 제품을 추구하라 |

이들의 성공 비결은 단순한 제품에 있었다. 이들은 제품의 미니멀리즘을 추구한다. 그린데이의 곡들을 살펴보자. 이들의 곡은 기본적으로 3코드(펑크 록에서 주로 사용하는 3개의 코드로 된 진행)를 추구한다. 즉 단 3개의 기본 코드만으로 곡을 만든다는 것이다. 최소한의 코드 진행으로 곡을 만들고 거기에 멜로디 라인이 명확하게 드러나는 곡을 만든다. 곡 구성 또한 코드진행 만큼이나 간결하다. 간주에 솔로 연주는 없다. 과감하게 빼버렸다. 따라서 이들 곡의 태반은 3분을 넘지 않는다. 이들의 최고 히트 앨범 〈두키〉Dookie에는 15곡의 수록곡 중 무려 10곡이 2분짜리 곡으로 구성되어 있다. 즉 누구나 음악을 쉽게 접할 수 있게 최대한 심플하게 곡을 만든 것이다.

이들은 기본적으로 펑크 록이 지향하는 DIYDo it yourself 정신을 강조했다. DIY란 기본적으로 연주하기 까다로운 기성 록 음악에 정면으로 대항하여 누구나 칠 수 있는 음악을 강조한 것이다. 어제까지 술을 진탕 퍼먹고 다음 날 일어나, 코드 3개만 익혀서 무대에 올라가 공연을 한다는 것이다. 기타를 1주일만 배워도 연주가 가능한 단순한 코드 진행과 신나는 멜로디의 조화는 수많은 초보 밴드나 스쿨 밴드가 그린데이의 '바스켓 케이스'를 첫 합주곡으로 시작하게 했다. 이것이 밴드의 이름을 알리는 데 큰 역할을 했음을 누구도 부인할 수 없을 것이다.

그린데이의 미니멀 전략은 비즈니스 세계에서도 유효하다. 기업들은 세계적인 미니멀리즘 트렌드에 편승하여 최소기능제품 Minimal Viable Product, 더 간소화된 제품More minimal product을 만들기 위해 집중하고 있다. 하지만, 제품의 미니멀리즘은 단순히 애플이 추구하는 미니멀한 제품 디자인이나 단순한 기능을 탑재한 상품을 내놓는 수준이어서는 안 된다. 기능과 디자인을 최소화함으로써 상품이 갖는 본질에 충실, 집중하려는 기업의 철학과 노력이 뒷받침되어야만 한다.

1980년 일본에서 설립된 무인양품無印良品은 대표적인 미니멀리즘 제품군을 앞세워 가장 성공한 기업 중 하나다. 무지코리아MUJI KOREA는 2004년 설립한 이래 매년 100%의 신장률이라는 저력을 과시했다. 이들 제품의 특징은 가장 보편적이고 간결한 기본 디자인을 원칙으로 한다는 것이다. 따라서 모든 제품은 흰색, 회색 등 무채색으로 제작되며, 필요 이상의 텍스트나 디자인, 기능은 생략된다. 이들이 브랜드를 전개할 때 사용한 포스터에는 무인양품 네 글자 이외에는 아무런 광고나 설명이 없었다. 무인양품에서 본받을 점은 단순히 훌륭한 미니멀 제품을 시장에 선보여 좋은 반응을 끌어냈다는 것이 아니다. 확고한 철학을 제품을 통해 선보이고,

그것으로 고객의 공감을 끌어냈다는 데 있다. 이들의 철학은 고심해서 만든 브랜드 이름에서도 엿볼 수 있듯이 브랜드의 각인, 즉 이름을 없앤다는 의미로 '무인'無印, 그리고 품질이 좋은 제품을 생산하겠다는 의지가 담긴 '양품'良品을 합쳐 만들었다. 그리고 실제로 제품의 소재, 공정, 디자인의 최소화 및 간소화를 통해 저렴하고 품질 좋은 제품을 만들어냈다. 그리고 이 모든 것 위에는 상품의 본질에만 집중한다는 경영철학이 있었다. 이들의 말대로 '이것이 최고다'This is the best라고 말하는 제품이 아닌 '이것으로 충분하다'This is enough라는 느낌의 제품을 계속 만들어내는 지조가 있었다.

이제 단순한 제품으로는 소비자의 지갑을 열기 힘들 것이라는 인식에서 벗어나 그린데이가 보여준 단순함에 대해 생각해 보고 이를 어떻게 적용할 것인가를 고민하는 노력이 필요할 것이다.

| 최소한의 팀 구성으로 성공하다 |

하지만, 그린데이는 단지 제품만 단순한 팀이 아니었다. 이들이 갖는 또 다른 특징은 최소한의 멤버로 팀을 꾸려 성공했다는 데 있다. 이들은 밴드 구성에 꼭 필요한 베이스, 드럼, 그리고 기타 겸 보컬 단 3명으로 팀을 구성했다. 록 밴드가 갖춰야 할 최소한의 인원만 있으면 충분하다는 것이다. 이 간결한 조직 구성은 훗날 팀의 위기 상황에서 큰 장점으로 작용하게 된다.

그린데이는 〈두키〉Dookie 앨범의 너무나 큰 성공 때문에 그만한 히트 앨범을 내는 것이 쉽지 않았다. 두키 발매 이후 1995년 〈인섬니악〉Insomniac, 1997년 〈님로드〉Nimrod, 2000년에는 〈워닝〉Warning 앨범을 연달아 발표했다. 하지만 아무리 앨범을 발매하고, 투어를 돌아도 두키의 영광을 넘지는 못했다. 2003년, 이런 부진 속에 그린데이는 두키를 뛰어넘을 새로운 앨범을 만들기 위한 작업에 돌입한다. 앨범의 타이틀을 〈시가렛 앤 발렌타인〉Cigarettes and Valentines 으로 정하고 앨범에 수록하기 위한 곡으로 무려 20곡을 레코딩했다. 이들이 야심차게 준비한 7번째 정규 앨범이었다. 그런데 이 앨범이 완성되기 직전, 녹음된 마스터 테이프를 도난당하는 사건이 발생하고 만다. 일부 노래는 백업이 되어 있었지만, 대다수의 음원은 찾을 수가 없어 새로운 앨범을 처음부터 만들 수밖에 없는 상황이 되었다. 고민 끝에, 그린데이는 과감하게 이 앨범을 폐기처분하기로 결정한다.

이 사건 이후로 밴드 멤버 간의 충돌이 잦아졌다. 베이시스트인 마이크 던트는 〈롤링스톤〉Rolling Stone 과의 인터뷰에서 "우리는 언쟁이 많아졌고, 비참했다. 팀의 해체까지 고려했었다."라고 말하며 그 당시 위기에 빠졌던 팀의 상황에 대해 말했다. 그들은 팀을 재정비해야겠다고 생각했다. 무엇보다 팀 내 커뮤니케이션을 강화할 필요를 느꼈고, 의무적으로 참석해야 하는 주간 정기 미팅을 진행했다. 이런 결정은 미니멀 조직에서 오는 빠른 의사결정과 빠른 대응의 결과물이었다. 이들 팀의 구조적 특징은 문제 발생 시 재빠른 대응이 가능하다는 것이었다. 그린데이는 이 주간 미팅을 통해 팀원 사이의 의사소통뿐 아니라 숨겨져 있던 팀의 많은 문제점도 해결할 수 있었다. 이제까지는 보컬인 빌리가 주로 팀을 리드하고 팀원들은 음악적 방향성에 크게 관여하지 않았다면, 이제는 음악적 결과물에 대한 팀원 모두의 목소리에 귀를 기울이기 시작했다. 서로의 의견을 주고받고 피드백을 반영했다. 빌리가 곡을 만들어 주간 미팅에 내놓으면, 마이크와 드러머인 트레는 "이 곡은 별로인 것 같아. 이 곡은 접고, 이런 분위기로 가는 건 어때?"라는 식으로 의견을 나누며, 협업을 강화했다.

조직을 단순하고 효율적으로 운영하는 것은 비단 그린데이의 케이스만이 아니라 성공적인 비즈니스에 꼭 필요한 요소다. 3명으로 시작한 스타트업이라도 시간이 지나고 성장함에 따라 조직은 점차 비대해지고 효율은 떨어진다. 커뮤니케이션에 혼란이 생기고, 역할과 책임이 모호해지며 조직의 전략에 대한 접근성이 떨어지는 등의 문제가 동시다발적으로 발생하기 때문이다. 따라서 대부분의 기업은 성과 달성 못지않게 거미줄같이 얽혀 있는 복잡한 조직을 이끌어 가는 데 많은 에너지를 소모하게 된다.

이렇게 시간이 지남에 따라 점점 복잡해지는 조직은 최소 단위로 재배치함으로써 다시 예전의 효율과 성과를 기대할 수 있다. 일반적인 기업에서 보이는 직급과 팀제도를 최소한의 기능으로 재배치해 민첩하고 긴밀하게 움직일 수 있도록 덩치를 줄이는 것이다. 그리고 이러한 개념은 실제로 셀 조직^{Cell Orgnization}이라는 새로운 조직 형태로 최근 IT와 서비스 기업을 중심으로 나타났다. 셀 조직이란 쉽게 말해 50명의 오케스트라를 5명의 멤버로 구성된 10개의 밴드로 나눠버리는 것을 말한다. 기존의 50명이라는 거대한 조직이 하나의 음악을 작업했다면, 최소한의 기능 단위로 구성된 10개의 밴드가 서로 경합해 더욱더 좋은 음악을 만든다는 개념이다.

클래시 오브 클랜Clash of Clans이란 게임으로 유명한 핀란드의 게임개발사 슈퍼셀Supercell은 2조 6천억 원의 매출을 기록한 거대 기업이다. 이 기업의 한 가지 독특한 점은 일반적인 조직과는 달리 200명의 직원을 5명 정도로 구성된 '셀'이라는 단위로 세분화해서 운영한다는 점이다. 이 최소 단위 조직인 셀은 아이디어 제안, 게임 개발, 베타 테스트 및 정식 서비스 출시까지 프로세스 내의 모든 권한을 가지고 있어 재빠른 액션과 신속한 의사결정을 가능하게 한다. 그리고 이렇게 조직을 운영함으로써 단 5년 만에 모바일 시장을 장악했으며, 잡지 〈포브스〉로부터 가장 빠른 성장을 이룩한 회사라는 타이틀을 얻게 되었다. 이것이 단순한 조직이 갖는 효율과 성과이다.

앨범 도난 사건 1년 후 2004년 정식 7번째 앨범 〈아메리칸 이디엇〉American Idiot이 발표됐다. 결과는 대성공이었다. 록 오페라를 표방하고 나온 이 앨범은 발매되자마자 폭발적인 인기를 얻으며 단숨에 빌보드 차트 정상에 올랐다. 27개 국가의 차트에 올랐고, 그중 19개 국가에서 1위를 차지하며 전 세계적으로 1,500만 장을 팔아 치웠다.

기업에서도 이제 단순함을 적용해 보려는 노력이 필요하다. 제품의 복잡성과 고기능에 집착하지 않고 고객에게 꼭 필요한 기능에만 집중하여 제품을 개발하는 것, 낭비되는 자원 없이 효율적으로 조직을 재구성하여 신속히 문제에 접근하고 해결하는 것이 바로 그것이다.

그린데이는 이 앨범으로 그래미 어워드에서 '최고의 록 앨범'Best Rock Album 상을 수상했으며, MTV 비디오 뮤직 어워드에서는 7개의 상을 휩쓸었다. 그뿐만 아니라 아메리칸 이디엇은 브로드웨이 뮤지컬로도 제작되어 400회 이상의 공연 기록을 갖게 되었고, 이 뮤지컬 또한 2010년 토니 어워드에서 '최고의 뮤지컬'Best Musical 부문을 포함 2개의 상을 받게 된다. 두키를 능가하는 그린데이 커리어에 큰 획을 긋는 기념비적 앨범이 된 것이다. 이 모든 것이 미니멀 팀이 갖는 빠른 의사결정과 액션, 그를 통한 긴밀한 커뮤니케이션이 가져온 성과였다.

간결하고, 가볍게 사는 삶. 최근 미니멀리즘의 열풍이 강하게 불고 있다. 삶에서 꼭 필요한, 최소한의 것들로만 살아가는 미니멀 라이프, 최소한의 물건만 소유하는 미니멀리스트가 새로운 생활 양식으로 자리잡고 있다. 수없이 쏟아지는 지식과 정보 그리고 콘텐츠 과잉 시대에 역행해서 단순하게 사는 방법을 고민하고, 공유하는 아이러니한 분위기가 퍼지고 있다. "미래에는 수많은 정보로 진정한 진실과 가치를 찾기 어려워질 것이다."라는 영국 작가 올더스 헉슬리Aldous Huxley의 말처럼 넘쳐나는 정보 속에 진정한 가치를 찾기 위해 노력해야 하는 시대가 된 것이다. 제품과 조직의 단순함으로 승부한 그린데이의 성공 사례에서 볼 수 있듯이 기업에서도 이제 단순함을 적용해 보려는 노력이 필요하다. 제품의 복잡성과 고기능에 집착하지 않고 고객에게 꼭 필요한 기능에만 집중하여 제품을 개발하는 것, 낭비되는 자원 없이 효율적으로 조직을 재구성하여 신속히 문제에 접근하고 해결하는 것이 바로 그것이다. '적을수록 좋다'Less is more라는 말처럼 핵심 니즈에 집중하는 '단순함의 미학'이 전략의 중심이 되어야 한다. 이제 그린데이가 우리에게 주는 '단순함'의 가치에 귀 기울여 보자.

5

앨리스 쿠퍼의
생존 전략

"엄마, 아빠 어디 있어요?" 어린 아이의 음산한 목소리가 들리며, 조용한 피아노 인트로가 연주된다. 앨리스 쿠퍼Alice Cooper가 정신병동에서나 볼 수 있는 구속복을 입고 무대에 나타난다. 곧 기괴하게 분장한 장발의 간호사가 그의 주변을 맴돌며 큰 주사기를 강제로 주입한다. 앨리스 쿠퍼는 간호사가 아기에게 우유를 먹이는 마임을 하는 동안 노래를 부른다. 그리고 노래가 끝나자마자 구속복을 찢어버리고 간호사를 죽이려고 목을 조른다. 간호사는 구토를 하지만 죽지는 않는다. 복수심에 찬 간호사는 단두대 앞에서 그를 비난하기 시작한다. 그리고는 갑자기 단두대의 칼날이 떨어지며 앨리스 쿠퍼의 머리를 잘라버린다. 사형집행인은 환호하는 무대의 관중 앞에 앨리스 쿠퍼의 머리를 들고 퍼레이드를 한다. 몇

스타트업, 록스타처럼 성공하라

분 후 앨리스 쿠퍼는 금색 모자, 찢어진 성조기가 그려진 티셔츠, 가죽 바지를 입고 다시 나타난다. 그의 시그니처 검정 아이라이너가 눈주름을 타고 흘러내린다.

이것이 바로 앨리스 쿠퍼의 〈쇼크록〉Shock Rock 이다. 공연 중 단두대로 자기 목을 자른 다음 피를 관중에게 뿌리고, 살아있는 뱀을 목에 감고 노래를 하는 등 말 그대로 쇼킹한 록을 창시한 대부로 유명세를 떨쳤다. 1973년 〈포브스〉Forbes 는 '새로운 거물의 유형'이라는 헤드라인을 내세운다. 포브스의 편집자는 24살 청년 앨리스 쿠퍼가 젊은 나이에 이룬 엄청난 재산과 로큰롤 음악 인생 그리고 다양한 볼거리를 제공하는 그의 공연에 감탄했다. "나는 다음 세기까지 이미 예약이 다 차있다." 쿠퍼는 자신 있게 말한다. 42년이 지난 지금까지 쿠퍼의 비즈니스는 아직도 성공의 길을 걷고 있다. 같이 투어를 했던 동료 밴드 머틀리 크루Mötley Crüe 와는 달리 그는 아직도 현역으로 공연을 하고 있다. 이제 곧 칠순을 바라보는 나이지만, 그의 공연은 한 번도 쇠퇴한 적이 없다. 앨리스 쿠퍼는 어떻게 그처럼 오랫동안 열정을 가지고 탁월한 성과를 유지할 수 있었을까?

| 비즈니스를 이끄는 남다른 승부욕 |

앨리스 쿠퍼는 본의 아니게 치열한 비즈니스 환경에 처하게 되면서 그 속에서 살아남기 위한 강인함을 길러야 했다. 앨리스 쿠퍼

는 치열한 경쟁 시대를 겪으며 세월을 버텨냈다. 이는 쿠퍼에게 강인한 승부욕과 생존력을 선물로 주었다. 앨리스 쿠퍼가 활동했던 1960년대 그리고 70년대 초기 음악 시장은 재능 있고 창의적인 인재가 넘쳐나던 로큰롤 음악의 전성기였다. 밴드들 간의 경쟁이 가장 치열했고, 높은 수준의 음악적 능력이 요구되던 시기였다. 단지 좋은 것만으로는 충분하지 않던 시절이었다. 쿠퍼는 인터뷰를 통해 당시 상황에 대해 이렇게 말했다. "우리는 롤링 스톤스와 레드 제플린 같은 쟁쟁한 밴드들과 경쟁을 해야 했습니다. 그래서 무대에서 열정과 에너지를 보여주지 않고는 생존할 수 없었습니다. 우리 시대의 밴드들은 오직 한 가지 방식만 알고 있었습니다. 그것은 실력으로 승부하는 것이었지요." 당시에 밴드로 살아남기 위해서는 관객이 요구하는 높은 음악적 수준을 충족시켜야 했다. 쿠퍼는 생존을 위해 음악 실력을 기르는 한편 다른 밴드와는 다른 차별성을 동시에 길러야 했다. 쿠퍼는 이런 높은 음악적 기준을 현재까지 유지하고 있다.

스탠포드대학Stanford University의 제임스 배런James Baron, 마이클 한난Michael Hannan 교수는 실리콘밸리의 스타트업 기업에 관한 연구를 진행한 적이 있다. 이들의 조사 연구에 의하면, 스타트업 기업들이 일하는 방식은 이들이 초기 비즈니스를 시작했던 시기의 방식을 고수하는 경향이 있다고 한다. 쿠퍼는 밴드를 시작할 즈음부터 수없이 많은 위대한 밴드들과 경쟁했었고, 살아남기 위해 지속적으로 실력을 키워가며 성장했다. 앨리스 쿠퍼는 오늘날까지 이러한

스타트업, 록스타처럼 성공하라

경쟁적인 스피릿을 유지해 오고 있다. "나는 매우 경쟁적입니다. 그리고 그것은 머틀리 크루, 키스, 롤링 스톤스도 마찬가지라고 생각합니다." 쿠퍼는 인터뷰를 통해 자신의 경쟁심에 대한 일화를 들려주었다. "밴드 롭 좀비Rob Zombie는 저와 굉장히 가까운 사이입니다. 같이 투어를 돌면 롭

스타트업 기업들이 일하는 방식은 이들이 초기 비즈니스를 시작했던 시기의 방식을 고수하는 경향이 있다고 한다. 쿠퍼는 밴드를 시작할 즈음부터 수없이 많은 위대한 밴드들과 경쟁했었고, 살아남기 위해 지속적으로 실력을 키워가며 성장했다. 앨리스 쿠퍼는 오늘날까지 이러한 경쟁적인 스피릿을 유지해 오고 있다.

좀비는 저를 무대에서 날려버리려고 밴드가 가진 모든 것을 걸고 최선을 다해 달려듭니다. 저도 롭 좀비를 무대에서 무너트리려고 최선을 다해 안간힘을 쓰죠. 그것이 최고의 무대를 만드는 비결입니다. 만일 당신이 경쟁심을 잃어버린다면, 그것은 모든 것을 잃은 것이나 마찬가지입니다."

　앨리스 쿠퍼가 보여준 것처럼 강한 승부욕은 비즈니스를 이끄는 또 다른 원동력이 될 수 있다. 블랙스톤Blackstone 그룹의 이야기를 해보자. 블랙스톤은 힐튼호텔, 닐슨 같은 미국 거대 기업은 물론 세계의 상업부동산을 포함해 1,662억 달러의 자산을 운용하는 세계 최대 사모펀드 회사이다. 블랙스톤이 투자해 소유한 72개 회사에 근무하는 직원만 70여 만 명이며 이들 직원들의 1인당 평균 연봉은 81만 달러로, 세계적인 투자은행 골드만삭스의 2배에 달한다. 공격적이고 실패 없는 투자로 현재의 기업을 일궈낸 블랙스톤의 수장은 바로 '월스트리트의 제왕'으로 불리는 창업자 겸 CEO

인 스티븐 슈워츠먼Steven Schwarzman이다. 슈워츠먼의 주업은 저평가된 기업을 사들여 기업 가치를 끌어올린 다음 되팔아 이윤을 남기는 사모펀드이다. 직원은 단 2명, 40만 달러의 종자돈을 가지고 블랙스톤을 창업해 세계적인 거물로 성장한 슈워츠먼은 자신의 성공의 비결은 '승부욕'이라고 말한다. "나는 시가전이 아니라 전면전을 원한다. 경쟁자를 발로 걷어차 버릴 생각뿐이다." 인터뷰를 통해 그는 이 거대한 비즈니스를 움직이는 원천은 다름 아닌 승부욕임을 강조했다. 따라서 월스트리트 저널은 그의 강한 승부욕을 빗대어 그를 '라이벌에게 고통을 가하고, 결국 라이벌을 제거해 거래를 성사시키는 CEO'라는 별명을 붙여주었다.

지난 10년간 세계에서 가장 영향력 있는 인물로 추앙받고 있는 마이크로소프트Microsoft의 빌 게이츠Bill Gates 또한 비즈니스의 성장 동력은 다름 아닌 승부욕이라고 했다. 빌 게이츠는 한 강연회의 청중이 "신이 당신에게 한 가지 재능을 준다면 무엇을 원하십니까?"라고 묻자 그는 "내 경쟁자를 모두 제거하는 것입니다."라고 말했다가 말을 고치며 이렇게 대답한다. "그럼 인생이 재미없겠군요. 싸울 상대가 없다면 세상이 심심해지겠네요. 차라리 집요한 승부욕이 영원하게 해달라고 하겠습니다." 그는 광적인 승부욕을 지닌 승부사였으며 이를 통해 PC 운영체제를 30년간 독점 공급하면서 수많은 비즈니스 전투에서 승리의 깃발을 꽂을 수 있었다.

앨리스 쿠퍼를 성공으로 이끈 또 하나의 요인은 그의 곁에 끝까지 함께한 멤버들이 있었다는 것이다. 음악 비즈니스처럼 역동적이고 불확실한 비즈니스는 대인관계에 따라 많은 영향을 받는다. 앨리스 쿠퍼는 밴드 결성 초기 때부터 세심하게 신경 쓰는 핵심 멤버들이 있었다. 그중 대표적인 한 사람이 셉 고든Shep Gordon이었다. 그는 오랜 시간을 쿠퍼의 매니저로 일해 왔으며 밴드의 초창기에 쿠퍼의 비전과 밴드 브랜드의 방향을 세팅했던 인물이다. 엘리스 쿠퍼의 스토리텔링과 음악에서 나오는 자극적인 힘을 알아챈 고든은 공연에서 보여주는 수많은 기이한 스턴트를 주도적으로 장려했고 지금의 쿠퍼를 있게 한 장본인이었다. 동시에 그는 앨리스의 경력에 있어 없어서는 안 될 조력자였고, 쿠퍼는 그를 전적으로 신뢰하며 일 이외에 인격적인 관계를 맺으며 함께 했다. 또 다른 멤버는 그의 아내 쉐릴 고다드Sheryl Goddard였다. 고다드는 댄서이자 발레 안무가로 쿠퍼의 공연에서 가학적인 간호사 역할을 40년간 해왔다. 쿠퍼는 록스타 중에서 오랫동안 안정적인 결혼 생활을 하는 보기 드문 예로 손꼽힌다. 쿠퍼는 이처럼 그가 신뢰하고 의지할 수 있는 팀을 통해 개인으로서, 또한 전문가로서의 성장과 음악 비즈니스계에서의 생존에 큰 도움을 받았다.

엘리스 쿠퍼는 항상 새로운 시도를 통해 예상할 수 없는 것을 관객에게 선보였다. 쿠퍼는 항상 새로운 무대를 만들기 위해 노력했다. 그리고 새로운 아이디어가 무대에서 먹히지 않더라도 이를 겸허히 받아들이고, 새로운 연출에 도전했다. 그리고 이런 도전의 이면에는 신뢰 깊은 동료들의 조언과 도움이 있었다. 쿠퍼의 매니저 고든은 이런 말을 했다. "처음에 무대 위에서 우리의 콘셉트를 진행하려고 했을 때, 이것이 제대로 먹힐 것이라는 확신이 없었습니다. 우리가 확신했던 것 한 가지는 우리는 위대한 록 밴드이고, 아무도 우리가 시도하려는 것을 하지 않았다는 것이죠. 이것이 먹히면 우리는 천재인 것이고, 먹히지 않으면 역대로 멍청한 바보들이 되는 것이었어요. 하지만, 우리는 한마음으로 움직이는 팀이고 결과가 좋지 않더라도 역경을 함께 이겨낼 수 있을 것이라 생각했습니다."

유나이티드 칼라스 오브 베네통United Colors of Benetton과 시즐리Sisley라는 브랜드로 유명한 이탈리아 기업 베네통Benetton의 사례를 들어보자. 10대 소년 가장이었던 루치아노 베네통Luciano Benetton 회장은 생업을 위해 편물기 한 대를 구입해 스웨터 제작 및 판매 사업에 뛰어 들었다. 그는 어려운 경제 사정 때문에 트렌드에 민감하고 빠르게 지나가는 패션 산업에서 필수적으로 생길 수밖에 없는 불필요한 재고를 줄이기 위한 방법을 모색한다. 그 결과 실이 아닌 완성된 스웨터를 염색하는 후염가공의 아이디어를 얻었고, 다른 제품과의 차별화를 위해 원색적인 컬러를 선택한다. 이런 새로운 제작 방식은 디자인과 재고 관리에 혁신을 가져왔고 지금의 세계적인 의류 회사로 성장할 수 있는 발판이 되었다.

하지만, 베네통 성공의 핵심은 이것이 전부가 아니었다. 경영

스타트업, 록스타처럼 성공하라 경영

컨설턴트 크누트 하네스$^{Knut\ Haanaes}$는 자수성가한 기업의 실패에 대해 이렇게 이야기한다. "어린 시절 자신의 아이디어와 혼자만의 힘으로 기업을 일으켜 성공한 뒤, 쇠퇴의 길을 걷는 기업들이 허다하다. 창업자가 자신의 성공방식에 집착해 혼자서 모든 결정을 내리려는 아집에 빠지기 때문이다. 사업이 확장된 후에도 모든 것을 혼자 통제하려다 자신의 한계에 갇혀 조직을 침몰하게 한다." 즉 아무리 리더의 역량이 탁월하다 해도, 팀으로 일하는 방식을 모르면 그 조직은 무너질 수밖에 없다는 것이다.

베네통이 탁월했던 점은 바로 팀워크로 일하는 방식을 알았다는 데에 있다. 그는 모든 분야에 통용되는 리더십은 없다고 생각했다. 그는 신뢰가 두터운 팀워크를 이루는 것이 개인의 역량에 의존하는 것보다 좋은 성과를 가져온다는 것을 알았다. 가족 기업인 베네통은 초기부터 신뢰관계에 있는 팀워크를 통해 비즈니스를 전개했는데, 뜨개질 솜씨가 좋았던 여동생이 디자인을, 숫자에 밝았던 남동생은 재정과 사업전략을, 베네통 자신은 마케팅을 담당해 사업을 성장시킬 수 있었다. 그리고 기업의 확장과 성공 후에도 팀워크의 중요성을 강조하며 각기 다른 분야에서 재능을 보이는 사람들이 모여 신뢰 관계를 구축하며 팀을 이끄는 것을 비즈니스의 우선순위로 삼았다.

쿠퍼의 공연에는 언제나 서프라이즈 요소들이 곳곳에 숨어있다. 공연 초반에 쿠퍼는 관중들에게 공포로의 여행에 초대장을 보낸다. 그의 공연은 충격적인 고통과 잔혹성을 띠지만 재미적인 요소를 놓치지 않는다. "저는 이러한 비주얼적인 방법이 관중을 공연에 몰입하게 하는 데 도움을 준다고 생각합니다." 앨리스 쿠퍼는 말한다. 기자가 물었다. "어떻게 이러한 공연을 만들 수 있죠?" 쿠퍼는 이렇게 대답했다. "저는 수많은 무대 장치들을 반복적으로 사용하는 반면, 공연의 약 40% 정도는 즉흥적으로 흘러가게 열린 무대의 여지를 남겨 놓습니다. 그것은 언제나 변경 가능하고 유동적입니다. 이를 통해 항상 무대를 새롭게 할 수 있었죠. 그리고 생각대로 공연이 잘 흘러가지 않더라도 멤버들의 서포트로 결국에는 완벽한 무대로 마무리됩니다."

지난 40년 동안 앨리스 쿠퍼는 무대에서 자신의 머리를 자르는 공연을 선보여 왔다. 그러나 이런 무대가 최근 몇 년 동안 많이 변했다. "사람들은 더 이상 이것에 대해 충격을 받지 않아요, 내가 TV를 켜보니, 실제로 자기 머리를 잘라버리는 사내가 있었죠." 충격적인 무대가 보편화되어 버린 지금은, 쿠퍼에 대한 관중들의 반응이 예전같지 않다. 하지만 쿠퍼의 승부욕은 멈추지 않는다. 그는 아직도 관객에게 새로운 충격을 주기 위해 아내 쉐릴과 함께 고민 중에 있다.

6

슬레이어의 성공에서 배우는
비즈니스 전략

공포 영화를 방불케 하는 유혈이 낭자한 비주얼, 실제 범죄 다큐멘터리에서 차용한 가사 내용, 엄청난 속도감과 파괴적인 음악으로 유명한 스래쉬 메탈^{Thrash metal} 밴드가 있다. 바로 1981년 미국에서 결성된 슬레이어^{Slayer}다. 이들의 음악은 지난 40년 간 이들의 신봉자들로부터 큰 사랑을 받아 왔다. 가장 잘 알려진 앨범인 정규 3집 앨범, 〈레인 인 블러드〉^{Reign in Blood}는 스래쉬 메탈계의 걸작으로 유명하다. 이들은 1983년 첫 앨범 발매 이후 단 한 번도 슬럼프를 겪지 않고 꾸준한 성과를 보여준 밴드이다. 이들은 2007년, 2008년 두 해 연속 그래미상을 받았고, 2006년에 발매한 〈크라이스츠 일루전〉^{Christ's Illusion} 앨범은 그들의 빌보드 최고 기록인 5위를 차지했다. 더욱이 이들은 1981년 이후 단 한 명의 멤버 교체도 없었다. 최근에는 세계에서 가장 핫한 스트리트 패션 브랜드인 슈프림^{Suprme}과의 콜라보레이션을 통해 이들의 로고가 박힌 재킷, 스웨터, 그래픽 티셔츠 등 다양한 패션 제품을 선보였는데 단 12초 만에 전 사이즈가 매진되는 기염을 토하며 자신들의 건재함을 세상에 알렸다. 스래쉬 메탈이라는 어둡고 무거운 음악으로 이렇게까지 성공적으로 밴드를 이끌어온 슬레이어의 비결은 무엇일까?

| 휴식을 통한 재충전이 주는 성과 |

첫째, 슬레이어가 이처럼 오래도록 팀을 지속할 수 있었던 이유는 개인의 삶과 대중에게 보여주는 이미지 사이에 철저한 분리가 있었기 때문이다. 그들은 개인적인 삶을 철저히 누리고자 했으며 일과 분리되어 있을 때는 사악한 대중적인 이미지에서 벗어나 스스로의 취향에 집중하며 재충전의 기회로 삼았다.

최근 간부전증으로 사망한 슬레이어의 기타리스트 제프 한네만^{Jeff Hanneman}은 무대에서 보여주는 과격한 이미지나 퍼포먼스와는 달리 사적인 자리에서는 신사적이고 위트가 넘치는 성품의 소유자였다. 그를 개인적으로 잘 알고 있는 사람들은 그가 농담을 좋아하고, 여유 있는 삶을 선호하는 전형적인 캘리포니안이었다고 회상한다. 그는 실제로 닌텐도 비디오 게임을 좋아하며, 크리스마스에는 지인들에게 일일이 선물을 챙겨주는 세심하고 배려심 넘치는 남자였다. 그의 아내 캐스린 한네만^{Kathryn Hanneman}은 제프가 6미터가 넘는 크리스마스 트리를 집에 가져와 기뻐하던 모습을 회상하며 제프를 그리워했다. 한편 금방이라도 악마를 소환할 것 같은 샤우팅을 외치며 흡사 주술사 같은 외모의 보컬 톰 아라야^{Tom Araya}는 가족을 사랑하는 독실한 가톨릭 신자였다. 그는 아내와 아이들과 함께 농장을 운영하는 것이 인생 최고의 낙이라고 한다. 그는 텍사스 자택에 수십 마리의 가축을 기르고 컨트리 송을 부르며 농장 일을 즐겼다. 드럼 연주자 데이브 람바르도^{Dave Lombardo}는 업무 외적으로는 헤비메탈 사운드보다 감성적인 클래식을 즐겨 듣는 뮤지션이었다. 그는 이탈리아 만토바에서 소프라노 가수와 오케스트라와 비발디의 클래식 앨범을 녹음했을 정도로 클래식 음악에 대한 열정이 있었다. 이들의 삶 속에서 나타나는 이런 상반되는 이미지들은 그들이 얼마나 자신들의 개인적인 삶에 집중했는지 단적으로 보여주고 있다.

1998년 워싱턴대학교^{Washington University} 신경생리학자 마커스 라이클^{Marcus Raichle} 교수는 머리를 비울 때 채울 수 있다는 것을 실험을 통해 밝힌 바 있다. 그는 MRI를 사용해 사람이 어떤 문제에 집중할 때와 그렇지 않을 때 뇌의 변화를 관찰했다. 문제에 집중하고 있을 때는 두뇌의 특정 영역이 늘어나지 않고 줄어들었으며, 아무 일을 하고 있지 않을 때는 반대 현상이 나타났다. 외부에서 오는 자극이 없을 때 오히려 뇌가 활성화되었다. 업무에서 떨어져 휴식을 취하는 동안 뇌는 뉴런의 네트워크를 새롭게 정비하고, 기억을 분류하고, 학습한 것을 처리해 자기 것으로 만든다는 것이다.

납기와 마감에 시달리며 비즈니스의 성공을 위해 성과에 급급한 채 앞만 내다보며 달리는 조직에서 보다 중요한 것은 잠시 하던 것을 중단하고 업무의 무게로 무너진 삶의 균형을 회복하는 일이다. 슬레이어 멤버들이 보여주었듯 업무와의 심리적인 분리를 통해 자신에게 집중하고 충분한 휴식을 함으로써 생산성이 더 높아지기 때문이다.

진정한 휴식은 업무와의 완전한 단절을 의미하는 것이 아니다. 충분한 시간과 돈이 없더라도, 삶의 현장과 멀리 떨어진 장소가 아니더라도 슬레이어의 멤버들처럼 농장의 소일거리를 하거나, 방안에서 비디오 게임을 즐기면서도 충분히 휴식을 취할 수 있다. 휴식은 단순히 시간에 비례하는 것이 아니라, 밀도 있는 몰입에서 나오기 때문이다. 휴식이란 자신만의 시간을 누리는 것을 의미한다.

오로지 맨손에만 의지해 절벽을 오르는 암벽 등반을 생각해 보자. 암벽에 매달린 사람은 분기 매출 달성률이나, 주간 회의 보고 자료나 제안서 작성 따위의 걱정은 생각하지 않는다. 오직 다음 스텝을 내디딜 틈새를 찾을 뿐이다. 주변의 일에 관심을 뺏기지 않고 오로지 자신이 좋아하는 그 순간에 몰입하는 것이다. 이것은 주의력을 분산시키며 시간을 잡아먹는 일들과는 차별된다. 즉 좋아하는 음악을 즐기거나, 사랑하는 사람과 깊이 있는 대화를 나누거나, 평소에 하지 못했던 색다른 방식의 일을 시도해 보며 잠시 자신의 내면에 몰입하는 시간을 갖는 것을 의미한다. 슬레이어의 멤버들처럼 때로는 자극이 적고 평온한 환경에서 몰입하는 시간

스타트업, 록스타처럼 성공하라

은 지속적인 성과를 창출하는 동력이 된다.

| 틈새시장에서 일관성 있는 제품과 서비스를 제공하라 |

둘째, 슬레이어는 차별화된 콘텐츠를 통해 틈새시장을 공략했다. 수많은 밴드가 사랑과 추억 그리고 희망을 노래했다. 하지만 슬레이어는 파괴, 살인, 폭력, 고통과 두려움을 노래했다. 이들의 틈새 공략은 부정적이고 극단적인 음악을 만드는 것이었다. 슬레이어는 미국 최대 규모의 음악 커뮤니티인 〈얼티메이트 기타〉 Ultimate Guitar 매거진과의 인터뷰에서 "우리 같은 밴드가 존재할 수 있는 가장 중요한 이유는 모든 사람이 말랑말랑한 팝뮤직만을 원하지는 않는 데에 있다."라고 말했다. 슬레이어는 명백하게 그들의 상품을 이렇게 정의했다. '소수를 위해 발매하는 충격적인 비주얼과 과격한 음악.' 슬레이어는 〈롤링 스톤〉 잡지를 통해 이렇게 말했다. "우리의 음악은 사람들을 무섭게 합니다. 우리가 사람들에게 주는 이미지는 어둡고, 불길한 이미지입니다. 아마 처음 사람들에게 우리의 음악을 선보였을 때 너무 겁을 준 것 같아요. 어떤 사람들은 우리에 대한 이상한 이야기를 만들어내기 시작했습니다. 우리는 많은 논란을 겪어 왔어요, 〈나이트 메어〉의 프레디 크루거에게 식상해진 젊은이들이 우리의 음악을 들으러 왔죠, 우리는 공포 영화 보는 것을 대신해 공포 이야기를 음악으로 들려주었어요."

비즈니스에서 틈새시장 전략은 스타트업이나 약소기업이 취할 수 있는 가장 효과적인 전략이다. 시장을 세분화하고 그 시장에 집중함으로써 작지만 톱^{Top}이 될 수 있는 매력적인 전략이기 때문이다. 대기업이 채산이 맞지 않아 참여할 수 없거나, 이들이 감지하지 못한 시장 또는 그다지 메리트를 느끼지 못하는 시장에서 차별화, 전문화, 집중화를 통해 비즈니스를 진행하는 것이다. 틈새시장은 아직 그 누구도 진출하지 않은 시장이며, 심지어 소비자들도 자신들의 니즈를 알아차리지 못하기 때문에 수익성 있는 틈새시장을 찾는다는 것이 쉬운 일은 아니다. 틈새시장을 찾는다 해도 최근 급변하는 비즈니스 정세에 따라 틈새시장의 규모가 갑자기 대규모의 시장으로 변하거나 소멸하거나, 급작스러운 중심 시장이 되어버릴 수도 있다. 따라서 제대로 틈새시장을 노리기 위해서는 시장과 트렌드를 냉정하게 관찰하고 전략을 펼치는 타이밍, 그리고 제품과 서비스가 시장에 미치는 영향력을 분석해보는 노력이 필요하다.

슬레이어가 보여준 것처럼 시장의 트렌드를 면밀히 분석하고 소비자들의 다양한 욕구를 고려해 더욱 세분화된 제품을 만드는 것은 훌륭한 틈새 전략이 될 수 있다. 유제품 시장을 예로 들어보자. 유제품 시장은 이미 포화상태처럼 보이지만 기업들은 제품을 더욱 세분화해 성장기 청소년을 위한 고칼슘 우유, 다이어트를 하는 여성들을 위한 저지방 우유 등 지속적으로 틈새를 공략해왔으며, 유당불내증을 겪는 사람들을 위해 락토프리 우유까지 개발하는 등 소비자의 범위를 확장시켜 지속적으로 매출을 늘리고 있다.

기존 아이스크림의 주된 소비자 층은 어린이들이었다. 따라서 대부분의 아이스크림 제조사들은 어린이를 타깃으로 집중적인 마케팅 전략을 펼쳐왔다. 하지만, 미국의 하겐다즈^{Häagen-Dazs}는 어른도 아이스크림을 먹는다는 데에 착안해 새로운 틈새시장을 발견한다. 바로 성인들을 위한 아이스크림을 만든 것이다. 하겐다즈는 구아검, 카라기난 등 안정제를 첨가하지 않고 양질의 유지방을 충분히 넣어 맛이 진한 아이스크림을 탄생시켰고, 헐리우드 배우 브래들리 쿠퍼^{Bradley Cooper}를 CF 광고에 출연시켜 성인들을 위한 프리미엄 아이스크림이라는 시장을 개척해 세계적인 기업으로 발돋움할 수 있었다.

틈새시장을 공략한 슬레이어의 다음 전략은 고객들에게 일관된 상품을 제공한 것이다. 슬레이어는 가장 일관된 음악으로 유명한 세계 4대 스래쉬 메탈 밴드이다. 그들은 앨범에 약간의 변화를 주기도 하지만, 아주 미미한 변화에 그친다. 빠른 속도, 거친 보컬, 어두운 가사 내용 등 '메이드 인 슬레이어'의 상품을 꾸준히 만들어냈다. 이런 슬레이어의 일관성은 그들이 사운드의 변화를 추구하려고 할 때마다 팬들의 강한 반발을 수용한 결과이기도 했다. 예를 들면 '사우스 오브 헤븐'^{South of Heaven}에서 템포를 느리게 떨어트리거나, '디아볼러스 인 뮤지카'^{Diabolus In Musica}에서 부드러운 음악을 선보일 때, 팬들은 강한 음악을 요구함으로써 슬레이어가 추구했던 코어 음악에 다시 집중하게 했다. 〈얼티메이트 기타〉와의 인터뷰에서 기타리스트 킹은 이렇게 말한다. "슬레이어의 앨범 레코드와 공연은 마치 품질보증서 같은 것입니다. 당신이 만일 슬레이어의 팬이라면 우리가 항상 한 우물만 파왔다는 것을 알 것입니다. 우리는 항상 같은 품질의 음악을 선사하려고 노력했고, 이것을 마치 팬들과의 약속처럼 이뤄냈죠."

장수하는 조직의 필수 조건은 브랜드가 갖는 고유한 개성의 일관성을 관리하는 것이다. 브랜드는 사람들에게 하나의 기능적 제품이나 서비스로서, 수많은 브랜드 가운데 고유한 하나의 브랜드로 인식되기 위해 만들어진다. 따라서 소비자에게 어떤 브랜드 가치를 제공할 것인가를 고민하고 그 가치를 일관성 있게 전달해야 한다. 브랜드의 독창성, 가치관의 일관성을 유지할 때 소비자들은 브랜드를 인식할 수 있기 때문이다.

마이크로소프트는 윈도우8을 출시했지만 불과 출시 6개월 만에 대폭적인 시스템 수정을 결정한다. 윈도우의 상징이었던 '시작' 버튼을 바탕화면에서 없애자 소비자들이 이것을 외면했기 때문이다. 코카콜라는 젊은 소비자 층을 타깃으로 한 펩시에 대응하기 위해 '뉴코크'를 출시했다. 결과는 참담했다. 100년 된 맛을 시대에 맞게 고치려 하자 소비자는 등을 돌렸고, 뉴코크는 미국 5대 실패 상품이라는 불명예를 얻게 되었다. 일관된 브랜드의 아이덴티티를 관리하는 것이 얼마나 중요한지를 보여주는 단적인 사례들이다. 같은 수준의 제품을 지속해서 선보이면서 자신들의 아이덴티티를 굳건히 세운 슬레이어의 전략이 현재의 슬레이어라는 장수 브랜드를 있게 한 성공 요인이었다.

| 함께 성장하는 조직 문화 |

마지막으로 슬레이어는 팀으로서 협업하며 함께 성장하는 방법을 알았다. 팀의 기타리스트인 킹과 한네만은 독특한 방법으로 기타를 연주한다. 리듬 기타와 리드 기타를 서로 번갈아 가며 연주하는 것이다. 한 명이 리듬 파트만 연주한다든가, 네가 리드한 만큼 같은 분량으로 나도 리드를 해야 한다든가 하는 원칙은 없었다. 킹은 그들의 업무 수행 방식에 대해 이렇게 말했다. "누군가가 무엇을 연주할지 더 잘 알고 있다면, 그 사람이 연주하게 하고, 혼자 리드하기 힘들다면 우리가 함께하면 되는 것이죠." 이들은 이런 협업의 원리를 알았기에 슬레이어는 2004년 100명의 위대한 헤비메탈 기타리스트 중 10위의 기록을 세웠다. 또한 킹은 인터뷰에서 '나'보다는 '우리'를 강조하며 팀워크의 중요성을 보여주었다.

뿐만 아니라, 슬레이어는 밴드의 멤버들에게 함께 성장할 기회를 충분히 제공했다. 보컬 아라야가 처음 슬레이어에 들어왔을 때 그는 작곡을 전혀 할 줄 몰랐다. 그러나 밴드는 그를 작곡가와 작사가로 육성하였고, 시간이 흘러 아라야는 여러 히트곡을 만들어 냄으로써 팀에 크게 기여하게 된다. 또한 밴드는 민주적이고, 열린 커뮤니케이션을 통해 구성원들이 자부심을 가질 수 있는 역할을 해왔다. 한네만은 이렇게 말한다. "밴드 내에서 나의 의견이 반영되지 않더라도, 다른 구성원들이 모두 나의 의견이 무엇인지 이해하고 존중해 주었다."

슬레이어는 비즈니스 팀에 아주 중요한 교훈을 인터뷰를 통해 들려주었다. "우리는 다양한 모험과 사건들을 함께 겪었고, 멤버들은 서로에 대해 강한 신뢰를 하고 있습니다. 우리 네 명은 우리가 항상 함께해야 한다는 것을 인식하고, 만일 한 사람이라도 뒤처지는 사람이 있다면, 아무리 시간이 걸리더라도 쫓아올 수 있도록 기다려 줍니다."

GE는 팀워크 활용의 대표적인 성공사례로 유명하다. GE에서는 팀을 통한 성장을 중시하며 영업성과를 150% 이상 초과 달성한다 할지라도 팀워크가 미흡한 사람은 즉각적인 교체 대상이 된다. 2012년에는 '모두가 함께 상승한다'Together, We All Rise라는 리더십 철학을 발표하며 함께 성장하는 팀워크의 중요성을 공표했다. 한 사람이 성장하면 더 많은 사람들이 성장하고 향상된다는 것이다. 따라서 지금은 미흡하더라도 미래의 성장으로 이어질 수 있는 체계적인 교육 프로그램과 인사 시스템 구축을 통해 많은 직원들을 리더로 키워낼 수 있었다. 20년간 1500배의 성장을 달성한 세계적인 애니메이션 기업 픽사Pixar Animation Studios는 사내 교육 기관 픽사대학Pixar University에 '더 이상 혼자가 아니다'Alienus Non Diutius라는 문구를 건물에 새겼다. 모든 직원들과 지속가능한 동반성장을 이루겠다는 뜻이었다. 실제로 픽사는 프리랜서와 외주고용을 통해 프로젝트 기반으로 움직이는 헐리우드의 관례적인 업무 방식을 완전히 무너트리고 작가, 감독, 스탭이 픽사에 소속된 제작팀으로 고용되어 일을 한다. "우리는 손발이 맞을 만하면 떠나버리는 단기 고용에 반대합니다. 우리는 아이디어에 투자하는 대신 사람에 투자합니다. 우리는 평생 학습을 다짐하는 직원들과 함께 학습하는 문화를 만들기 위해 노력합니다." 픽사의 CEO 에드 캣멀Ed Catmull의 말이다. 모든 팀원들이 함께 이끌어가고 회사는 배움의 기회와 개인의 역량을 최대로 발휘할 수 있게 지원해 준다는 것이다.

일반적인 조직이라면 성과를 내지 못하는 구성원들은 도태되거나 교체되는 반면 슬레이어는 구성원이 성장할 때까지 기다려주는 미덕이 있었다.《심리경영》의 저자 우종민 교수는 기업 문화의 흐름이 '군림하는 파워'Power over에서 '함께 성장하는 파워'Power with로 이동하고 있다고 말하면서 조직 구성원들이 함께 성장하는 조직이 앞으로의 경영환경에 필수 요소가 될 것임을 강조했다. 따라서 일부 인기 선수가 아닌 모든 구성원에게 같은 업무 기회를 주고 미흡한 역량이 성장할 수 있도록 지원해 주며 기다려주는 조직의 마인드가 중요하다. 슬레이어에는 함께 가면 멀리 갈 수 있다는 지혜가 있었다. 모든 구성원이 함께 성장하며 같은 비전을 바라볼 수 있도록 조직 환경을 구축하는 것이 필요하다.

슬레이어는 아직까지 메탈리카^{Metailica}, 앤스랙스^{Anthrax}, 메가데스^{Megadeth}와 함께 미국에서 가장 유명한 스래쉬 밴드로 명성을 날리고 있다. 메탈리카와 앤스랙스가 상업적인 성공과 변화하는 분위기를 의식해 음악적 색채가 흐려진 음악을 선보이고, 메가데스가 들쭉날쭉한 라인업으로 음악적 편차가 나타난 반면, 슬레이어는 데뷔 이후 줄곧 빈틈없이 잘 짜여진 메탈사운드를 들려주고 있다. 전체 고객의 욕구를 모두 만족시키려 했던 기존의 음악에서 벗어난 차별화 전략으로 시장을 노린 슬레이어는 '작게 행동함으로써 더 크게 될 수 있다'^{Getting Bigger By Acting Smaller}는 역설적인 논리를 활용해 시장을 장악할 수 있었다. 일관된 품질의 제품을 제공하고 모든 구성원이 함께 성장할 수 있는 조직을 통해 지속적인 성과를 창출한 것이다. 어떻게 하면 지속적인 성과를 낼 수 있을까 고민하는 조직이 있다면, 40년간 단 한 번의 멤버 교체도 없이 꾸준하게 성과를 일궈낸 슬레이어의 비즈니스 전략과, 이들이 팀을 운영하는 방식에서 교훈을 얻기 바란다.

7

한 가지에 집중하라
—하드록 밴드 AC/DC

단 한 가지 제품으로 200배의 성장을 일궈낸 회사가 있다. 바로 밀폐 용기로 잘 알려진 '락앤락'Lock & Lock이다. 많은 사람들이 락앤락을 외국 회사로 알고 있지만, 사실은 1978년도에 설립된 토종 한국기업이다. 창업 당시 락앤락은 주방, 욕실용품을 비롯해 600여 가지의 플라스틱 생활용품을 생산하던 제조업체였다. 하지만 IMF 외환위기가 터지면서 매출은 정체되었고, 이에 따라 락앤락은 새로운 생존 전략을 펼친다. 그것은 바로 '단 한 가지'에 집중할 것. 락앤락은 이 전략에 따라 수백 가지의 잡다한 제품을 모두 처분하고 단 한 가지, '밀폐 용기'에 집중하기 시작한다. 그리고 1998년 외환위기가 절정에 있던 시기, 락앤락 밀폐 용기를 출시하면서 판매대박을 터트린다. 해를 거듭할 때마다 200%의 매출 신장을 기록했으며 해외 104개국에 수출을 하면서 2013년에는 연 매출 1조 클럽에 진입했다.

밴드에서도 이와 같이 단 한 가지 제품으로 성공한 팀이 있다. 바로 한 가지 제품으로 무식하리만큼 반세기를 버텨온 호주의 하드록 밴드 AC/DC이다. 1973년 호주에서 결성된 5인조 하드록 밴드 AC/DC는 두 형제 말콤 영^{Malcolm Young}, 앵거스 영^{Angus Young}을 중심으로 결성되었다. 이들은 전통적인 로큰롤 밴드의 음악적 기반이 되었던 블루스를 바탕으로 한 하드록을 선보인 밴드였다. AC/DC는 70~80년대 가장 중요한 업적을 이룬 위대한 밴드 중의 하나로 인정받고 있으며, 공식적으로 2억 장의 앨범을 판매했고, 하드록 역사에 가장 중요한 곡으로 분류되는 '백 인 블랙'^{Back In Black} 같은 명곡을 남긴 밴드이다.

| 밴드를 성공으로 이끈 8비트 로큰롤 |

AC/DC 하면 떠오르는 수식어는 바로 '8비트 로큰롤'이다. 이들의 곡은 간단한 8비트 드럼 리듬에 거칠고 간결한 기타 리프를 특징으로 한다. 그리고 이 음악 스타일을 밴드 결성 후 반세기가 지난 현재까지도 고수하고 있다. 그래서 이들의 곡은 데뷔곡이나, 최근에 발매된 곡이나 다 비슷하게 들린다. 그들은 단 한 번도 음악적 외도를 하지 않고 오직 '8비트 로큰롤'이라는 외길만 걸어왔다. 이들과 함께 동시대를 걸어온 다른 밴드들이 시대의 트렌드에 맞는 음악을 위해 끊임없이 노선을 변경해온 반면, AC/DC는 '오직 로큰롤!'을 외치며 AC/DC표 로큰롤로 세월을 버텨냈다. 보통 밴드들은 길어봐야 10년을 활동하면서도 수없이 많은 음악 장르를 시도하며, 새로운 모습을 대중들에게 선보이려 노력한다. 하지만, 이들은 이 '8비트 로큰롤' 하나를 가지고 지구의 맨틀과 핵을 뚫을 정도로 한 우물만 파왔다. 이쯤 되면 이들을 '8비트 로큰롤 장인'이라 불러도 과언이 아닐 것이다.

이들의 성공 비결은 아주 간단하다. '8비트 로큰롤을 꾸준히 해온 것.' 바로 이 단순함이 성공의 비결이었다. 그들은 어떤 시기에, 어떤 상황에서, 어느 곡을 쓰더라도 8비트 로큰롤을 고집했다. 단순한 구성과 전개, 한 번 들으면 귀에 박히는 중독성 있는 리프는 그들의 상징이었다. 세월이 흐르면서 보컬을 비롯해 멤버들도 제법 바뀌었다. 하지만, 이들의 사운드에는 변화가 없었다. 그래서 노래가 다 비슷하게 들린다.

늘 똑같은 음악을 한다고 해서 이들이 실력 없는 밴드는 아니었다. AC/DC는 척 베리Chuck Berry나 리치 발렌스Ritchie Valens 같은 50년대 로큰롤에서 음악적 영향을 많이 받았는데, 앵거스는 이런 전통 로큰롤 사운드를 현시대에 맞게 잘 재현하는 기타리스트로 손꼽힌다. 또한, 한 가지 음악적 장르를 고수하면서도 무려 17장의 앨범을 발매했는데, 매 앨범마다 전혀 지루함이 느껴지지 않는 신선함이 있었다. 또 한편으로 이들은 트렌드를 좇지 않고 묵묵히 자신만의 음악을 추구함으로써 자신의 색깔을 내고 싶어 하는 후대 밴드들의 정신적 버팀목이 되었다.

새 앨범 발매에 대한 기자회견 중 한 기자가 AC/DC의 기타리스트이자 리더인 앵거스 영에게 이런 질문을 했다. "사람들이 열한 개의 앨범이 모두 똑같다고 비난하는데, 이에 대해 어떻게 생각하십니까?" 앵거스 영이 대답했다. "그들이 잘못 알고 있어요. 열한 개가 아니라, 열두 개입니다." 이들은 자신들의 음악에 열정이 있었고, 자신감이 있었으며, 대중들은 이런 한결같은 AC/DC표 로큰롤을 사랑했다.

AC/DC가 위기를 극복하는 방법은? 역시 8비트 로큰롤이었다. 1979년 AC/DC는 〈하이웨이 투 헬〉Highway to Hell 앨범으로 세계적인 성공을 거둔다. 그들은 미국을 비롯해 유럽 전역에 걸친 투어를 진행했고, 이들의 1980년은 성공의 정점을 찍던 시기였다. 그런데 그해 2월 갑자기 리드 보컬 본 스콧Bon Scott이 교통사고로 갑작스럽게 세상을 떠난다. 6년간 함께해오며 AC/DC를 현재의 반열에 있게 한 밴드의 프론트 맨이자 핵심멤버가 사라진 것이다. 수많은 언론에서 AC/DC의 해체설이 나돌았다. 많은 밴드들이 보컬이 죽고 음악을 중단하거나 밴드를 해체했다. 90년대 얼터너티브 록의 지평을 연 너바나Nirvana는 커트 코베인Kurt Cobain이 죽자 해체됐다. 펑크록의 역사를 만든 섹스 피스톨즈Sex Pistols도 시드 비셔스Sid Vicious가 죽고 같은 운명을 맞았다. 슈퍼 밴드 퀸Queen도 마찬가지였다. 프레디 머큐리Freddie Mercury라는 선장을 잃은 밴드는 더 이상 앨범을 내지 않았다. 하지만, AC/DC는 달랐다. AC/DC는 충격을 극복하고 단 5개월 만에 〈백 인 블랙〉^{Back in black} 으로 컴백한다. 그리고 세계적인 대성공을 거둔다. 빌보드 차트 10위권에 무려 23주간 머무르며 5천만 장을 팔아치운 이들의 최대 빅 히트 앨범이 된 것이다. 또한, 이 앨범은 5천 6백만 장이 팔린 마이클 잭슨의 〈스릴러〉^{Thriller} 다음으로 많이 팔린 앨범으로 기록되었다. 너무 빠르지도 느리지도 않은 8비트 리듬과 이에 맞춰 진행되는 경쾌하고 중독성 있는 기타 리프는 남녀노소를 불문하고 모두를 열광시키기에 충분했다. 그들은 위기의 순간에도 자신들이 가장 잘할 수 있는 것을 선택했다. 그리고 성공했다.

| 한 가지 핵심에 집중하라 |

탁월한 성과는 초점을 얼마나 좁힐 수 있느냐와 연관되어 있다. 앤드류 카네기^{Andrew Carnegie} 는 '사업적 성공으로 가는 길'이라는 연설에서 이런 말을 한다. "성공의 기본 조건이자 위대한 비밀이 있다. 그것은 당신의 에너지와 생각과 돈을 현재 하고 있는 하나에만 집중하는 것이다." 켈러 윌리엄스 투자개발 회사^{Keller Williams Reality} 의 공동 창립자이자 대표인 게리 켈러^{Gary Keller} 는 그의 저서 〈원씽〉^{One thing} 에서 뛰어난 성과를 내고자 한다면 한 가지 일에만 집중하라고 조언한다. 애플에는 아이폰이 있고, 인텔에는 마이크로프로세서가 있고, 코카콜라는 단 한 가지 레시피만 가지고 있듯이 여러 전략을 모색하고 문어발식 확장에 집중하는 것보다 기업에서 가장

의미있는 한 가지를 찾는 것이 중요하다는 것이다. 켈러는 회사의 핵심 인력과 개별 미팅 진행 시 항상 다음에 만나기 전까지 끝내야 할 일이 무엇인가에 대해 논의했다. 직원들은 논의된 과제를 모두 잘 처리해냈지만, 회의의 성과는 항상 제자리였다. 켈러는 고민 끝에 "당신이 이번 주 할 수 있는 일 중 꼭 해야 할 한 가지 일은 무엇인가?"라고 묻기 시작했다. 이 한마디는 이후 많은 것을 바꿔놓았다. 직원들의 실적이 올라가기 시작한 것이다. 더 큰 성과와 효과를 얻고자 하면 일의 가짓수를 줄이고 가장 중요한 일에 집중해야 한다. 이는 단 하나의 목적의식, 즉 자신이 원하는 곳까지 도달한다는 단 하나의 목표만을 갖게 하기 때문이다.

탁월한 성과를 이룩한 기업들은 항상 자신들을 가장 유명하게 만들거나 가장 돈을 많이 벌어다 준 제품과 서비스를 가지고 있다. 그리고 그것에 집중함으로써 성공했다. 미국 지역 양조업체를 세계 최대 맥주 회사로 성장시킨 쿠어스Coors의 창업주 아돌프 쿠어스Adolph Coors는 하나의 양조장에서 만든 하나의 제품으로 1,500% 성장이라는 놀라운 업적을 일궈냈다. 구글Google은 그들의 단 하나의 제품인 검색 엔진을 통해 전 세계 IT 시장을 석권하고 구글 제국을 이룩했다. 월스트리트 저널의 기자가 구글의 CEO 에릭 슈미츠Eric Schmidt에게 이런 질문을 한 적이 있다. "구글은 기껏해야 돈 버는 분야가 하나밖에One-trick pony 없지 않은가?" 구글은 기껏해야 검색 엔진이라는 기술로 시장을 장악해 운 좋게 성공했을 뿐 다른 분야에서는 기술력도 마케팅 파워도 없다는 비아냥거림이었다. 이

질문에 에릭 슈미트는 이렇게 답변한다. "맞는 말이다. 그런데 당신이 돈을 벌 수 있는 분야 중 한 가지를 선택하라고 한다면 당신은 우리가 가진 것을 원할 것이다. 우리는 제대로 된 수익 사업을 선택했기 때문이다."

그렇다면 무엇을 선택하고 집중해야 할 것인가? 한 가지 제품으로 성공한다는 것은 다시 말해 가장 잘하는 한 가지, 즉 조직의 핵심 역량에 집중한다는 것이다. 가장 핵심이 되는 것이 무엇인지 고민해보고 이를 성취하기 위해 집중하는 것이다. 핵심 하나를 잘하는 기업은 시대를 앞서갈 수 있다. 자신이 가장 잘하는 것이 무엇인지 알고, 세월의 흐름에 따라 이를 끊임없이 변화시켜 나갈 수 있기 때문이다.

미국의 눈 건강 전문 기업 바슈롬Bausch&Lomb은 1853년 안과 사업에 뛰어들었다. 독일 이민자 출신인 제이콥 바슈Jacob Bausch가 뉴욕에서 시작해 유럽에서 수입한 광학기기를 파는 작은 매장에서 시작한 바슈롬은 1973년까지 매출액 2억 3천5백만 달러를 기록하며 광학기기와 렌즈 산업의 선도 기업으로 성장했다. 바슈롬은 70년대 중반 소프트 콘택트렌즈의 제조 기술인 스핀 캐스팅의 특허를 얻었다. 스핀 캐스팅 공법은 시중의 제품보다 더욱 편한 렌즈를 낮은 비용으로 생산할 수 있는 기술이었다. 바슈롬은 이 기술을 통해 마켓쉐어 40%를 달성하며 경쟁 업체들을 시장에서 몰아냈다. 이는 2, 3위 업체였던 아메리칸 하이드론이나 쿠퍼비전에 비해 몇 배가 높은 수준이었다.

하지만, 이후 바슈롬은 핵심 사업의 성공으로 벌어들인 유동 자금을 새로운 분야에 투자하겠다는 결정을 내린다. 존슨앤존슨 등 후발 주자들이 캐스트 몰딩 같은 신기술을 가지고 치고 올라오는 동안 핵심 사업은 조금씩 기울고, 경쟁 업체들의 진입으로 수익성도 줄고 있으니 자금을 새로운 성장 원천을 발굴하는 데 투자한다는 결정을 내린 것이다. 경영진은 전동 칫솔, 피부 연고, 보청기 등 다른 건강 분야에 뛰어들었고 안타깝게도 이 전략은 실패하고 만다. 새로운 제품과 렌즈 사업 간의 연결고리를 형성하지 못했고, 자원과 경영진의 주의가 분산됨에 따라 바슈롬의 콘택트렌즈 사업은 더욱 기울었다. 주식은 반토막났고 시장점유율은 16%까지 떨어졌다. 바슈롬은 서둘러 경영진을 교체하고 유통망을 정리하고 제품의 가격을 내리며, 비핵심 사업을 철수하는 등 필사적인 노력을 통해 위기를 모면할 수 있었다. 하지만 이 과정을 통해 수많은 자본을 허비했고 신규 업체들이 시장에서 자리를 잡을 수 있는 시간을 내주고 말았다.

이제 또 다른 기업의 사례를 살펴보자. 1948년 설립해 옷걸이 하나만으로 전 세계 시장을 지배한 독일 기업 마와^{MAWA}의 이야기이다. 대표적인 소모품인 옷걸이의 수명은 2년으로 차별화가 쉽지 않은 저가 제품이다. 마와는 금속에 코팅을 하여 옷이 미끄러지지 않고 영구적으로 사용할 수 있도록 제작했다. 따라서 10년간의 품질 보증 기간이 있으며, 옷을 장기간 걸어 놓아도 전혀 변형이 없었다. 마와는 경기의 흐름이나 극심한 비즈니스 격변기에도 아이템 변경이나 사업의 다각화를 시도하기보다 꾸준히 생산설비를 개선, 개발하여 묵묵히 옷걸이 제작에만 집중했다. 따라서 환경의 변화와 시장 니즈에 따라 수납공간을 줄일 수 있는 옷걸이를 개발하고 옷장을 깔끔하게 정리할 수 있도록 옷 높이를 수평으로 맞출 수 있는 기술 혁신을 이룰 수 있었다. 그리고 60년이 지난 현 시점, 마와는 옷걸이 하나만으로 전 세계 50여 개국으로 수출하는 대표적인 명품 브랜드로 성공하게 됐다. 이 성공이 더욱 의미 있는 이유는 독일처럼 인건비가 비싼 유럽에서 노동집약적 제품으로 큰 성과를 이뤄냈기 때문이다. 자신이 가장 잘하는 한 가지에 꾸준히 집중한 것이 그 비결이었다.

수많은 기업들이 경영 성과를 지속시키고 더욱 성장하기 위해 다양한 제품, 다양한 사업으로의 유혹에 빠진다. 제품의 가짓수를 늘리고 신규 사업을 포트폴리오에 편입시켜 성장 규모를 더욱 크고 빠르게 확장시키고, 경기 변화에 의한 리스크를 분산시키고자 한다. 하지만, AC/DC가 보여준 것처럼 지속적인 성과를 위해 필요한 것은 오히려 가장 잘하는 핵심 역량 한 가지에 집중하는 것일 수 있다. 다양한 제품과 사업의 시도는 외부 환경 변화에 대한 조직의 새로운 성장 동력과, 신규 시장에 대한 선점의 기회를 줄 수 있지만, 오히려 제한된 자원의 분산으로 인해 핵심 사업의 경쟁력을 저해하는 치명적인 결과를 가져오기 때문이다.

AC/DC가 결성된 지 어느덧 40년이라는 세월이 훌쩍 지났다. 그동안 리더였던 말콤 영은 세상을 떠나고 팀 내에도 많은 변화가 있었지만, 그들은 아직까지 한결같은 모습을 유지하고 있다. 브라이언 존슨은 새 앨범을 준비하고 있으며, 앵거스 영은 60대의 나이에도 20대에 그랬던 것처럼 반바지를 입고 무대를 뛰어다니며, 콘서트장은 무한히 반복되는 8비트 로큰롤로 관중을 사로잡는다. '비즈니스를 이끄는 근원을 살펴보고, 그 한 가지 핵심에 집중하는 것', 이것이 바로 AC/DC가 비즈니스에 주는 성공의 메시지인 것이다. AC/DC가 그들의 근원을 '8비트 로큰롤'에서 찾아 집중했듯이 이제 스타트업도 조직의 '8비트 로큰롤'이 무엇인지 찾아서 집중해야 할 것이다.

　　　　　　　　　　　　　　　　스타트업, 록스타처럼 성공하라

8

밴드의 공연에서 배우는
고객의 마음을 사로잡는 방법

한국문화예술위원회에서 조사한 통계에 따르면 우리나라에서는 1년에 10,000회가 넘는 음악 공연이 진행된다. 하루에도 30회에 가까운 공연이 진행되는 것이다. 이렇게 수없이 진행되는 공연 중 관객동원 수, 음악의 다양성이라는 측면에서 가장 중요한 공연 중 하나는 전국적으로 펼쳐지는 록 페스티벌이다. 1960년대 미국에서 시작한 록 페스티벌은 1969년 우드스톡 록 페스티벌을 계기로 전 세계적으로 확산되었다. 일본의 록 페스티벌, 브라질 록 인리오 록 페스티벌 등은 점차 국제 규모의 록 페스티벌로 자리 잡고 있다. 우리나라에서는 3일이라는 짧은 기간에도 불구하고 매년 부산 국제 록 페스티벌 5만 명, 지산 밸리 록 뮤직앤드아츠 페스티벌 7만 명, 인천 펜타포트 록 페스티벌 8만 명의 관객이 참가하며, 60

여 개의 밴드가 공연에 참여한다. 공연 문화의 정수를 한 번에 다 경험해 볼 수 있는 좋은 기회가 이들 록 페스티벌이다.

록 페스티벌 공연 현장은 어디에서나 밴드와 관객들이 뿜어내는 열기로 후끈하다. 관중들은 남녀노소 가리지 않고 환호하며, 밴드의 음악에 맞춰 춤을 추고 노래를 따라 부르기도 하면서 최고의 시간을 보낸다. 심지어 모르는 사람과도 함께 노래하며, 껴안기도 하고, 환호성을 지르며 그 순간을 만끽한다. 이것은 공연을 통해 밴드들의 에너지가 관중에게 전달될 때 자연스럽게 나타나는 현상이다.

일반적인 문화 공연은 공연 팀이 공연을 하고, 관중들은 듣거나, 보기만 하는 단방향적인 성향을 갖는다. 하지만 록 밴드의 콘서트는 다르다. 밴드의 공연은 공연 팀과 관객의 호흡을 통해 그 순간을 함께 창조해 나간다. 밴드 퀸[Queen]의 보컬이었던 프레디 머큐리[Freddie Mercury]는 자신의 보컬 비결에 대해 "내 목소리는 관중들의 에너지로부터 나온다. 그들이 반응할수록 나의 목소리는 더욱 힘을 얻는다."라고 말하며, 관객과의 커뮤니케이션이 밴드 공연의 핵심 요소임을 말한 바 있다. 즉 록 콘서트가 주는 몰입감과 광란에 가까운 반응은 공연자와 관객들의 양방향 커뮤니케이션을 통한 강력한 유대감 형성에서 비롯된 것이다.

| 록 페스티벌의 비밀, 관중과의 커넥션 |

미국의 유명 심리학자인 노스캐롤라이나대학University of North Carolina의 바바라 프레드릭슨Barbara Fredrickson 교수는 그의 저서《러브 2.0》Love 2.0에서 사랑에 대한 정의를 새롭게 내리고 있다. 그가 말하는 사랑이란 지속적으로 깊은 관계를 유지하며 나아가는 남녀 간의 일반적인 사랑의 개념이 아니다. 그가 러브2.0이라 명칭한 새로운 개념의 사랑은 순간의 커넥션이다. 이는 지속적인 관계에서 오는 감정이 아니라, 순간적인 감정인 것이다. 다시 말해《러브2.0》은 긍정적인 감정을 공유하는 경험을 통해 언제 어디서든지 일어나는 감정인 것이다. 상대방의 나를 향한 우호적인 감정, 태도, 미소, 아이 콘텍트 등을 통해서도 사랑의 감정을 느낄 수 있다는 것이다. 이 감정은 순간적인 감정이기에 오랫동안 함께 지낸 배우자뿐 아니라, 자신을 모르는 다른 사람들에게서도 느낄 수 있다. 그 순간에 우리는 다른 사람과 완전한 일체를 경험하고, 서로 긍정적인 에너지를 교류하며, 강한 소속감을 얻는다.

프레드릭슨 교수의 러브2.0의 개념을 통해 록 콘서트장에서 보이는 밴드와 관객 사이의 작용을 규명할 수 있다. 록 공연장에서는 완전히 모르는 사람들과도 사랑을 경험하게 된다. 함께 소리 지르고, 박자에 맞춰 흥겹게 춤을 추고, 미소를 교환한다. 이제까지 경험해 보지 못했던 공연을 통해, 그리고 그들에게 의미 있는 음악을 통해 하나가 되는 것이다. 두 번 다시 돌아오지 못할 이 특별한 공연과 이곳에서 느끼는 특별한 감정을 공유하는 것이다.

이제 밴드와 관객의 관계를 기업과 소비자의 관계에 적용해 보

자. 기업에서도 마치 록 공연장처럼 소비자와 기업이 유대감을 형성하며, 기업 활동에 대해 소비자가 최고의 만족을 느끼게 하는 것이 가능할까? 기업들은 역동적이고, 열정이 넘치는 자신들의 브랜드 이미지를 마케팅하기 위해 종종 월드컵이나 슈퍼볼 같은 스포츠 경기 또는 대규모의 콘서트같이 사람들이 열광하는 이벤트에 다양한 스폰을 제공한다. 내부적으로는 직원들 간의 결속력을 다지기 위해 대규모 집회 및 다양한 행사를 진행하기도 한다. 하지만 대부분의 기업이 참여하고 주관하는 행사에서 록 페스티벌에서 보여주는 열기와 관객의 끈끈한 결속력을 보기란 쉽지 않다. 그러나 여기에 록 콘서트에서 보이는 러브2.0의 개념을 적용해 본다면 이야기는 달라질 수 있다. 그렇다면, 기업은 어떻게 고객들과 이러한 감정의 연결선을 만들 수 있을까?

| 고객과의 커넥션은 특별한 경험에서 나온다 |

밴드의 공연에서 느낄 수 있는 사람들 사이에서의 순간적인 커넥션, 이것이 핵심이다. 그리고 이를 위한 기업의 한 가지 전략은 고객에게 브랜드의 특별한 경험을 하게 하는 것이다. 2012년 코오롱에서는 알바생들을 위한 이벤트를 진행한 적이 있다. '신년 인사회'라는 사내 행사를 지원하는 알바 모집 광고를 하여 500명의 대학생들을 뽑았다. 그리고 행사 진행 관련 교육을 진행한다는 명목으로 한자리에 앉혀 놓고 인사 담당자들이 나와 행사 설명을 시작한다. 그런데 갑자기 특강 강사가 등장하며, 젊음과 소통을 주제로 강연이 시작된다. 강연 도중에는 연극 공연까지 펼쳐진다. 그리고 모든 이벤트가 끝난 후에는 격려의 메시지가 담긴 선물과 함께 공지되었던 일일 보수가 전달되었다. 취업난에 허덕이는 대학생들을 격려하기 위한 기업의 깜짝 이벤트였던 것이다. 코오롱의 잠재 고객이라고 할 수 있는 이들에게 이 날의 특별한 경험은 쉽게 잊히지 않을 것이다. 기업의 입장에서 이 이벤트는 단순히 기업의 홍보 차원을 넘어서, 브랜드의 잠재적인 충성 고객을 확보한 셈이다.

고객과의 커넥션을 위해 특별한 경험을 제공한 또 다른 기업인 빌라델꼬레아 Villa Del Corea 의 사례를 살펴보자. 빌라델꼬레아는 남성을 위한 비스포크 전문점이다. 이 매장이 특별한 이유는 상시 판매되는 제품이 없기 때문이다. 철저히 예약제로만 운영된다. 이 매장은 이탈리아 유명 남성복 제작자들이 직접 한국을 방문해 단 한 명의 고객을 위한 맞춤 옷과 구두, 타이를 만든다. 예약은 한 시간 단위로 운영되며 고객들은 여유롭게 차를 마시며 제작자와 대화를 나누고 자신의 제품 취향과 신체의 특성에 대해 상담을 받을 수 있다. 디자이너와 제작자는 고객의 사이즈와 취향에 맞게 옷감을 재단하고 스타일을 제안한다.

고객들은 이 매장에서 럭셔리 산업의 태동기인 19세기에 온 것처럼 제작자와 접촉해 옷을 만드는 모든 과정에 참여하고 경험할 수 있다. 단순한 제품 판매가 아니라 경험을 제공함으로써 고객과 강한 유대관계를 맺게 되는 것이다. 기성 매장들과 차별화되는 이

고객을 단지 이익의 수단으로만 여기는 것이 아니라, 진정성 있는 서비스를 제공해야 할 대상으로 바라보기 시작할 때 고객과 기업은 감정의 커넥션이 생길 수 있다. 과거에는 제품의 모양새가 중요했다면 이제는 본질, 즉 제품에 무엇을 담고 있느냐가 중요해졌다. 차별화가 아닌, 진정성이 중요한 전략일 수 있다는 것이다.

콘셉트는 기성 럭셔리 브랜드의 대중성에 실망한 고객들로부터 큰 호응을 얻으며 지속적인 커넥션을 만들어 가고 있다. 단순히 기능이나 구매 절차상의 만족이 아니라, 더 나아가 자신이 직접 참여하고 관찰하고 상호 교감할 수 있는 경험을 통해 기업은 고객들을 열광시킬 수 있을 것이다.

고객과의 커넥션을 만들 수 있는 또 하나의 전략은 고객에게 진정성을 전달하는 것이다. 고객을 단지 이익의 수단으로만 여기는 것이 아니라, 진정성 있는 서비스를 제공해야 할 대상으로 바라보기 시작할 때 고객과 기업은 감정의 커넥션이 생길 수 있다.

미국 콜로라도 덴버로 향하는 프론티어 에어라인Frontier Airlines의 항공기가 기상 악화로 한 시간 연착되었다. 이 항공기의 기장은 배고프고 지친 승객들을 위해 160명이 먹을 피자 35판을 급히 주문했고, 승객들은 악천후의 비행기 안에서 피자를 먹는 아주 특별한 경험을 하게 되었다. 추후 이 사실이 언론을 통해 알려졌는데, 이 이벤트는 조종사들이 한 어린이 승객의 첫 비행기 여행을 축하해주기 위해 제공한 것이라고 밝혀 큰 화제를 모았다.

미국의 캐주얼 레스토랑인 레드 랍스터Red Robster는 진정성 있는 고객 케어로 큰 관심을 받았다. 30년간 결혼기념일이면 항상 레드 랍스터를 찾아온 노부부가 있었다. 안타깝게도 남편이 암으로 먼저 세상을 떠났다. 남편이 없는 31주년 결혼기념일에 딸은 레드 랍스터로 어머니를 모시고 왔다. 항상 그래 왔었던 것처럼, 결혼기념일의 관례를 깨고 싶지 않았기 때문이다. 이 사실을 안 레드 랍스터의 직원은 영수증 대신 손편지에 다음과 같은 메시지를 남겼다. "남편분이 돌아가신 것에 조의를 표합니다. 당신의 31주년 기념일을 우리와 함께 보낼 수 있었던 것에 대해 감사드립니다. 다음 기념일도 우리와 함께할 수 있기를 희망합니다." 레드 랍스터는 그 고객이 우리에게 얼마나 소중한 사람인지 알려주고 싶었다고 한다.

과거에는 제품의 모양새가 중요했다면 이제는 본질, 즉 제품에 무엇을 담고 있느냐가 중요해졌다. 차별화가 아닌, 진정성이 중요한 전략일 수 있다는 것이다. 글로벌 브랜드 컨설팅 기업 인터브랜드 Interbrand의 CEO 찰스 트리베일Charles Trevail은 진정성에 대해 이렇게 이야기한다. "젊은 세대는 브랜드 전문가다. 페이스북, 인스타그램 등 SNS 활동을 통해 기업이 어떻게 브랜딩을 하는지 안다. 브랜드가 어떻게 만들어지고 구축되는지에 대한 관심과 지식수준이 매우 높아졌다. 자신들의 브랜드를 구축하고 표현하기 위해 다양한 브랜드를 수집하기도 한다. 더 이상 광고를 보고 마음을 바꾸지도 않는다. 사람들은 단순한 광고와 포장이 아니라 그 속에 있는 브랜드의 진정한 가치에 대해 알고 싶어 한다. 이것이 미래 비즈니스가 이뤄질 모습이다." 진정성이 또 다른 경쟁력으로 부상하고 있는 지금, 고객에게 진정성 있는 모습으로 다가가는 기업이야말로 고객과의 커넥션을 만들 수 있다. 진정성은 생산 공정에서 나오는 제품처럼 기계적으로 만들어낼 수 있는 것이 아니기에 기업들은 더욱 주의를 기울이고 고객의 관심사와 이들의 상황에 집중해야 할 것이다.

록 콘서트와 같은 특별한 경험을 고객에게 제공하는 것, 그리고 진정성을 통해 록 공연장에서 관중들이 느낄 수 있는 특별한 감정을 고객에게 전달하는 것. 이것들을 통해 고객들은 기업을 향한 특별한 감정과 커넥션을 느낄 수 있을 것이며, 긍정적인 에너지를 받을 수 있을 것이다. 그리고 이것이 고객이 기업을 향해 환호성을 지르고, 춤을 추게 하는 끈끈한 결속력을 다지는 비결인 것이다.

PART 2

스타트업
성과관리

뜻을 모아 같은 비전을 바라보며 시작한 스타트업이라도 시간이 흐르면 조직 구성원 간의 합의점을 찾는 데 어려움을 겪거나 불화가 생기게 마련이다. 물론 이런 상황에서 계획대로 일이 진행될 리 만무하다. 업무 효율이 떨어지고 불필요한 비용이 들며 결국에는 조직 전체의 성과에 악영향을 미치게 된다. 이번 장에서는 밴드들이 성과를 내기 위해 노력했던 다양한 시도들을 살펴볼 것이다. 이는 이들이 업무 프로세스를 개선해온 방식, 갈등을 성과로 연결시켜 왔던 방법, 성과를 지속시키기 위해 진행했던 노하우 등의 이야기들이다. 이제까지 스타트업의 시장 진입과 성장에 초점을 맞추고 경영전략에 고분분투했다면 이제 조직이 성장함에 따라 성과를 관리해야 한다. 록 밴드들이 주는 교훈을 통해 어떻게 성과를 관리할지 고민해보자.

1

U2의 앨범 제작에서 배우는
업무 프로세스

　　최근 아일랜드 출신 록 밴드 U2 내한공연이 확정되면서 음악계에 큰 이슈가 되었다. 그동안 음악 관계자들이 내한공연을 추진해 왔지만, 압도적인 음향과 스케일을 소화해 낼 공연장이 없었기 때문이다. 무대 장비만 보잉 747 화물기 3대 분량으로 국내에서 가장 규모가 크다는 올림픽 체조경기장도 U2의 공연 장비를 세팅하기에는 역부족이었다. 하지만 최근 2만 명 이상을 수용할 수 있는 대형 공연장 인프라가 생겨나면서 1976년 결성 이후 43년 만에 최초의 내한 공연이 성사된 것이다. 공연이 확정되자 팬들은 대중음악계의 살아있는 전설을 원년 멤버 4명 그대로 무대에서 볼 수 있다는 기대감에 SNS에서는 축제의 분위기가 연일 이어졌다. U2는 1억 8천만 장의 앨범 판매고, 22회 그래미 수상, 빌보드 앨범 차트

1위 8회, 영국 앨범 차트 1위 10회, 로큰롤 명예의 전당 헌액 등 셀 수 없이 많은 기록을 남겼고, 이들의 투어에는 전 세계적으로 270만 명의 관객이 동원됐다. U2는 이런 명성과는 달리 굉장히 독특한 방식으로 음악 작업을 진행하는데, 기타리스트 디 에지 The Edge는 〈롤링스톤〉 Rolling Stone지를 통해 어떻게 U2가 4집 앨범을 만들었는지 밝혔다.

"우리가 곡을 만들 때 딱히 정해진 방식은 없습니다. 앨범의 수록곡들은 이렇게 만들어지죠. 여기 괜찮은 코드 진행이 있는데 같이 한번 뭔가 만들어 볼까? 그리고 한 시간 뒤 불현듯 곡이 만들어지고, 조금 다듬어서 바로 레코딩을 합니다. 그리고 레코딩을 한 후 들어보면 그 곡들 안에는 어떻게 만들었는지 모르겠지만, 뭔가 대단한 것이 들어있죠."

│ U2의 색다른 업무 프로세스, 즉흥 연주 │

U2의 작곡 방식은 일반적인 밴드가 하는 방식과 많이 다르다. U2의 곡들은 다듬어지지 않고, 가공되지 않은 날것의 코드 속에서 시작된다. 오선 노트에 코드와 음표를 넣어 악보를 만들고 그 위에 가사를 붙이는 일반적 방식이 아닌, 아무것도 없는 상태에서 바로 곡을 만드는 것이다. 사실 그럴 만한 것이 그들이 밴드를 결성하고 음악을 시작했을 당시에는 음악 이론을 정식으로 배운 적이 없는 열정만 가득 찬 4명의 십대 소년들이었기 때문이다.

시간이 흘러 밴드 뮤지션으로 큰 성공을 거둔 뒤에도 그들의 작곡 방식은 변하지 않았다. 일반적으로 대부분의 밴드는 멤버 중에 메인 작곡가의 역할을 하는 구성원이 있다. 밴드의 작곡가는 구조화된 음악 이론을 가지고 많은 시간을 할애하여 곡을 작곡한다. 그 후 밴드와 함께 합주를 하며 세부 사항을 수정해가는 방식으로 곡을 만든다. 반면, U2는 코드 몇 개 등 즉흥적으로 떠오르는 아이디어만 가지고 잼Jam(즉흥 연주)을 통해 곡이 완성될 때까지 골격을 세우고 살을 붙여 나가며 일을 한다. 때로 이 작업은 모호하고, 시간이 걸리며, 참을성을 요구한다. 처음 U2가 이런 프로세스를 세울 때는 수많은 시행착오를 겪었다. 하지만 그들은 이러한 작업 방식에 점차 익숙해졌고, 1987년 발매된 〈조수아 트리〉The Joshua Tree 앨범부터 최근 발매된 〈송즈 오브 익스피리언스〉Songs of Experience 앨범까지 모두 이런 즉흥 연주를 통해 곡을 완성시켰다. 기존 밴드들의 정형화된 작곡 방식이 아닌, 자신들의 방식을 꾸준히 고수해온 것이다.

미국 밴더빌트대학Vanderbilt University의 리차드 데프트Richard Daft 교수의 연구팀은 혁신적이고 강한 영향력을 갖는 창의적 결과물이 어떻게 만들어지는지에 대한 연구를 진행했다. 그들의 연구에 따르면 창의적 역량이 발휘된 주요 성과는 구조화된 선형 프로세스에서 나오기보다는 무질서한 혼돈 상태에서 나온다고 한다. 다시 말해, 창의적인 주요 연구 성과들은 상당한 불확실성에서 비롯되었고, 반면 상대적으로 중요도가 떨어지는 성과물들은 보다 명확하고 선형적인 프로세스를 따르는 경향이 있음을 발견한 것이다.

하지만 불확실한 혼돈의 상태에서 시작하는 모든 것이 반드시 놀라운 결과물로 이어지는 것은 아니다. 리차드 교수의 연구팀은 모호하고, 불확실한 아이디어가 명확하고 체계적인 구조를 가진 프로세스에 접목되어 진행될 때 성과로 변한다고 말한다. 즉 위대한 성과물들은 무질서로 시작해 질서로 끝난다는 것이다. U2는 오랜 경험을 통해 혼돈 속을 떠돌며 방황하는 코드들을 아름다운 멜로디 라인으로 재배치하는 업무 프로세스를 자연스럽게 구축해 왔던 것이다.

즉흥 연주는 U2에게 있어 단지 수준 높은 창의적 결과물만을 위한 것은 아니었다. 이것은 또한 팀 자체를 위한 업무 프로세스였다. 즉흥 연주는 팀 구성원들이 성과를 창출하는 데 참여하게 하고, 자연스러운 커뮤니케이션을 통해 밴드 멤버들의 목소리를 적극적으로 경청하게 하고 표현하게 했다. 멤버들이 합주를 시작하면 서로 무엇을 연주하고 있는지 주의 깊게 살펴보아야 이에 어울리는 화음과 리듬을 낼 수 있기 때문이다. 또한 즉흥 연주는 한 명이 곡을 만드는 것이 아닌, 모두가 함께 소리를 만들어내는 과정이기에 멤버들은 자신들의 감정 상태를 드러내고 자기 자신을 자연스럽게 표현하기 시작했다. 이는 팀의 유대감과 공감 역량을 강화시키는 효과를 가져왔다. 즉 U2에게 즉흥 연주란 모든 멤버들이 함께 결과에 공헌하게 하고, 공동 작업을 통해 개인 작업에서는 볼 수 없는 팀의 시너지를 극대화시키는 업무 프로세스였던 것이다.

| 재빨리 실행할 수 있는 프로세스를 구축하라 |

이제 U2의 작곡 방식을 기업 조직에 적용해 보자. 일반적으로 기업에서의 신제품 출시는 상당히 정형화된 프로세스를 따른다. 신제품에 대한 시장조사를 시작하고, 소비자의 동향을 분석한다. 아이디어 회의를 통해 콘셉트를 정하고 상품을 만드는 일련의 과정 같은 프로세스 말이다. 기업에서 U2의 작곡 방식을 떠올리며 신제품을 출시해 본다면 어떻게 될까? U2는 어디선가 영감을 받은 코드 몇 개만 던져 놓고 이리저리 수정할 사항을 찾고 살을 붙이고 빼는 작업을 진행한다. 신제품 계획 단계에서 대강의 아이디어가 나오면 곧바로 시제품 제작에 들어가는 것이다. 대규모 예산이 투입되는 영화를 제작하기 전 짧은 비디오 클립을 제작해 유튜브^{Youtube}에 올려 네티즌들의 반응을 살펴본다든지, 방송국에서 정규 방송을 편성하기 전에 파일럿 프로그램을 미리 제작하여 시청자들의 반응을 보는 것도 이러한 시도의 일환으로 볼 수 있다.

일단 아이디어가 나오면, 아이디어를 재빨리 프로토타입^{Prototype}으로 제작해 보는 것이다. 그리고 이를 통해 시장의 반응과 피드백을 보며 수정해 나가는 방식을 취하는 것이다. 이 개념은 에릭 리스^{Eric Ries}의 린 스타트업^{The lean startup} 개념과 흡사하다. 기업에서 새로운 무엇인가를 만들려면 막대한 자원과 시간을 들여 완벽한 완성품을 만들려고 하지 말고 계속 실험하면서 빠르게 새로운 완성품을 세상에 내놓아 사람들이 소비하도록 해야 한다는 것이다.

이 방식을 가장 잘 활용하는 기업은 페이스북Facebook이다. 페이스북의 CEO 마크 저크버그Mark Zuckerberg는 해커 웨이Hacker way라는 표현을 통해 아이디어를 빨리 구축하고 실험해 본다는 개념을 업무의 원칙으로 삼았다. 끊임없이 새로운 아이디어를 대략적인 형태로 빠르게 시도해 보는 것이다. 무엇을 만들지 몇 달씩이나 토론하고 시장조사로 허비하는 것이 아니라, 곧바로 프로토타입을 만들어버리는 것이다.

2002년부터 11년간 뉴욕 시장을 지낸 마이클 블룸버그Michael Bloomberg의 다양한 정책 제도 또한 U2의 작곡 방식을 따라 큰 성과를 본 사례로 볼 수 있다. 블룸버그는 시장으로 재임 당시 자전거 대여 제도, 정보 제공을 위한 311 민원전화 등 다양한 정책, 제도의 시행에 앞서 파일럿 프로그램을 적용했다. 그래서 대규모의 변화를 가져오는 다양한 정책을 시행하기가 쉬웠다. 파일럿 프로그램이 잘 진행되지 않으면, 수정하거나 폐기해버리면 그만이었기 때문이다.

그의 이런 업무 방식은 재임 기간 동안 놀라운 성과로 나타났다. 4차 산업 혁명기를 대비하기 위해 설립한 공학 중심 경영대학원 코넬 테크Cornell Tech 프로젝트, 레스토랑 흡연 금지 법안 진행, 패스트푸드 칼로리 표시 의무화, 슈퍼사이즈 탄산음료 판매 금지, 천연가스 사용 비율 확대, 도시 전체에 자전거 도로 설치 등 수많은 성과를 냈다. 그 결과 블룸버그는 재임 기간 내내 높은 지지도를 유지하며, 성공적으로 직무를 수행한 시장으로 평가되었다. 또한,

이미 최고의 도시 경쟁력을 보유하고 있던 뉴욕을 과거의 성공에 안주시키지 않고, 혁신 도시로 나아가게 하는 성취를 일궈냈다.

비즈니스 환경의 빠른 변화로 예측이 어려워지면서 예측 기반의 사업 전략을 수립하는 것보다 과감하게 실행하고 적합한 전략을 선택하는 것이 더욱 중요해지고 있다. 즉각적으로 유효해 보이는 다양한 방안을 재빨리 실행한 후 선택과 보완을 통해 비즈니스를 이끄는 것이 더욱 효율적이기 때문이다. 이는 예측과 검토에 들어가는 에너지를 과감한 실행과 발전에 쏟아부어 더 큰 성장을 이룰 수 있게 한다.

U2와 함께 〈송즈 오브 익스피리언스〉Songs of Experience 앨범을 작업한 프로듀서 앤디 발로Andy Barlow는 U2의 작곡 방식에 대해 이렇게 이야기한다. "그들의 음악은 주로 밴드 리허설이나 투어 기간에 즉흥적으로 만들어졌습니다. 그리고 예를 들면, 트럼프의 대통령 당선이라든가 영국의 유럽연합 탈퇴 등 시대의 변화에 따라 대중들이 그들의 곡을 어떻게 받아들일지를 생각해 곡을 수정하거나 가사를 고치는 작업을 반복해서 곡을 완성시켰어요."

이제 즉흥적이지만 빠르고, 스타 작곡가는 없지만 팀워크의 시너지를 활용할 줄 알았던 U2의 업무 방식을 조직의 업무 프로세스에 적용

U2의 업무 방식을 조직의 업무 프로세스에 적용해 보자. 아이디어가 있다면 재빠른 실행으로 구체화시키고, 피드백을 반영해 성과로 연결시키는 것이 그것이다. 성공하는 조직은 전형적인 업무 방식을 답습하기보다 자신만의 프로세스를 구축하고 이를 지속함으로써 탁월한 성과를 낸다. 그리고 이를 통해 조직의 히트상품을 만들어낸다.

해 보자. 아이디어가 있다면 재빠른 실행으로 구체화시키고, 피드백을 반영해 성과로 연결시키는 것이 그것이다. 성공하는 조직은 전형적인 업무 방식을 답습하기보다 자신만의 프로세스를 구축하고 이를 지속함으로써 탁월한 성과를 낸다. 그리고 이를 통해 조직의 히트상품을 만들어낸다. U2는 최근 북미 15개 도시를 순회하는 투어를 마무리하고 본격적인 스튜디오 앨범 작업에 들어갔다. 이제까지 보여주었던 것처럼 그들만의 업무 프로세스를 다시 정비하고, 이를 통해 또 다른 성과를 가져올 준비를 하고 있는 것이다. 어떠한 결과물을 가져올지, 어떤 색다른 시도로 팬들을 열광시킬지 이번 내한 공연이 더욱 기대되는 이유이다.

2

에어로스미스가
성과를 내는 방식

에어로스미스^{Aerosmith}는 1970년에 결성된 미국의 5인조 록 밴드이다. 이들은 미국 최고의 록 밴드로 평가받고 있는데, 현재까지 판매된 음반 수가 약 1억 5천만 장으로 미국 밴드로는 최고의 기록을 세웠기 때문이다. 뿐만 아니라 그래미, 아메리칸 뮤직 어워드에서 수많은 상을 받았으며, 2001년에는 로큰롤 명예의 전당에 이름을 올려 밴드의 전설이 되었다. 지금도 현역 밴드로 왕성히 활동하고 있는 이들이 어떤 방식으로 성과를 내왔는지 살펴보자.

에어로스미스의 기타리스트 조 페리^{Joe Perry}는 앨범 작업을 위해 자신의 집 지하에 최신 레코딩 시스템을 구비한 홈 스튜디오를 구축해 놓았다. 그는 음악 작업을 위해 자신의 홈 스튜디오에 내려갈 때면 가죽 재킷과 타이트한 블랙진을 꺼내 입는다. 셔츠는 단추를 풀어 길게 늘어뜨리고, 마지막으로 날렵한 모양의 가죽 구두를 신고 목에는 금속 목걸이를 걸친다. 머리부터 발끝까지 완벽한 록 스타의 복장을 갖추는 것이다. 그는 이렇게 말한다. "내가 스튜디오에 내려가기 전 로큰롤 복장을 차려입지 않는다면, 나의 창의성은 나오지 않습니다. 음악 작업을 할 때면, 내가 지금 무대 위에 있고 그 위를 뛰어다니고 있다고 생각을 해야 합니다." 이것은 조 페리 자신만의 창의적인 마인드 세팅 방식이었다.

조 페리는 창의력 발현을 위한 또 다른 자신만의 마인드 세팅 방법을 가지고 있다. 그것은 자신이 좋아하는 오래된 블루스 음악을 듣거나, 텔레비전으로 스포츠 중계를 보면서 기타를 치는 것이다. 그리고 TV를 보거나 음악을 들으면서 떠오르는 갑작스러운 음악적 영감을 노트에 받아 적거나, 아이폰으로 멜로디를 녹음해 본다. 소파에 누워서 TV를 보며 기타 줄을 튕기다가 떠오르는 악상을 가이드로 작곡하는 것이다. 조 페리는 의식적인 생각이 자신의 창의성을 방해하는 것을 막기 위해 이런 방식을 취하게 되었다고 말한다. 그는 의식 세계가 닿지 않는 무의식 세계에서 진정한 창의성이 나온다고 생각했다. 그리고 이러한 창의는 현재 상태에 주의를 기울이지 않는 무의식에서 일어난다는 것을 경험을 통해 터득했다.

에어로스미스는 그들의 전성기인 1970년대 1집, 2집 그리고 그들의 최고 히트 앨범이던 〈토이즈 인 디 애틱〉Toys In The Attic에 이르기까지 어떤 식으로 곡을 작곡했는지, 인터뷰를 통해 공개한 적이 있다. 페리와 리드 보컬인 스티븐 타일러^{Steven Tyler}는 그들이 연주를 하는 동안 음악 이외의 다양한 주제에 대해 대화를 하면서 곡을 썼다고 한다. 타일러는 그 당시를 이렇게 회상한다. "우리는 연주하는 내내 주제가 어떠한 것이건 간에 하루 종일 재잘거렸습니다. 그러다가 문득 내가 새로운 것을 연주하고 있다는 것을 발견합니다. 그래서 우리는 우리가 연주하는 곳에서 무엇이 나오는지 확인해 보려고 항상 과정을 녹음했습니다."

에어로스미스의 창의 프로세스처럼 창의에는 무의식적인 사고 과정과 의식적 사고 과정이 함께 작용한다. 창의적 사고에 필요한 영감을 받는다는 것은 우리 마음대로 통제하고 관리되는 부분이 아니다. 무의식의 세계는 한계를 알 수 없는 아이디어의 원천이지만 아무나 쉽게 접근 가능한 영역이 아니기 때문이다. 하지만, 에어로스미스는 자신들만의 독특한 의식을 통해 창의의 문인 무의식에 접근하는 프로세스를 터득했던 것이다.

| 반복적 훈련을 통한 무의식의 활용 |

창의를 위해 무의식을 사용했던 에어로스미스와 같이 무의식은 비즈니스 영역에서도 매우 중요한 요소로 작용한다. 독일의 저널리스트이자 심리학자인 바스 카스트^{Bas Kast}는 직감, 무의식 영역에 대한 다양한 연구를 진행했다. 그는 이성이 우리가 믿는 만큼 뛰어난 능력이 아니라고 말한다. 그리고 오히려 직감과 무의식, 감

창의를 위해 무의식을 사용했던 에어로스미스와 같이 무의식은 비즈니스 영역에서도 매우 중요한 요소로 작용한다. 독일의 저널리스트이자 심리학자인 바스 카스트Bas Kast는 직감, 무의식 영역에 대한 다양한 연구를 진행했다. 그는 이성이 우리가 믿는 만큼 뛰어난 능력이 아니라고 말한다. 그리고 오히려 직감과 무의식, 감정에 따르는 것이 더 좋은 결과를 가져온다는 것을 연구를 통해 증명했다. 정에 따르는 것이 더 좋은 결과를 가져온다는 것을 연구를 통해 증명했다. 그는 수많은 사례를 통해 더 많은 분석이 더 나은 선택으로 이어지지는 않는다는 것을 발견했다. 그리고 중요한 의사결정이 필요한 순간에는 이성보다는 무의식에 따른 직관에 의존하는 방법이 성공적인 비즈니스를 이끌었다는 것을 알아냈다. 말콤 글래드웰Malcolm Gladwell은 그의 저서 《블링크》Blink에서 "99.99% 확신할 만큼 충분한 자료를 갖고 결정을 내린다고 해도 그때의 결정이 무용지물이 되는 경우가 많다. 첫 2초의 결정이 많은 시간을 들여 심사숙고한 결정보다 더 나은 판단일 수 있다."라고 말하며 이성적 사고의 한계를 역설적으로 피력하였다.

그렇다면 무의식의 영역을 어떻게 활용할 수 있을까? 정신학자들은 무의식에 도달하는 복잡한 심리적 프로세스를 제시한다. 하지만, 가장 손쉽게 무의식을 활용할 수 있는 비결은 바로 꾸준한 반복 학습에 있다. 미국 잠재의식 전문가이자 《나에게로의 여행》The Journey to ME의 작가 앤 러스넥Ann Rusnak은 반복적인 학습은 무의식 중에 자신을 제한하는 것을 뛰어넘도록 해 무한한 잠재적 힘을 사용할 수 있게 한다고 말한다.

예를 들어 피터 드러커의 경영 서적을 한두 번 읽었다고 하면

스타트업, 록스타처럼 성공하라

우리의 의식은 무엇인가를 배우게 되지만, 무의식은 그렇지 못하다. 무의식은 반복을 통해서만 학습할 수 있기 때문이다. 반복적인 독서는 무의식을 학습시킨다. 그리고 시간이 흘러 중요한 비즈니스 의사결정 시 영향을 미치게 된다. 최근 무의식을 통한 외국어 학습법이 유행하고 있는 것도 같은 이유다. 무의식 학습의 기본 원리는 시각과 청각 그리고 듣고 따라 하는 규칙적인 반복 학습을 통해 무의식을 자극하는 것이다. 결국 지속적인 반복 학습이 무의식에 투영되어 성과로 나타나기 때문이다. 비즈니스에서도 무의식을 충분히 발현시키려면 그 분야에 관한 충분한, 양질의 반복 학습이 필수일 수밖에 없다. 기업을 성공의 반열로 올려놓은 대표적인 경영자로 손꼽히는 버진 그룹Virgin Group의 리처드 브랜슨Richard Branson, 애플의 전 CEO 스티브 잡스는 그들의 잠재능력을 활용해 탁월한 의사 결정을 하는 사람들이었다. 그리고 그 비결은 반복적인 경험의 학습을 통해 무의식이 참고할 만한 적절한 기억들을 충분히 축적시켜 놓은 덕분이었다.

하버드대 경영대학원의 제럴드 잘트먼Gerald Zaltman 교수는 인간의 욕구는 단지 5%만 겉으로 드러나고 95%는 무의식의 지배를 받는다고 말했다. 방대하고 비정형적인 빅데이터 속에서 일정한 패턴과 가치를 발견해 이를 활용하는 것처럼 반복적인 학습을 통해 망망대해와 같은 인간 정신의 빅데이터를 활용해 비즈니스적 통찰과 창조적 영감을 받을 수 있을 것이다.

| 즉흥과 준비의 상호작용이 가져온 시너지 |

성과를 내기 위해 에어로스미스가 시도한 또 하나의 업무 시스템은 완벽과 즉흥의 조화였다. 에어로스미스의 결과물들은 타일러의 완벽성과 페리의 즉흥성이 어우러져 최고의 성과를 낼 수 있었다. 페리의 모든 창작활동은 즉흥적으로 일어났다. 그는 스튜디오에 레코딩 불이 들어왔을 때 '완벽한 연주를 해야 한다'는 강박관념이 오히려 좋지 못한 결과물을 만드는 것을 수없이 경험했다. 페리는 어느 순간부터 완벽한 레코딩에 대한 강박관념을 버리고, 그때그때 떠오르는 멜로디와 느낌을 가지고 즉흥적으로 레코딩을 하였다. 그리고 이런 과정을 통해 수많은 히트곡이 만들어지면서 팀 내에서는 '레드 라이트 블루스'Red light blues라는 표현이 생겼다. 페리는 이렇게 말한다. "스튜디오에 빨간 불이 켜지면 그때는 창의성이 요구되는 시점입니다. 같은 리프를 완벽하게 치는 것이 아니라, 그 위에 느낌 있는 솔로를 덧입혀야 하는 시점인 것이죠."

반면에 타일러는 완벽한 계획을 통해 팀이 성공을 할 수 있다고 생각했다. 페리와는 달리 히트곡을 위해 아이디어 단계부터 기획하였으며, 팀원들에게 완벽한 곡의 구성이 히트곡을 낳는다며 완벽성을 강조했다. 페리가 곡을 만드는 과정을 중시했다면, 타일러는 완벽한 결과를 중시했다. 또한, 그는 매번 다른 장소에서 진행되는 모든 공연에 대해 "모든 관중은 같은 수준의 공연을 접할 권리가 있다."고 주장하며 공연의 모든 디테일을 짜고, 완벽한 리허설을 진행하기를 원했다.

그들의 공연에는 앨범에 녹음된 대로의 음악을 원하는 대다수의 팬들이 있었다. 그러나 공연에는 좀 더 공연을 역동적으로 만드는 즉흥적인 에너지도 필요했다. 그리고 완벽과 즉흥이 오가며 밴드와 팬들 사이에 상호작용이 일어나 그들만의 특별함을 만들었다. 리허설을 통한 완벽한 준비와 돌발적 무대 상황에 대한 대응, 과정을 중시하는 업무 방식과 결과를 중요시하는 가치의 대립, 즉 흥성과 완벽성 사이에 오는 긴장감이 팀의 시너지를 만들어낸 것이다. 이런 팀 내에 일어나는 긴장감은 회피하기보다 잘 유지되어야 할 건강한 긴장감인 것이다. 페리는 이러한 긴장감이 밴드를 와해시키는 것이 아니라, 오히려 하나의 사운드를 낼 수 있도록 이끌었다고 말한다. 타일러와 페리의 이런 성향적 대립은 결국 최고의 라이브 무대를 만들기 위해 집중할 수 있게 했고, 밴드가 서로 같은 방향을 바라볼 수 있게 만들었다.

미시시피주립대 앨런 애머슨^{Allen Amerson} 교수는 과업 수행에서 의견과 관점 차이로 발생하는 인지적 갈등은 의사 결정의 질을 높이며 의도적으로 조장되고 잘 관리될 때 놀라운 생산성으로 연결된다고 말한다. 즉 비즈니스에서도 에어로스미스가 보여준 서로 다른 가치관의 대립과 갈등이 창의와 혁신으로 연결될 수 있다는 것이다. 일본 자동차 기업 닛산^{Nissan}의 사례를 살펴보자. 닛산은 1970년 미국 샌디에이고 근교에 디자인센터를 설립했다. 독창적인 디자인 개발을 위한 스튜디오가 필요했기 때문이다. 당시 GM 출신의 제리 허쉬버그^{Jerry Hirshberg}가 센터장으로 임명되었다. 그는 디자인센터를 세팅하면서 굉장히 이례적인 채용 원칙을 도입했는데, 바로 가치관, 업무 스타일, 사고방식이 전혀 다른 두 디자이너를 영입해 같은 조를 이루며 일을 하게 한 것이다. 허쉬버그의 고용원칙에 따라 탄생한 2인 1조 디자인 팀톰 셈플Tom Semple과 앨런 플라워스Allan Flowers는 갈등 속에 새로운 프로젝트를 시작했다. 셈플은 자동차의 심미적 디자인을 강조했고, 플라워스는 공학적인 접근을 통해 형태보다는 기능을 중요시했다. 그리고 놀랍게도 이 둘의 지속적인 갈등의 결과물은 닛산의 베스트셀러인 알티마Altima와 대표 SUV인 패스파인더Pathfinder의 1세대 디자인이었다. 마치 에어로스미스의 페리와 타일러같이 공통점이라고는 찾아볼 수 없는 두 디자이너가 모여 시장의 뜨거운 반응을 불러일으킨 혁신적인 디자인을 만든 것이다.

가장 상업적으로 성공한 밴드 중 한 팀으로 평가 받는 에어로스미스의 다섯 멤버들은 45년간 그들의 커리어를 유지하기 위해 꾸준히 자신들의 업무 프로세스를 개발하며 관리해왔다. 업무의 핵심 역량인 창의성을 활용하는 방식, 그리고 대립되는 가치의 조화를 통해 시너지를 내는 방식들이 그것이다. 21세기 경영 환경은 '불확실성'이란 한 단어로 요약된다. 글로벌화, 정보기술 발전과 더불어 극도로 복잡해진 상황에 그 누구도 글로벌 금융위기나, 경제침체를 예측하지 못한다. 치밀한 비즈니스 전략과 기획을 통해 미래를 예측하고 이를 통해 경쟁 우위를 차지하기에는 이 세상이 너무 가변적이 되어버렸다. 우리는 에어로스미스가 보여준 사례처럼 지속적으로 업무 프로세스를 개발해 성과로 연결시켜야 할 것이며, 완벽한 전략과 이에 맞는 즉흥적 역량을 키워 급변하는 환경에 대비해야 할 것이다.

3

딥 퍼플,
갈등을 가치로 만들다

블랙 사바스, 레드 제플린에 이어 밴드 음악사에 지대한 영향을 미친 밴드가 있으니, 바로 1968년 결성된 영국 록 밴드 딥 퍼플Deep Purple이다. '세계에서 가장 시끄러운 밴드'로 기네스북에 오른 이 밴드는 전 세계적으로 1억 장 이상의 앨범을 판매하며, 수많은 후대 메탈 밴드에 영감을 준 밴드이다. 이들의 명곡 '스모크 온 더 워터'Smoke On The Water는 록 기타에 입문한 사람이라면 누구나 한 번쯤 거치는 하드록의 교과서적인 곡이다.

이들의 가장 큰 특징이라면 롤링 스톤스나 레드 제플린 같은 여러 위대한 밴드들이 좋은 팀워크를 통해 멤버들을 오랫동안 유지한 반면, 딥 퍼플의 핵심 멤버들은 잦은 의견 충돌 끝에 꾸준히 교체되어 왔다는 것이다. 따라서 당시 배급사였던 워너 브라더스는 멤버들이 교체될 때마다 향후 앨범 작업의 편의성을 위해 Mark I, Mark II 식의 구분법을 사용했는데 평론가들이 이를 그대로 인용하게 되면서 기수별로 구분 짓는 최초의 밴드가 되었다. 이런 구분법이 가능했던 이유는 새로운 멤버들이 영입될 때마다 기수별로 완전히 다른 밴드로 보아도 무방할 정도로 사운드에 변화가 있었기 때문이다.

딥 퍼플은 1969년부터 1976년까지 13년 동안의 활동을 멤버 교체 시기에 따라 1기, 2기, 3기, 4기로 나눈다. 그리고 이후 8년간의 공백기를 거쳐 1985년부터 다시 멤버를 정비해 지금까지 이르고 있다.

1기는 딥 퍼플이라는 이름을 걸고 처음으로 멤버들이 모여 밴드를 결성한 시기이다. 이들은 1968년부터 1969년까지 1년이 좀 넘는 기간 동안 3개의 앨범을 발매하였다. 이 시기는 당시 키보드를 담당했던 존 로드Jon Lord가 전체적인 밴드의 음악을 리드하고 있었다. 1기의 딥 퍼플은 클래식과 록 음악을 접목시킨 실험적인 음악과 블루스 록, 리메이크 송 등 다양한 음악적 시도를 한 시기였다. 비트가 빠른 기타 솔로와 오르간 속주 등 당시로는 상당히 진보적인 음악을 선보였으나, 이 시기 이후로는 더 이상 이런 다양한 음악적 시도를 하지 않는다.

1970년 2기는 기타리스트 리치 블랙모어Ritchie Blackmore의 주도하에 현재 딥 퍼플의 하드록 이미지를 구축한 시기였다. 이들의 대표곡 '하이웨이 스타'Highway Star, '스모크 온 더 워터'Smoke on the water도

이 시기에 만들어진 곡이다. 이들은 〈딥 퍼플 인 록〉^{Deep Purple in Rock}, 〈머신 헤드〉^{Machine Head} 등 2개의 앨범을 통해 헤비메탈 장르를 구축했다.

3기의 딥 퍼플은 보컬과 베이시스트의 교체를 통해 소울과 블루스에 집중된 음악을 선보였다. 신규 멤버인 글렌 휴즈^{Glenn Hughes}는 리치 블랙모어의 거친 기타리프와 블루지한 솔로에 펑키 스타일의 베이스라인을 덧입혀 이전과는 또 다른 독특한 음악을 선보였다.

4기에는 기타리스트 리치 블랙모어가 음악적 견해 차이로 탈퇴하고, 새로운 기타리스트 타미 볼린^{Tommy Bolin}이 그 자리를 대체했다. 타미 볼린은 앨범의 절반 이상의 곡을 작곡하며, 본인의 색을 강하게 드러냈는데, 그는 하드록에 펑키해진 기타 사운드를 가미해, 이전까지의 딥 퍼플 사운드와는 상당히 이질감이 느껴지는 퓨전 재즈 풍의 음악을 탄생시켰다.

많은 밴드들이 핵심 멤버가 교체되면 예전만 한 성과를 내지 못하거나 팀이 해체되었다. 그러나 딥 퍼플은 달랐다. 멤버들의 잦은 교체에도 새로운 멤버들은 기존의 멤버들과 시너지를 내며 놀라운 성과를 이루었고, 여전히 월드 투어를 하고 있다.

| 갈등을 성과로 연결시킨 딥 퍼플 |

딥 퍼플이 멤버 교체가 잦았던 이유는 멤버들 사이에 유난히

갈등이 심했기 때문이다. 같은 시기 경쟁 구도에 있었던 레드 제플린이 멤버 변경 없이 전성기를 누리다가 드러머인 존 본햄의 사망으로 역사의 뒤안길로 사라진 반면, 딥 퍼플은 거쳐 간 멤버만 10명이 넘을 정도로 수많은 멤버 교체가 있었다. 이는 밴드 멤버들이 음악적 견해로 잦은 충돌을 일삼았고, 심지어 특정 멤버를 배척시키며 제명과 교체를 반복했기 때문이었다. 그런데 흥미로운 점은 이런 갈등과 변화 속에서 항상 창의적인 음악을 선보였다는 점이다. 새로운 멤버들이 새로운 앨범을 들고 나올 때마다 대중은 열광했고 매스미디어와 평론가들도 이들의 음악에 찬사를 보냈다.

특히 딥 퍼플 최고의 라인업으로 손꼽히는 1970년대부터 1975년에는 리치 블랙모어, 존 로드와 2기의 새로운 보컬로 선발된 이언 길런^{Ian Gillan}의 의견차로 인한 충돌이 극심하던 시기였다. 리치 블랙모어는 이언이 록오페라 〈지저스 크라이스트 슈퍼스타〉^{Jesus Christ Superstar}에서 예수 역할로 활동한 이력을 빗대 "나는 예수 그리스도를 딥 퍼플의 리드 보컬로 영입해 아주 힘든 시기를 겪고 있다."라며 직설적인 불만을 표출했으며, 〈Who Do You Think We Are!〉 앨범은 침체된 분위기에서 서로에 대한 불평을 끊임없이 토로하는 와중에 녹음되었다. 머신헤드 앨범 녹음 때는 특히 리치 블랙모어와 존 로드의 갈등이 심했는데, 존 로드가 선호하는 클래식한 코드 진행과 아르페지오, 리치의 하드록 기반의 기타 테크닉 사이에 잦은 충돌이 있었기 때문이다. 하지만 이들은 서로 다른 음악적 견해에 따른 시비와 충돌을 모두 음악에 쏟아내어 결국 놀라운 딥 퍼플이 현존하는 최고의 밴드 중 하나로 불릴 수 있었던 이유는 갈등 속에서 변화를 통해 가치를 만들어 냈기 때문이다. 즉 조직 구성원 간의 극심한 갈등을 심도 있는 토론과 의견 교환을 통해 관점의 변화를 일으켰고 이것이 이전에 없었던 새로운 가치를 창출했다는 것이다.

결과물을 만들어냈다. 〈파이어볼〉Fireball, 〈머신 헤드〉Machine Head, 라이브 실황 앨범인 〈메이드 인 재팬〉Made in Japan 등 이들 최고의 명반으로 꼽는 앨범들은 모두 멤버들 간의 갈등이 가장 극심했던 시기에 탄생한 앨범이었다. 그렇다면 우리가 딥 퍼플을 통해 배울 수 있는 비즈니스적 교훈은 무엇일까?

딥 퍼플이 현존하는 최고의 밴드 중 하나로 불릴 수 있었던 이유는 갈등 속에서 변화를 통해 가치를 만들어 냈기 때문이다. 즉 조직 구성원 간의 극심한 갈등을 심도 있는 토론과 의견 교환을 통해 관점의 변화를 일으켰고 이것이 이전에 없었던 새로운 가치를 창출했다는 것이다.

인텔Intel 회의실에는 "오늘 회의에서 한 번 이상의 반대 의견을 냈는가?"라는 문구가 있다. 이는 어떤 회의든 반대 의견이 없는 회의는 잘못되었다는 것이다. 인텔의 전 CEO인 앤디 그로브Andy Grove는 의도적으로 반대와 갈등을 부추기는 문화를 만들었는데, 이를 건설적인 대립Constructive Confrontation이라 부르며 전사적인 차원에서 장려했다. 인텔은 이런 대립적인 갈등을 통해 극심한 경쟁 속에서 살아남을 수 있는 엔지니어의 역량을 기르고 참신한 아이디어를 얻을 수 있다고 생각했다. 인텔은 64,000명에 이르는 반도체 엔지니어들에게 어떻게 상대방의 의견을 공격할 것인지에 대한 내용으

로 자사 교육 프로그램인 인텔 인사이드 프로그램intel inside program에
'건설적 대립'에 대한 교육과정을 개설하여 교육을 진행했다. 앤디
그로브는 훗날 대립을 창의와 혁신으로 연결시켰기에 메모리 위
주의 반도체 생산 업체에서 마이크로프로세서에 집중하는 기업
으로 만들 수 있었고, 부품 회사로서 PC제조사보다 높은 브랜드
가치를 지닌 기업으로 성장시킬 수 있었다고 한다.

하지만 무조건적인 비판과 대립은 생산성으로 연결되지 않는
다. 아무 원칙도 없는 대립은 혼란과 낭비만 남기고 상대에게 상처
를 준다. 갈등 속에서도 지켜야 할 원칙이 있어야 파괴적 대립이 아
닌 건설적 성과가 나타난다. 즉 구조화된 갈등이 필요하다는 이야
기다. 그렇다면 어떻게 갈등을 건설적인 성과로 유도할 수 있을까?

| 인텔이 보여준 건설적 대립의 방법 |

인텔은 의도적으로 반대와 갈등을 부추기는 건설적 대립을 장
려했지만, 이것이 잘 짜인 시스템 안에서 이루어질 때라야 가치가
있음을 알았다. 따라서 인텔은 '건설적 대립'을 교육 과정으로 계
발하면서 몇 가지 원칙을 제시했다.

첫째, 직접적으로 대립한다. 갈등이 있을 때는 직급에 상관없
이 당사자들끼리 직접 만나서 대립하라는 것이다. 뒤에서 수군거
리거나 나쁜 소문을 퍼트리지 말고, 문제의 원인이 되는 당사자와
직접 만나 해결하라는 것이다. 예를 들면, 상대 팀이 협업이 되지

않는다고 팀장이나 동료에게 토로하는 것이 아니라 만나서 마주하라는 것이다. 직접 대면하지 않는 대립에서는 부정적인 갈등만 생길 뿐 제대로 된 토론 자체가 불가능하기 때문이다.

둘째, 객관적인 대립이다. 즉 막연한 추론과 소문을 가지고 갈등하지 말고 정확한 관찰과 객관적 사실을 가지고 대립하라는 것이다. "김 팀장은 너무 게을러. 매번 회의에 늦고 지각을 밥 먹듯이 한단 말이야."라는 말 대신 "김 팀장은 회의 시작 후 10분 뒤에 참석했고, 일주일에 3일은 5분씩 늦었어."라는 표현처럼 주관적 판단과 감정이 배제된 비판을 하라는 것이다.

셋째, 긍정적으로 대립하라는 것이다. 문제 발생시 "누구 잘못이야? 누가 책임질 거야?"라는 부정적인 에너지를 발산하는 메시지와 과거에 얽매이는 발언을 하는 것이 아니라, 어떻게 문제를 해결해 나갈 것인지 미래에 집중한다는 것이다.

마지막으로는 적시의 대립이다. 혼자 참다가 엉뚱한 때에 크게 터트리지 말고 너무 늦지 않은 타이밍에 반대의견과 섭섭한 감정을 드러내라는 것이다. 다시 말해 내 마음속에서 상대가 나쁜 존재가 되기 전에 대화를 시작하는 것이 중요하다는 것이다.

대립과 갈등은 여러 불편함이 동반되는 과정이다. 조직에 논쟁이 넘치면 시끄럽고 피곤하며, 혼란을 야기한다. 딥 퍼플처럼 멤버가 자주 교체될 수도 있다. 하지만 이러한 과정을 거치지 않고는 근본적인 혁신과 성과를 얻기란 힘들다.

조직 행동 전문가 스티븐 로빈슨Steven Robinson 교수는 "기업에서 어떤 대안을 고민할 때 반대 의견 없이 만장일치로 일이 처리된다면, 그 조직은 집단 사고를 의심해 봐야 한다."고 했고, 톰 피터스는 "갈등 없는 회사는 불필요한 인력이 많은 회사다."라고 하며 대립과 갈등을 통한 진보를 강조했다. 딥 퍼플의 성공은 다양한 스펙트럼을 가진 멤버들의 재능이 수많은 다툼 속에서도 신선한 창작물을 계속 쏟아냈기 때문임을 생각해 봐야 할 것이다.

4

위기에 발휘되는
태도의 힘

한 밴드의 멤버가 첫 정규 앨범을 녹음하기 한 달 전에 밴드에서 추방당한다. 그 어떤 경고도 없이 고향으로 가는 그레이하운드 버스에 강제로 실려 보내졌다. 분노에 휩싸인 그는 동료들이 자신을 퇴출시킨 것을 후회하게 만들겠다고 다짐하며 새로운 밴드를 결성했다. 이것이 세계 4대 스래쉬 메탈 밴드 중 하나인 메가데스 Megadeth의 시작이다. 메가데스는 전 세계적으로 5천만 장의 앨범을 팔았다. 상업적으로는 대단히 성공한 밴드 중의 하나인 것이다. 하지만 밴드의 성공에도 불구하고 그는 행복하지 않았다. 오히려 평생을 2인자의 삶을 살았다고 말하며 자신의 삶을 후회하고 자책했다. 왜냐하면 자신이 퇴출당한 밴드는 전 세계에 1억 8천만 장의 음반을 팔아치운 슈퍼 밴드 메탈리카Metallica였기 때문이다. 퇴출당한 멤버는 바로 메가데스의 리더이자 보컬, 기타리스트인 데이브 머스테인Dave Mustaine이었다.

머스테인은 뉴욕에 위치한 녹음실에서 메탈리카 1집 〈킬 뎀 올〉Kill'em All 녹음을 하기 한 달 전인 1983년 4월 11일, 알코올 중독과 행실 불량이라는 이유로 밴드에서 갑자기 추방당했다. 그 과정도 몹시 비참했다. 메탈리카의 다른 멤버들이 전날 밤 머스테인에게 술을 잔뜩 마시게 한 뒤 만취한 그를 버스에 실어 보내버린 것이다. 아침에 술에서 깬 머스테인은 자신이 고향의 버스 터미널에 앉아 있는 것을 알고 깜짝 놀라 멤버들에게 전화를 걸었으나 메탈리카의 드러머 라스 울리히Lars Ulrich로부터 "너는 밴드에서 해고됐다. 앞으로 연락하지 마라."는 말을 듣고 절망감과 분노에 휩싸여 눈물을 흘렸다. 수중에 한 푼도 없었던 머스테인은 터미널에서 고향 집까지 20블록이나 되는 거리를 걸어서 갔다고 한다.

해고당한 머스테인은 캘리포니아의 허름한 아파트에서 지내다가 우연히 아랫집에 살던 베이스 주자를 알게 되었고 밴드를 결성하기로 한다. 6개월 동안 밴드의 보컬을 찾아 다녔으나 실패하였고, 결국 머스테인은 자신이 작곡, 작사, 기타, 그리고 보컬까지 다 맡기로 한다. 밴드는 결과적으로 대성공이었다.

| 상황을 받아들이는 태도의 차이 |

그 후 15집까지 발매하며 그의 밴드는 세계적인 명성을 얻었다. 하지만 큰 성공에도 불구하고 머스테인은 메탈리카에서 받은 상처로 인한 트라우마로 강한 열등감에 시달리고 있었다. 자신의 업적을 늘 메탈리카와 비교했고, 비하했다.

"너무 끔찍해. 너희(메탈리카)가 하는 것은 다 금가루로 변하는데, 난 고작 맞불만 놨지." 머스테인이 말했다.

"내가 이해하기 어려운 건 20년 전 일들을 돌아보며 네가 느끼는 것이 모두 메탈리카의 기억이라는 거야." 라스가 대답했다.

"난 정말 정신적으로 힘든 시기를 보냈어. 메탈리카의 음악이 라디오에서 나오면 나는 의식적으로 꺼야겠다고 생각했지. 다시 1982년으로 돌아가서 너희들이 날 흔들어 깨우며 알코올중독 모임에 끌고 갔으면 어땠을까? 그렇게만 된다면 뭐든지 하겠어."

한 인터뷰에서 보여준 메탈리카의 드러머인 라스와 머스테인의 대화 내용이다. 메가데스는 누가 보더라도 성공한 밴드였고, 머스테인은 가장 성공한 기타리스트로 이름을 날렸다. 하지만 그의 자존감은 회복되지 않았고 분노와 열등감에 사로잡혀 큰 성공을 거두고도 공허한 삶을 보냈다.

머스테인이 겪은 것과 비슷한 일이 이전에도 있었다. 1960년대 혜성처럼 나타나 전 세계를 강타한 밴드가 있었다. 밴드의 멤버 중 한 명은 첫 번째 공식앨범 녹음 바로 직전 퇴출 통보를 받는다. 그리고 밴드는 상업적인 대 성공을 거두게 되고 퇴출당한 멤버는 좌절감에 시달리다 자살 시도까지 하게 된다.

이 이야기는 바로 전설이 된 4인조 밴드 비틀스[Beatles]의 원년 멤버인 피트 베스트^{Pete Best}의 이야기이다. 처음에 5인조 밴드로 인디 활동을 하고 있던 비틀스는 리버풀에서 인기 있는 밴드로 명성을 얻기 시작했는데, 그중에서도 가장 많은 인기를 얻고 있던 멤버가 드러머인 베스트였다. 훗날 폴 매카트니^{Paul McCartney}는 과거를 회상하며 이렇게 말했다. "매우 잘 생긴 외모와 뛰어난 실력 덕분에 베스트가 밴드 내에서 가장 인기가 많았다. 당시 비틀스 공연을 보러 온 관객의 대부분이 피트 베스트의 팬이었다." 하지만 피트는 어느 날 갑자기 밴드의 매니저로부터 퇴출 통보를 받게 된다. 제대로 된 이유를 듣지도 못했다.

더욱 불행한 것은 베스트는 머스테인처럼 밴드에서 퇴출당한 후 성공적으로 음악 커리어를 이어가지 못했다는 것이다. 그는 1964년 자신이 결성한 밴드에서 첫 싱글 앨범을 발표하지만 처참하게 실패하고 만다. 1965년 비틀스의 성공 신화를 본 그는 극심한 좌절과 분노를 느껴 자살 시도까지 했으나 실패했다. 이후로 그는 삶의 방향을 바꾸어 배달차량에 화물을 싣는 일을 하면서 살다가 이후에 영국 공무원이 되었다. 이 시점이 베스트에게 있어 인생의 터닝 포인트였다. 그는 인터뷰를 통해 자신의 삶이 비틀스가 아니었기 때문에 행복할 수 있었다고 밝혔다.

그는 잘나가는 뮤지션이었지만 음악인으로서는 큰 실패를 맛보았다. 밴드에서 해고된 이유가 머스테인과 같이 알코올중독이었거나 행실이 불량한 것도 아니었다. 이후로도 머스테인처럼 성공적인 밴드를 만들지도 못했다. 그는 일주일에 8유로를 받고 트럭에

빵을 싣는 일을 하던 교대 근무자였다. 이런 환경 속에서도 그가 머스테인과는 달리 행복을 느낄 수 있었던 이유는 무엇일까?

| 긍정적 태도의 힘 |

그것은 바로 자신의 삶을 바르게 바라보는 긍정의 태도에 있었다. "뒤돌아보면, 나의 삶은 완벽하지는 않았다. 하지만, 비틀스 멤버로서 누릴 수 있었던 삶보다 지금의 삶이 더 행복하다." 그는 인터뷰를 통해 이야기했다. "내가 비틀스의 멤버였다면 지금의 아내를 만날 수 없었을 것이다. 내가 비틀스의 멤버였다면 지금의 내 가족이 주는 행복감을 느낄 수 없었을 것이다. 나는 가족을 사랑하고 사람들을 만나는 것을 사랑한다. 나는 그들과 농담을 하며 웃는 것을 사랑한다. 내 삶에 전혀 불만이 없다. 나는 내 삶을 완전하게 즐기고 있다."

경영진이나 CEO가 자신이 설립한 회사에서 퇴출당하거나 뜻하지 않은 계기로 조직을 나오게 될 때가 있다. 이것이 그로 하여금 좌절하게 할지, 아니면 이를 발판으로 삼아 더 큰 도약의 기회로 삼을 것인지는 당사자의 태도에 달려 있다. 긍정적인 사람은 최고의 자아를 발현할 수 있으며 위기 속에서도 이를 쉽게 극복할 수 있는 힘을 얻는다.

기업에서도 마찬가지이다. 경영진이나 CEO가 자신이 설립한 회사에서 퇴출당하거나 뜻하지 않은 계기로 조직을 나오게 될 때가 있다. 이것이 그로 하여금 좌절을 하게 할지, 아니면 이를 발판으로 삼아 더 큰 도약의 기회로 삼을 것인지는 당사자에게 달려 있다. 긍정조직론

스타트업, 록스타처럼 성공하라

Positive Organization Scholarship 연구로 유명한 미시간대University of Michigan 경영대학원의 제인 듀튼Jane Dutton 교수는 긍정적인 사람은 그렇지 않은 사람에 비해 가능성의 영역이 크게 확장된다고 밝힌 바 있다. 자신 안에 숨겨져 있던 에너지, 용기, 존중, 리더십, 이해 등 귀중한 자원을 활용할 수 있기 때문이라는 것이다. 그는 이러한 이유로 긍정적인 사람은 최고의 자아를 발현할 수 있으며 위기 속에서도 이를 쉽게 극복할 수 있는 힘을 얻는다고 한다.

스티브 잡스는 자신이 세운 애플에서 쫓겨났다. 잡스는 1983년 펩시 부사장으로 있던 스컬리John Sculley 를 애플로 영입한다. 잡스가 그를 영입하면서 했던 말, "언제까지 아이들에게 설탕물만 팔 것이냐, 세상을 변화시키는 데 동참하지 않겠느냐?"는 유명한 일화로 남아 있다. 잡스는 스컬리를 영입했지만, 2년 후 스컬리는 사내 권력 다툼에서 이사회와 손잡고 잡스를 애플에서 쫓아낸다. 잡스는 이에 좌절하지 않고 자신의 개성을 살린 넥스트NeXT 를 설립하고 픽사PIXAR 를 인수했다. 픽사가 만든 세계 최초의 3D 애니메이션 〈토이 스토리〉가 큰 성공을 거두고 〈벅스 라이프〉, 〈토이 스토리2〉, 〈인크레더블〉을 통해 재기에 성공한다. 일론 머스크Elon Musk 는 신혼여행을 가는 길에 자신이 창업한 페이팔Paypal 의 CEO 자리에서 물러나라는 이사회 통보를 받았다. 하지만 그는 좌절하지 않고 테슬라Tesla 와 스페이스 XSpace X 를 창업하며 세계에서 가장 큰 부를 축적한 기업인이 되었다.

이들이 재기할 수 있었던 가장 큰 이유는 삶에 대한 긍정적인 태도에 있었다. 스티브 잡스는 애플에서 쫓겨난 경험을 이렇게 이야기한다. "애플에서 쫓겨난 건 내 인생에 있어 최고의 사건이었다. 모든 것이 불확실한 초심자의 마음으로 돌아갈 수 있었고, 그 덕분에 내 인생에서 가장 창의적인 시기를 맞이할 수 있었다." 일론 또한 긍정적이고 강한 미래에 대한 신념이 자신을 있게 했다며, 태도의 힘을 강조했다.

현재 우리의 조직이 또는 개인의 삶이 희망이 보이지 않고 절망에 빠져 있을 때, 우리는 베스트의 교훈을 떠올려야 할 때이다. 어떠한 상황에서도 긍정적인 마인드와 가능성을 믿고 새로운 비전을 향해가는 정신 말이다.

먼 훗날 베스트가 비틀스를 떠난 지 40년쯤 되는 해 비틀스의 명곡집이 발매되었다. 이 앨범에는 베스트가 연주했던 10곡도 수록되어 있었고, 공무원 수입과는 비교할 수도 없는 엄청난 배당금을 받게 되었다. 그뿐 아니라 베스트는 자신의 음악생활을 다시 시작했다. 새로 밴드를 만들었고 음악을 통해 삶은 더욱 윤택해졌다.

기업이, 조직이, 개인의 삶이 벼랑 끝에 서 있다고 생각될 때에는 상황을 겸허히 받아들이고 그 속에서 할 수 있는 일을 찾아 행복한 마음으로 최선을 다해야 한다. 그 순간이 지나가고 나면 우리에게도 베스트와 같은 제2의 삶의 기회가 찾아올 것이다.

스타트업, 록스타처럼 성공하라

5

롤링 스톤스,
장수하는 팀의 비밀

"믹 재거가 50살에도 록 스타일 거라고 생각하면 큰 오해야."If
you think Mick Jagger will be out there trying to be a rock star at age 50, then you are sadly, sadly
mistaken.

영화 〈올모스트 페이머스〉Almost Famous에 나오는 대사이다. 비틀
스가 해체되었던 70년대 중반에는 아무도 롤링 스톤스가 현재까
지 명성을 이어올 것이라고 예측하지 못했다. 한 시대를 풍미했던
수많은 밴드들이 해체를 선언했듯 롤링 스톤스도 그러리라 생각
했다. 하지만 이 예상은 보기 좋게 빗나갔다. 믹 재거는 70대인 지
금도 잘나가는 현역 록 스타이고 롤링 스톤스Rolling Stones는 살아있
는 록의 전설이 되었다.

롤링 스톤스는 1964년 비틀스와 함께 데뷔했고, 비틀스의 유

일한 라이벌이자 당대 비틀스의 독주를 멈추게 할 수 있는 유일한 대항마 밴드였다. 하지만 그들의 길은 그리 순탄치 않았다. 그들은 지난 반세기 동안 수많은 역경을 겪으며 힘겹게 세월을 버텨냈다. 비틀스가 1969년 9집 앨범 〈더 비틀스〉The Beatles를 통해 인기의 정점에 있었다면, 2인자 밴드였던 롤링 스톤스는 최악의 위기를 맞고 있었다. 롤링 스톤스는 실질적인 리더였던 브라이언 존스Brian Jones를 약물중독, 연습 불참, 팀원들과의 불화를 이유로 해고해버렸다. 같은 해 캘리포니아 알타몬트 고속도로에서 벌어진 무료 콘서트에서 롤링 스톤스의 호위를 맡았던 폭주족 헬스 엔젤스Hells Angels는 18세 청년을 공연 도중 살해했다. 총기를 소지하고 있어 강제로 제압할 수밖에 없었다는 것이 이유였다. 록 밴드 공연 중 관객이 살해당하는 초유의 사건이 발생한 것이다.

설상가상으로 1970년이 되자 브라이언 존스가 죽고 이어서 지미 헨드릭스Jimi Hendrix, 제니스 조플린Janis Joplin, 짐 모리슨Jim Morrison 등 당시를 대표하던 록 스타들이 잇달아 요절하고 만다. 평생 갈줄 알았던 비틀스도 해체를 공식 선언한다. 록의 시대가 저물고 모든 것이 끝난 것처럼 보였다. 하지만 롤링 스톤스는 그들의 걸작 〈렛 잇 블리드〉Let it bleed 앨범을 통해 역경을 이겨냈고, 1971년에는 〈스티키 핑거스〉Sticky Fingers 앨범을 통해 세계 최고의 자리에 올랐다. 밴드 음악으로 로큰롤이 시작된 1960년대부터 현재까지 수많은 밴드들이 나타나고 사라졌다. 하지만 롤링 스톤스는 아니었다. 그들은 50년이 넘도록 살아남았고 로큰롤의 전설이 되었다. 수많은 사건 사고를 이겨내고, 현재의 자리에 그들을 있게 한 비결은 무엇일까?

| 팀과 개인 프로젝트의 분리 |

첫째, 팀 활동과 개인 프로젝트의 분리였다. 밴드의 초창기부터 롤링 스톤스의 멤버들은 동고동락하며 수년을 보냈다. 그들은 수많은 라이브 공연을 위해 밴을 타고 함께 공연장을 다녔으며, 수만 시간 동안 함께 연습을 했고 곡을 썼다. 특히 보컬 믹 재거^{Mick Jagger}와 기타리스트 키스 리차드^{Keith Richards}의 관계는 많은 대중매체에서 '결혼'에 비유할 정도로 관계가 돈독했다. 이렇게 결속이 단단한 팀이었지만, 이들은 팀의 롱런을 위해 팀과 개인의 철저한 분리를 택했다. 다른 수많은 밴드들이 음악적 견해 차이로 해체를 했지만, 이들은 멤버 개개인의 개별 프로젝트를 통해 롤링 스톤스에서 펼치지 못했던 음악적 다양성을 표현하고자 했다. 크게 보면 블루스와 로큰롤이라는 음악적 뿌리 속에 단단히 뭉쳐 있었지만, 멤버 개개인이 추구하는 미세한 음악적 취향과 견해는 멤버들의 개별 프로젝트를 통해 실현시켰다.

재즈에 관심을 갖고 있던 드러머 찰리^{Charlie Watts}는 〈로켓 88〉^{Rocket 88}, 〈찰리 워츠 퀸테트〉^{Charlie Watts Quintet} 같은 재즈 및 알앤비^{R&B} 스타일의 솔로 프로젝트를 진행했다. 기타리스트 키스 리차드는 〈뉴바바리안스〉^{The New Barbarians}라는 밴드 활동을 통해 롤링 스

톤스에서는 보여주지 못했던 컨트리, 클래식 로큰롤, 블루스 등 자신의 색깔을 가미한 음악을 선보였다. 원래 대학에서 미술을 전공했던 기타리스트 로니 우드Ronnie Wood는 척 베리Chuck Berry, 밥 딜런Bob Dylan 등 동료들의 초상화를 그려 전시회를 진행하는 등 다양한 미술 활동을 했다. 영화에 관심이 많은 보컬 믹 재거는 밴드 초기부터 다양한 영화에 조연, 주연으로 출연하였고, 자신의 영화사를 만들어 영화를 제작하는 등 꾸준히 영화계에 발을 담그고 있다.

이들은 앨범 제작이나 투어 등 롤링 스톤스 활동을 할 때는 로큰롤에 집중하지만, 그 외에는 서로의 관심사를 존중하며 다양한 프로젝트를 진행해 왔다. 그리고 이러한 다양한 개인 활동은 더욱 디테일하고 그루브가 있는 연주, 예술적인 무대 디자인, 기발한 공연 아이디어 등 팀 활동에 시너지 효과를 가져왔다. 롤링 스톤스의 이러한 팀 운영 방침은 비즈니스 조직에 팀의 과업과 개인의 과업의 조화를 통해 장수하는 팀을 만드는 좋은 본보기를 선사한다.

최근부터 기업 조직에는 본업 이외에 조직 구성원들의 다양성을 펼칠 수 있는 다양한 시도가 나오고 있다. 그중 하나가 사이드 프로젝트Side project를 활용하는 사례이다. 사이드 프로젝트란 메인 업무는 그대로 유지를 하되 자기가 좋아하거나 시도해 보고 싶은 아이디어, 기술개발 등이 있다면 자신만의 부가적인 프로젝트를 만들어 시간이 날 때마다 추진하는 것을 말한다.

구글Google이 세계적인 기업으로 성장할 수 있었던 이유 중 하나는 이러한 사이드 프로젝트Side project를 제도화시켰기 때문이다.

구글에는 '20% 룰^{Rule}'이라는 제도가 있다. 이는 모든 직원이 업무 시간의 20%를 자기만의 창의적인 프로젝트를 위해 사용할 수 있도록 제도화한 것이다. 이러한 사이드 프로젝트를 통해 나온 서비스가 바로 구글의 성장 동력원이 되었던 광고 프로그램인 애드센스^{AdSense}, 지메일^{Gmail} 서비스였다. 에릭 슈미트$^{Eric Schmidt}$ 회장은 구글의 핵심 경쟁력은 이 20% 룰에서 나온다며 개인 사이드 프로젝트를 장려했다.

비슷한 사례로 생활용품 및 사무용품 제조사인 3M에는 '15% 룰^{Rule}'이라는 제도가 있다. '15% 룰'은 업무의 15%를 자신의 아이디어 형성과 그 실현을 위해 사용해도 좋다는 3M의 규정이다. 이는 회사에서 부과한 업무와 관계없이 업무 시간의 15%는 자신이 원하는 연구 프로젝트나 개인 작업을 할 수 있도록 제도화한 것이다. 자신이 원하는 일을 할 때 최상의 아이디어가 나오고 일의 효율도 극대화된다는 생각에서 나온 제도이다. 3M은 이 제도를 통해 3M을 대표하는 히트상품인 스카치테이프를 개발하였으며, 조직도 안정되었다.

| 조직을 이끄는 단순한 원칙 |

둘째, 롤링 스톤스는 원칙 중심의 팀이었다. 그리고 그 원칙들은 아주 단순한 것이었다. 평소에는 자유분방한 삶과 개인 프로젝트로 바쁜 그들이지만 투어가 시작되면 철저하게 그들이 정해놓

은 투어의 법칙에 따라 움직인다. 투어에 들어가면, 먼저 스탭들은 숙소에 각 멤버들이 활동할 수 있는 개인적인 공간을 만들어 준다. 투어 보안 책임자에 따르면 호텔 2~3개 층을 통째로 빌려서 멤버들에게 충분한 개인 공간을 확보해준다고 한다. 그리고 멤버들의 방은 그들의 취향에 따라 꾸며진다. 이는 멤버들이 정서적 안정과 충분한 휴식을 취함으로써 최고의 역량을 무대에서 보여 주기 위함이다. 전속 쉐프가 만드는 음식 역시 중요한 원칙이 있다. 키스 리차드는 영국 요리를 굉장히 좋아해서 투어 때 셰퍼드 파이(매시트 포테이토를 올려 구운 고기 파이)를 먹는 것이 하나의 의식 같은 것이었다. 그리고 셰퍼드 파이는 리처드가 첫술을 뜨는 것이 원칙이었다. 투어 중 보안 팀이 그의 셰퍼드 파이에 입을 대자 그는 공연을 거부했다. 그리고 새로운 셰퍼드 파이가 나올 때까지 공연은 연기되었다. '첫째, 각자의 공간을 확보해 줄 것, 그리고 키스에게 셰퍼드 파이를 제공할 것.' 어이없을 만큼 단순한 이 조건이 이들에게는 무엇보다 중요한 원칙이었다. 하지만 이러한 단순한 규칙이 수백 명의 스탭이 투입되는 롤링 스톤스 투어의 성공 비결이었다.

기업에서 팀을 꾸릴 때도, 팀만의 원칙을 만드는 것이 중요하다. 비즈니스 현장에는 수많은 경영 전략과 모델이 넘쳐나고, 지금도 새로운 경영 기법이 트렌드에 맞춰 도입되고 있다. 하지만 롤링 스톤스가 보여준 단순한 원칙들이 팀을 지속적으로 이끌어 가는 원동력이 될 수 있다는 것을 기억해야 한다. 인텔Intel, 시스코Cisco 등과 같은 기업은 복잡한 틀이 아니라 단순한 경험 법칙을 활용해 높은 차원의 전략을 수립했다. 비즈니스 모델이 복잡하고, 시장의 변화에 민감한 조직이라도 잘나가는 기업들을 살펴보면 단순하고 구체적인 규칙을 활용하고 있음을 알 수 있다.

〈하버드 비즈니스 리뷰〉Harvard Business Review에서는 '단순한 규칙으로서의 전략'Strategy as Simple Rules이라는 이론을 소개했는데, 단순한 규칙이

롤링 스톤스가 보여준 단순한 원칙들이 팀을 지속적으로 이끌어 가는 원동력이 될 수 있다는 것을 기억해야 한다. 인텔Intel, 시스코Cisco 등과 같은 기업은 복잡한 틀이 아니라 단순한 경험 법칙을 활용해 높은 차원의 전략을 수립했다. 비즈니스 모델이 복잡하고, 시장의 변화에 민감한 조직이라도 잘나가는 기업들을 살펴보면 단순하고 구체적인 규칙을 활용하고 있음을 알 수 있다.

실제적인 효과를 가져온다는 것이었다. 두꺼운 바인더에 갇혀 있는 전략은 금세 죽고 만다. 반면 단순한 규칙은 시간을 덜 들이고도 탁월한 결정을 내릴 수 있다. 단순한 규칙은 너무 많은 규칙에서 오는 복잡함이나, 아무 규칙이 없을 때 생기는 혼란을 막아주기 때문이다.

2000년 설립된 세계 최대의 자동차 공유 네트워크 집카Zipcar는 단순한 규칙으로 비즈니스를 성공시킨 대표적인 기업이다. 집카는 설립 이래 10년간 회원에게 '고장 나면 신고한다', '깨끗하게 이용한다', '기름을 가득 채운다', '시간에 맞춰 반납한다' 등 단순한 규칙을 지키게 했다. 그리고 이 규칙을 준수하는 것만으로도 대부분의 문제를 해결할 수 있었다.

수백 개의 정부기관, 수천 개의 은행, 수천만 개의 회사가 얽힌 미국 경제는 지극히 복잡하기 때문에 단순한 규칙을 적용하기에

는 부적합한 체제로 손꼽힌다. 하지만, 재닛 옐런^{Janet Yellen} 미국 연방준비제도 의장은 취임 3개월 만에 아주 단순한 규칙을 내세웠다. 그것은 "고용 및 물가상승률이 목표치에 도달할 때까지 기준 금리를 올리지 않는다."라는 것이었다. 이 단순한 규칙은 놀랍게도 물가를 진정시키고 기준 금리가 안정되는 긍정적인 결과를 가져왔다.

롤링 스톤스에서 볼 수 있는 인싸이트는 장수하는 조직의 비밀이 거창한 전략과 플랜에서 오는 것이 아니라는 것이다. 그것들은 오히려 '팀원을 존중해 주는 것', '최소한의 규칙으로 팀을 운영하는 것' 같은 지극히 단순한 것들이었다. 우리는 롤링 스톤스가 보여준 교훈을 통해 영속하는 조직이 나아가야 할 방향을 생각해 볼 수 있을 것이다.

6

본연으로 돌아가라,
블랙 사바스의 성공

음악을 좋아하던 4명의 영국 청년들이 1969년 영국의 공업도 시인 버밍엄이라는 곳에서 밴드를 결성한다. 보컬에 오지 오스본 Ozzy Osbourne, 기타에 토니 아이오미Tony Iommi, 베이스에 기저 버틀러 Geezer Butler, 드럼에 윌리엄 워드William Ward였다. 당시 1960년대 후반에 는 비틀스, 롤링 스톤스, 레드 제플린 등 수많은 밴드들이 인기를 얻으며 로큰롤 음악이 절정에 있을 시기였다. 이들은 팀 이름을 '어스'Earth로 결정하고 본격적인 음악 활동을 시작한다. 하지만 이 내 같은 이름의 밴드가 있다는 것을 알고 팀 이름을 '블랙 사바 스'Black Sabbath로 변경했다. 이들의 인터뷰에 따르면 1962년 발표된 이탈리아, 프랑스 합작 공포영화 〈블랙 사바스〉를 보고 이름을 그 대로 밴드에 가져왔다고 한다.

밴드의 콘셉트에 대한 고민을 하던 중 이 〈블랙 사바스〉라는 영화에서 밴드의 방향성을 발견했고, '우리는 호러 뮤직으로 가자'라는 결심을 한 것이다. 이것은 수많은 밴드들이 우후죽순 생겨나던 시절 타 밴드들과의 차별성을 두기 위한 전략이기도 했다. 우연하게도 이러한 호러 콘셉트는 팀의 분위기와 상당히 잘 맞아떨어졌다.

경제적으로 어려웠던 기타리스트 토미 아이오미는 생업을 위해 공장에서 일을 하던 중 사고로 오른손 중지와 약지의 끝마디가 절단되는 사고를 당하게 된다. 이 때문에 토미는 연주를 쉽게 하기 위해 다운튜닝을 하게 되고, 이는 결과적으로 블랙 사바스 특유의 육중하고 어두운 기타 리프를 만드는 데 일조하게 된다. 또한 오지 오스본의 보컬은 파워풀한 헤비메탈 보컬이 아니라, 가늘고 탁해 음산한 느낌이 절로 나오는 보컬이었다. 그는 이런 자신의 목소리를 무기 삼아, 무대에서 기괴한 퍼포먼스와 광기 어린 행동으로 관중들을 열광시켰다. 그리고 이 모든 것이 합쳐져 블랙 사바스만이 갖는 차별성을 만들었다. 주술, 전쟁, 죽음 등 무겁고 어두운 가사와 공포영화를 방불케 하는 분위기에 대중들은 열광하기 시작했다. 그리고 어둠의 음악은 이들 밴드의 상징이 되었다.

비즈니스에 있어서 조직 구성원의 만장일치 하에 명확한 목표를 세우고, 조직이 나아가야 할 방향성을 확실하게 잡은 것이다. 그들은 경쟁기업과는 달리 그들만이 고객에게 줄 수 있는 차별성에 집중했다. 그들의 미션은 음악을 통해 고객에게 어둠의 쾌락을 선사하는 것이었고, 이것은 오직 블랙 사바스만이 할 수 있는 음악이었다. 그런데 한창 주가를 올리던 1979년 밴드는 오지 오스본을 돌연 해고한다. 알코올과 약물중독이라는 이유였다. 그러나 오지 오스본은 밴드의 프론트 맨이자, 밴드의 정신을 무대에서 보여주는 상징성을 갖춘 멤버였다. 오지가 떠나자 블랙 사바스의 미션과 전략은 의미를 잃기 시작했다. 음악의 한 축을 담당하고 있던 오지가 떠남으로써 블랙 사바스의 미션이었던 어둠의 음악을 제대로 선보이기 힘들어진 때문이었다.

| 기업의 철학과 조직의 성과 |

밴드의 중요한 창립 멤버이자 어둠의 철학을 대변하는 프론트 맨이던 오지가 밴드에서 해고되자 블랙 사바스도 큰 타격을 받았다. 오지를 대신할 적임자를 찾는 것이 쉽지 않았을 뿐 아니라, 잦은 멤버 교체를 겪으며 하락세를 보인 까닭이다. 캐나다 맥길대학교McGill University의 헤더 보흐Heather Vough 교수의 연구에 따르면, 창립자의 철학과 정체성이 비즈니스를 계속 이어나갈 원동력이라고 한다. 근본이 흔들리면 조직이 불안정해지고 실패할 확률이 높아진다는 것이다.

기업에서 창립자의 철학과 이념은 조직의 성과에 큰 영향을 미친다. 창립자의 철학이란 기업을 통해 시장과 사회에 어떠한 공헌을 할 것인가에 대한 경영자의 생각이다. 즉 기업의 사회적 존재 이유와 경영 활동의 방향을 결정짓는 고유의 정신이다. 이는 창업자가 가진 기업에 대한 생각, 고객과 직원들에 대한 생각 등 경영활동을 지속해 나감에 있어 필요한 기본적인 사고방식으로 기업의 정체성을 대변하는 것이다. 마쓰시타전기의 창업자이자 '경영의 신'이라 불리는 마쓰시타 고노스케松下幸之助가 60년간 조직을 운영하며 깨달은 것은 조직 경영에 있어 창업자의 철학과 기업 이념이 굉장히 중요하다는 것이었다. 그는 그의 저서 《위기를 기회로》에서 경영 철학의 중요성을 피력하며 다음과 같이 말했다. "사업을 경영하는데 기술, 판매, 자본, 인재 등은 모두 중요한 요소다. 하지만 무엇보다 가장 근본이 되는 요소는 바로 경영 철학이다. 이것이 부재하거나 흔들리는 조직은 위기를 맞을 때 무너져 내릴 수밖에 없다."

오지 오스본이 없는 블랙 사바스를 이끌던 토니 아이오미는 자신의 자서전에서 "우리의 음악은 이제 구식이 되었다."라고 말하며 확신을 잃어갔다. 새로 영입한 보컬은 역량을 미처 발휘하지도 못한 채 바뀌었으며, 엎친 데 덮친 격으로 음반사와의 불화로 재정적 어려움까지 겪었다.

반면, 밴드를 나온 오지 오스본은 블랙 사바스의 사악한 기운을 이어받아 자기만의 밴드를 만들어 성공의 정점을 찍고 있었다. '오지 오스본' 밴드는 승승장구하여, 헤비메탈의 지평을 열었다는 칭호를 얻었다. 블랙 사바스는 결국 오지 오스본을 밴드에 다시 합류시키자는 결정을 내린다. 팀의 요청에 따라 오지 오스본은 밴드로 돌아왔다. 블랙 사바스는 1997년 오리지널 멤버로 재결성하여, 1998년 〈리유니온〉Reunion 앨범을 발표한다. 하워드 슐츠Howard Schultz 가 스타벅스로 돌아왔듯이, 스티브 잡스Steve Jobs 가 애플로 돌아왔 듯이, 에릭 슈미트Eric Schmidt 가 구글로 돌아왔듯이, 마이클 델Michael Dell 이 델 PC사업부의 구원투수로 돌아왔듯이, 오지가 블랙 사바 스로 돌아온 것이다.

| 성공을 위해 조직의 비전을 재정립하라 |

보스턴대학Boston University 의 제임스 포스트James Post 교수는 "전임 CEO들의 복귀는 대부분 망가진 회사를 정상화시키는 데 목적이 있다. 이들은 자신들의 명성과 경험을 활용해 단기간에 회사를 복 구시킨다."고 했다. 경영난에 빠진 기업들은 전임 CEO에게 복귀를 요청함으로써 무너진 회사의 비전을 다시 세우길 원한다는 것이 다.

2011년 경제전문지 〈포춘〉Fortune 은 한 해를 빛낸 최고 경영자 50인을 선정했다. 아마존Amazon 의 베조스Jeff Bezos 가 2위, 페이스북 Facebook 의 저커버그Mark Zuckerberg 가 6위, 애플의 팀쿡Tim Cook 이 8위였 다. 이러한 쟁쟁한 경영자들을 누르고 1위에 오른 이는 스타벅스의 창업자 하워드 슐츠였다. 스타벅스를 부활시켰기 때문이다.

한때 최고의 전성기를 구가했던 스타벅스는 2007년 총체적 위 기를 겪었다. 절반 가까이 떨어진 주가, 사상 최저치의 방문 고객

2008년 2월26일 오후 5시 30분, 미국 전역에 있는 7,100개 스타벅스 매장의 문을 일제히 닫았다. 각 매장 밖에는 '최상의 에스프레소를 선사하기 위해 잠시 시간을 갖고자 합니다'라는 안내문이 내걸렸다. 단 3시간 동안의 폐점이었지만, 스타벅스의 매출 손실은 600만 달러에 이르렀다. 단 3시간, 스타벅스 없는 세상을 경험한 미국은 '기본으로 돌아가자'는 스타벅스의 무언의 메시지를 인상적으로 받아들였다. 이로써 스타벅스는 2010년 11조 원이라는 사상 최대의 매출이라는 결실을 맺게 되었다.

수 등 모든 경영 숫자가 좋지 않았다. 2000년 이후 경영에서 물러나 있던 창업자 하워드 슐츠는 2008년 CEO에 복귀한다. 그리고 선언한 것이 "기본으로 돌아가자."였다. 복귀한 슐츠는 위기의 원인이 '최고의 커피를 제공한다'는 스타벅스의 기본 철학에 충실하지 못한 데 있다고 진단한다.

그는 2008년 2월 26일 오후 5시 30분, 미국 전역에 있는 7,100개 스타벅스 매장의 문을 일제히 닫도록 지시한다. 각 매장 밖에는 '최상의 에스프레소를 선사하기 위해 잠시 시간을 갖고자 합니다'라는 안내문이 내걸렸다. 매장 안에서는 에스프레소 제조 방법에 대한 교육 영상이 상영됐다. 최고의 커피 맛을 다시 살리자는 취지로 진행된 핵심 가치를 재점검하는 시간이었다. 단 3시간 동안의 폐점이었지만, 스타벅스의 매출 손실은 600만 달러에 이르렀다. 단 3시간, 스타벅스 없는 세상을 경험한 미국은 '기본으로 돌아가자'는 스타벅스의 무언의 메시지를 인상적으로 받아들였다. 이로써 스타벅스는 2010년 11조 원이라는 사상 최대의 매출이라는 결실을 맺게 되었다. 이것이 바로 슐츠가 2011년 최고의 경영자 1위에 오른 이유였다.

스타트업, 록스타처럼 성공하라

블랙 사바스는 35년 만에 오지 오스본과 토니 아이오미, 기저 버틀러가 다시 뭉쳐 블랙 사바스 본래의 사운드를 살린 음반을 냈다. 앨범의 타이틀은 〈13〉. 이는 1978년 〈네버 세이 다이!〉^{Never Say Die!} 앨범 이후 원년 멤버의 첫 앨범이었다. 모토는 '처음으로, 본연으로 돌아가자'였다. 앨범 〈13〉은 여러 의미를 담고 있었다. 이는 블랙 사바스의 데뷔 음반 발표 날짜인 2월 13일의 13이자, 서양인들이 불길하다고 여기는 13일의 금요일의 13이며, 음반을 발표한 해인 2013년의 13이었다. 그리고 이는 영국 시골에서 4명의 청년이 함께 모여 블랙 사바스를 결성하던 그 시기, 그들의 열정을 상징적으로 표현한 것이었다.

이 음반의 앨범 프로듀싱은 에어로스미스, AC/DC, 메탈리카를 프로듀싱한 릭 루빈^{Rick Rubin}이 맡았다. 그는 앨범을 녹음하기 전 멤버들을 모아 놓고, 1970년 2월 13일 금요일에 발표했던 데뷔 앨범을 들려주며 그 당시의 열정을 돌아보게 했다. 이렇게 탄생한 〈13〉 앨범은 블랙 사바스가 초창기 때 들려준 음악처럼 마음을 가득 채우는 음울한 메시지로 듣는 이를 매료시켰다.

결과적으로 이들의 공식 19집 앨범 〈13〉은 대성공을 거두었다. 43년 만에 영국 음악 차트 1위를 차지했고 이는 영국에서 1위를 한 후 가장 오랜만에 1위를 한 음반으로 기록됐다. 1970년 두 번째 음반 〈파라노이드〉로 음반 부문 1위에 오른 지 42년 8개월 만의 쾌거였다. 아이튠즈 차트에서도 '록 앨범과 싱글 부문'^{Rock album and single} 및 '메탈 앨범과 싱글 부문'^{Metal album and single}에서 정상을 차지했다. 〈13〉의 첫 번째 곡 '갓 이즈 데드?'^God Is Dead?는 미국 40개 주요 록 방송국에서 가장 많이 플레이된 곡 1위를 차지했다.

조직에서 문제가 생길 때 우리는 다시 기본으로 돌아가 우리가 추구했던 비전이 무엇이었는지, 우리가 꿈꿔왔던 조직이 무엇이었는지 돌아보아야 한다. 이것이 블랙 사바스가 우리에게 주는 교훈인 것이다.

7

프린스, 메타포로 무대를 장악한
카리스마

1979년 미네소타주 미니애폴리스의 작은 극장에서 쇼케이스 공연을 마친 후 워너 브라더스의 대표는 공연장을 걸어 나와 유난히 작은 체구를 가진 뮤지션의 머리를 붙잡고 흔들며 말했다. "이런 식으로 공연할 거면 때려치워라!" 워너 브라더스가 새로 발굴한 이 사내는 음악성은 보이지만, 순회공연으로 수익을 올리기에는 역량이 부족해 보였다. 마이크를 잡은 손은 떨고 있었고 몸은 뻣뻣하게 굳어 자신 없는 무대를 선보인 것이다.

워너 브라더스의 이 새로운 뮤지션은, 훗날 7개의 그래미상을 수상하며 살아생전 40년간 최고의 자리를 지킨 전설적인 아티스트 프린스Prince였다. 프린스는 마이클 잭슨이 유일한 라이벌로 지목했을 정도로 재능 있는 뮤지션이었다. 하지만 처음에는 무대를 휘어잡는 카리스마가 부족했다. 그는 자신의 음악으로 사람들을 열광시킬 역량을 개발할 필요가 있었다.

프린스는 믿을 수가 없었다. '내가 무대에 설 준비가 되지 않았다고? 어떻게 하면 제대로 된 공연을 할 수 있을까?' 프린스는 고민했다. 불행 중 다행인 것은 워너 브라더스가 프린스에게 두 번째 앨범 녹음의 기회를 준 것이었다. 그리고 다행히도 그의 두 번째 앨범의 첫 번째 싱글 '아이 워너 비 유어 러버'I wanna be your lover가 인기를 얻으면서 앨범이 빌보드 차트에 올라갔다. 이런 행운 덕분에 워너 브라더스 쪽에서도 이 어색한 뮤지션을 무대에 올리는 위험을 감수할 것인지 재고해 보기로 했다.

당시 릭 제임스Rick James라는 펑크와 R&B 음악을 하는 뮤지션이 '슈퍼 프릭'Super Freak이라는 곡으로 큰 인기를 얻고 있었다. 릭은 재능있는 뮤지션인 프린스에게 기회를 주고 싶었다. 그리고 그의 순회공연 오프닝 연주자로 초대했다. 하지만 대중들은 이 새로운 뮤지션의 오프닝 공연에 싸늘한 반응을 보이며 등을 돌렸다. "프린스에게 미안하다는 생각이 들었어요." 릭 제임스가 그 시절을 회상하며 말했다. "프린스는 대중을 어떻게 리드하고 끌어당겨야 할지 전혀 알지 못했습니다."

| 카리스마는 훈련을 통해 향상된다 |

스위스 로잔대학교the University of Lausanne 비즈니스 스쿨의 조직행

동학 교수인 존 안토나키스$^{John\ Antonakis}$는 카리스마는 학습을 통해 향상시킬 수 있다는 연구 결과를 발표했다. 안토나키스 교수의 연구팀에 의하면 대부분의 사람들에게 카리스마가 발현되지 못하는 이유는 어떻게 사용하는지를 모르기 때문이며, 구체적이고 학습 가능한 커뮤니케이션 전략을 학습함으로써 효능을 발휘할 수 있다고 한다. 연구팀은 카리스마에 대한 흥미로운 연구를 진행했다. 무작위로 선발된 중간 관리자 집단에 커뮤니케이션 전략을 가르치고 성과를 확인해 보는 것이었다. 중간 관리자들은 5시간의 그룹 워크숍과 한 시간의 개별 코칭을 받았다. 3개월 후 360도 평가를 시행한 결과 교육을 받은 관리자들은 교육을 받기 전과 비교했을 때 훨씬 유능하고, 카리스마 있게 느껴졌고, 믿음이 간다는 결과를 얻었다.

프린스 또한 무대 위의 카리스마는 연습을 통해 만들어지고 완벽해질 수 있다고 믿었다. 그는 무대 위에서 관중을 공연에 몰입시키며 휘어잡을 수 있는 카리스마를 어떻게 연출할지 다방면으로 고민하고 연구했다. 그는 제임스를 포함해 자신이 존경하던 뮤지션들의 공연과 전략을 분석하고 연습했으며 스스로에게 적용했다. 결론적으로 그가 옳았다.

50여 회에 걸친 제임스의 투어가 끝날 무렵, 프린스는 자연스럽게 관중을 선도하고 호응을 이끌어냈다. 제임스는 프린스와 함께 관중들의 격한 환호와 함성 속에 공연을 마무리할 수 있었다. 투어의 막바지에는 프린스의 공연을 본 관중들의 격한 반응에 제임스가 오히려 위축될 정도였다. 프린스는 어떻게 이런 반전을 가져올 수 있었을까?

당시 프린스 밴드 객원 멤버의 인터뷰에 따르면 연습을 마친 어느 날, 프린스가 "무언가 작업할 것이 있으니 한 주간 연습을 쉬겠다."고 하며 밴드 연습을 중단했다고 한다. 무대 위의 어색함을 없애기 위해 혼자 연습에 들어간 것이다. 그가 먼저 진행한 것은 스탠드 마이크 스킬 연습이었다. 그가 연습에서 돌아왔을 때 선보인 것은 노래를 하며 마이크를 돌리는 스핀과 턴 기술이었다. 그는 마이크를 잡고 자연스러워질 때까지, 자신만의 독특한 스타일을 구축하며 마이크 스핀을 연습했다. 프린스는 훗날 〈온스테이지 매거진〉Onstage magazine과의 인터뷰에서 스탠드 마이크 뒤에 서는 정확한 위치, 기타 솔로를 위해 스툴에 올라가는 위치와 노래 후 코멘트를 위해 서 있는 위치까지 사전에 철저하게 확인하고 연습했다고 밝혔다.

또한, 프린스가 중요하게 생각하고 고민한 것은 단순한 무대 연습뿐 아니라, 관객과의 커뮤니케이션 방법이었다. 무대를 주도하기 위해서는 좋은 음악을 들려주는 차원을 넘어서 관객과 호흡하며 밴드를 이끌어가는 역량이 필요했다.

| 메타포를 활용한 커뮤니케이션 전략 |

무대를 휘어잡는 카리스마를 위해 프린스가 고민한 것은 단순

스타트업, 록스타처럼 성공하라

한 무대 위의 동작 연습만이 아니었다. 그는 대중을 끌어당길 수 있는 커뮤니케이션 방식을 고민했고 이를 메타포에서 찾았다. 그는 자신의 히트곡인 '퍼플 레인'Purple Rain에서 연상되는 보라색을 자신의 메타포로 만들었다. 의상을 비롯하여 기타, 피아노 등의 악기, 무대 조명, 무대의 배색까지 전략적으로 보라색을 사용하여 자신만의 색으로 만든 것이다. 자신의 팬들에게는 '퍼플 아미'Purple Army라는 애칭을 붙여주며 팬들과의 유대감을 강화했다.

프린스는 더욱 강한 메타포를 전달하기 위해 자신만의 시그니처 문양을 만들기로 했다. 그는 전문 디자이너 2명과 함께 며칠 밤을 새워가며 독특한 문양을 만들어냈고, 이를 무대, 공연 상품, 자기가 사용하는 기타에 적용하여 존재감을 부각시켰다. 프린스는 자신의 뺨에 SLAVE(노예)라는 글씨를 써서 TV에 출연하기도 했는데, 이 또한 대중들에게 강렬한 인상과 메시지를 전달하기 위한 메타포 전략이었다.

이런 프린스의 전략은 대성공이었다. 대중들은 무대에 온전히 집중하기 시작했고, 보라색이나 그의 문양을 볼 때마다 직관적으로 프린스를 떠올렸다. 메타포를 통해 관객을 공연에 몰입시키자 그의 카리스마는 빛을 발하기 시작했고, 이는 자신을 대중에게 더욱 알릴 수 있는 전

더욱 강한 메타포를 전달하기 위한 프린스의 전략은 대성공이었다. 대중들은 무대에 온전히 집중하기 시작했고, 보라색이나 그의 문양을 볼 때마다 직관적으로 프린스를 떠올렸다. 메타포를 통해 관객을 공연에 몰입시키자 그의 카리스마는 빛을 발하기 시작했고, 이는 자신을 대중에게 더욱 알릴 수 있는 전환점이 되었다.

환점이 되었다.

안토나키스 교수가 진행한 학습 가능한 카리스마의 연구에 의하면 관중을 휘어잡는 카리스마는 메타포에서 나온다고 한다. 메타포를 사용한 커뮤니케이션은 생생한 이미지로 전달되기 때문에 이해하기 쉽고 기억하기 쉽다. 따라서 대중에게 메시지를 전하는 강력한 전략으로 사용될 수 있다. 안토나키스 교수는 "메타포는 일반적으로 말하는 시적인 은유가 아니라, 생각하는 방식과 사고의 프레임을 형성하는 도구"라고 말한다. 따라서 적절한 메타포를 사용하면 상대의 의견을 자신이 원하는 방향으로 이끌어낼 수 있으며, 대중의 분위기를 압도하는 힘을 가질 수 있다는 것이다. 그는 효율적인 메타포 전략을 위해 다음 세 가지를 제안한다.

'단순할 것, 예상치 못한 것일 것, 그리고 구체적일 것.' 먼저, 긴 이야기보다 빠른 그림을 그릴 수 있는 표현이나 장치를 사용하는 것이다. 너무 많은 설명이 들어갈 경우 대중들은 금세 집중력을 잃을 수 있다. 둘째, 해당 주제를 다른 각도로 접근해서 대중들에게 신선한 시선을 제공하는 것이다. 마지막으로 메타포를 구체적으로 표현하되, 자신만의 독특한 표현을 통해 대중이 그 메타포를 보고, 느끼고, 들을 수 있도록 하는 것이다. 이는 대중들을 상황에 몰입하게 하고 쉽게 기억할 수 있게 돕는다.

기업의 신제품 설명회에 모인 대중들을 마치 록 콘서트장에 온 것처럼 열정적인 분위기로 이끌어가는 스티브 잡스의 프레젠테이션에 사용된 메타포 전략을 예로 들어보자. 그는 "이 최신 노트북의 두께는 1.9cm로 매우 얇습니다."라고 말하는 대신 "이 노트북은 우리가 사무실에서 흔히 보는 봉투에 거뜬히 들어갈 정도로 얇습니다."라고 말하며 서류 봉투에서 노트북을 꺼냈다. "이 작은 제품은 작지만 놀라운 성능을 자랑합니다."라고 말하는 대신 "주머니 속의 1,000곡"이라며 호주머니에서 에어팟을 꺼냈다. 서류봉투, 호주머니 등 단순하지만 누구도 예상치 못했던 방식, 즉 전략적으로 잘 짜인 메타포 방식으로 대중들에게 접근했던 것이다. 그는 신형 아이폰을 공개하는 자리에서는 "아이폰의 구글맵 기능은 정말 유용한 기능입니다."라고 말하는 대신 구글맵에서 스타벅스를 검색한 후 전화를 걸어 "라떼 4천 개 테이크아웃 해갈게요."라고 말했다. 메타포를 통해 대중들이 직접 느끼고 경험할 수 있도록 접근한 것이다.

대중들은 스티브 잡스의 프레젠테이션에 열광했으며 지금은 볼 수 없는 그의 스피치를 아직도 그리워하고 있다. 이는 메타포 전략이 비즈니스 무대에서도 유효하다는 반증이며, 영향력 있는 커뮤니케이션을 위해 전략적인 메타포의 사용을 고민해봐야 하는 이유이다.

2016년 4월, 프린스가 갑작스럽게 사망했다. 프린스가 설립한 페이즐리^{Paisley Park} 스튜디오 주변에는 보랏빛 펜스가 세워졌고, 그의 음악을 그리워하는 팬들은 수백 개의 보라색 풍선과 리본으로 펜스를 장식했다. 프랑스 에펠탑, 엠파이어스테이트 빌딩, LA시청, 워너 브라더스 본사, 나이아가라 폭포에는 보라색 조명이 켜졌으며 대중들은 보라색 꽃다발을 들고 프린스의 죽음을 애도했다. 무대를 장악하기 위해 시도한 메타포 전략이 이제는 그의 영원한 상징이 되어 불을 밝히고 있는 것이다.

8

슈퍼팀은 왜
실패할 수밖에 없는가

〈킹 오브 케이아스〉Kings of Chaos는 로큰롤 계의 올스타 플레이어로 구성된 슈퍼 프로젝트 팀이다. 멤버들은 건즈 앤 로지스Guns N' Roses의 맷 소럼Matt Sorum, 슬래쉬Slash, 더프 맥케이건Duff McKagan, 길비 클록Gilby Clarke, 데프 레퍼드Def Leppard의 보컬 조엘 엘리엇Joe Elliott, 스키드로우Skid Row의 보컬 세바스찬 바하Sebastian Bach, 그리고 딥 퍼플 Deep Purple의 글랜 휴즈Glenn Hughes, 데이브 커쉬너Dave Kushner, 얼터 브릿지Alter Bridge의 마일스 케네디Myles Kennedy 등으로 구성되었다.

이 팀은 2012년 결성되어 지금까지 매년 전 세계를 투어하며 활발한 활동을 펼치고 있다. 그들은 각자 소속된 팀의 곡을 편곡해서 팬들에게 선사한다. 팬들은 자신이 좋아하는 곡을 다른 스타 뮤지션들과 함께 즐길 수 있는 기회에 열광했고, 이들의 인기 덕분에 음반사에는 킹 오브 케이아스의 오리지널 송에 대한 발매 요청이 쇄도했다. 하지만 이런 킹 오브 케이아스의 성공적인 사례에도 불구하고 여타의 슈퍼 팀들은 좋은 성과를 내지 못하는 경우가 빈번했다.

2004년 미국은 아테네 올림픽 농구 종목 출전을 위해 NBA 스타들로 구성된 슈퍼 팀을 만들었다. 클리블랜드 캐벌리어스Cleveland Cavaliers의 스타 선수였던 르본 제임스LeBron James, 역대 MVP 선수였던 앨런 아이버슨Allen Iverson 등 NBA 스타들로만 구성된 팀이었다. 그런데 놀랍게도 올림픽 첫 경기에서 푸에르토리코에 73:92로 대패하면서 농구팬들을 경악케 했다.

2006년 미국은 월드 베이스볼 클래식World Baseball Classic(WBC) 출전을 위해 또 다른 슈퍼 팀을 구성한다. 로저 클레멘스Roger Clemens, 데릭 지터Derek Jeter, 알렉스 로드리게스Alexander Rodriguez, 그리고 자니 데이먼Johnny Damon 등 내로라하는 스타들을 총출동시켜 만든 아메리칸 드림팀이었다. 하지만, 최종 8위에 그치며 준결승 진출에도 실패했다.

| 슈퍼팀과 성과를 내는 팀은 다르다 |

기업에서도 마찬가지이다. 조직의 스타플레이어들이 반드시 더 좋은 성과를 내지는 못했다. 하버드 경영대학원의 보리스 그로이스버그Boris Groysberg 교수의 연구팀은 스타 애널리스트와 팀의 성과에 대한 연구를 진행한 적이 있다. 연구팀은 〈인스티투셔널 인베스터〉Institutional Investor지가 선정한 9년 동안의 애널리스트 평가 순위를 활용했다. 평가 순위를 데이터베이스로 만들고 1,052명의 스타 애널리스트들의 실적 정보를 입수했다. 정보를 분석한 결과 스타 애널리스트를 팀에 투입시키면 일시적으로는 성과가 올라갔지만, 어느 순간이 되면 팀 전체의 성과가 오히려 떨어졌다는 결론을 얻었다.

이제 다시 밴드의 사례를 살펴보자. 1960년대 유명 싱어송 라이터였던 데이빗 크로스비David Crosby와 스티븐 스틸스Stephen Stills와 그레이엄 내시Graham Nash는 크로스비, 스틸스 앤 내시Crosby, Stills And Nash라는 포크록 슈퍼 그룹을 결성한다. 세 명 모두 당대 내로라하는 유명한 팀에서 각자 독보적인 활동을 해온 뮤지션들이었다. 따라서 이들 3명이 뭉쳤을 때, 당시 여러 음악 매체와 언론에서는 최고의 슈퍼 그룹이라 칭송했다. 세 사람 모두 완벽한 보컬과 기타 연주 실력, 그리고 단번에 귀를 사로잡는 멜로디를 만들어내는 작곡 실력으로 유명했기 때문이다. 하지만 겉으로 보는 것과는 달리 팀 내부 사정은 좋지 않았다. 밴드의 팀워크는 형편없었고, 서로에 대한 신뢰나 협업도 찾아볼 수 없었다. 멤버들 스스로도 "우리는 개인의 집합체, 그 이상 그 이하도 아니다. 우리는 함께 연주하지만, 우리를 그룹이라고 말하지 않았으면 한다. 우리에게 '슈퍼'라는 말을 하지 말아 달라."고 요구하며, 그들은 하나의 팀이 아니라고 했다.

이러한 결속력의 부재는 솔로 앨범이나 개인 프로젝트를 진행해야 하거나, 떠나고 싶을 때 부담 없이 떠날 수 있는 자유를 안겨주었지만 그룹으로서 음악을 만드는 데는 큰 어려움이었다. 스티븐 스틸은 그들의 첫 번째 앨범인 〈데자뷰〉^{Déjà vu}를 녹음하면서 이런 말을 했다. "우리는 각자에게 할당된 트랙만 녹음하는 네 명의 고양이일 뿐이다. 언쟁과 싸움이 계속되었고 어떠한 재미도 느낄 수 없었다." 이들의 녹음 현장에는 팀이 보여주는 시너지 따위는 찾아볼 수가 없었다. 스튜디오에서 교대로 진행되는 기계적인 녹음뿐이었다.

또 다른 슈퍼 밴드의 예를 들어보자. 1966년 록 역사상 최초의 슈퍼 밴드로 이름을 떨쳤던 크림^{Cream}이라는 밴드가 있었다. 기타의 신이라고 불리는 에릭 클렙톤^{Eric Clapton}, 베이스의 귀재라 불리는 잭 브루스^{Jack Bruce}, 그리고 드럼의 황제 진저 베이커^{Ginger Baker}가 모여서 만든 밴드였다. 등장 초반에 크림은 빌보드 앨범차트 1위를 포함해 대중적인 성공을 거두면서 1960년대를 상징하는 슈퍼밴드였다. 하지만 불과 활동 기간 3년 만에 해체를 하고 만다. 훗날 에릭 클렙톤은 크림의 해체에 대해 이렇게 이야기 했다. "우리는 결코 사적으로 어울리지 않았습니다. 그리고 어떠한 아이디어도 공유하지 않았습니다. 우리는 단지 함께 스테이지에 올라갔고, 연주를 했으며 그리고는 제각기 갈 길을 갔죠."

팬들의 입장에서 슈퍼 그룹은 최고의 음악적 경험을 선사해줄 것이라 기대한다. 조직의 입장에서 슈퍼 그룹은 최고의 성과를 가지고 올 것이라고 생각한다. 하지만 슈퍼 팀에는 다음과 같은 치명적인 문제가 도사리고 있었다.

첫째, 스타플레이어가 팀에 들어가면 팀의 성과가 오히려 떨어졌다. 팀은 개인의 집합체로 구성되어 있다. 이론적으로는 재능이 있는 팀원들로 팀을 구성한다면 좋은 성과를 낼 것으로 기대된다. 그러나 슈퍼 팀의 성과는 오히려 일반적인 팀보다 떨어졌고, 높은 성과를 내는 팀은 재능 있는 팀원들의 결합 이상의 무언가를 가지고 있었다. 슈퍼 팀은 멤버들의 지나친 자존심, 자신감, 특권의식, 자아의식에서 오는 프로세스 손실은 생각하지 못했다. 멤버들의 뛰어난 스킬을 내세운 반면, 팀에서 나올 시너지는 고려하지 않았다. 재능 있는 스타플레이어들이 성과를 내기 위해서는 그들의 기벽을 참고 서포트 해줄 사람들이 필요했다. 그들은 자신들의 창의적인 비전을 실행하고, 자신들의 역량을 충분히 발휘하기 위해 갈등을 분산시키고, 한 방향으로 이끌어갈 사람을 필요로 했다. 즉 스타플레이어로 구성된 팀은 팀의 협업을 통한 멤버들 간의 시너지를 만들 수 없었던 것이다. 이것은 왜 슈퍼 그룹이 끝내는 실망감을 주고 해체하게 되는지 우리에게 말해준다.

둘째로, 슈퍼 팀에는 팀의 기초를 이루는 기본 가치인 신뢰가 없었다. 그들은 대인 관계와 유대감의 중요성은 무시한 채 기술만

궁극적으로 창의적이고, 뛰어난 결과물을 창출하기 위해서는 팀 내에 긴밀한 커넥션이 있고 팀원들 간에 진실된 유대감이 있어야 한다. 이것이 기업의 팀과 최고의 밴드들이 외부의 충격에 맞서 빨리 회복하고 장수하는 비결이었다.

을 강조했다. 슈퍼 팀에서 멤버들은 오직 스킬만 있었다. 팀의 입장에서 그들이 어떤 사람인지, 인격적인 구성원으로서의 관심은 없었다. 궁극적으로 창의적이고, 뛰어난 결과물을 창출하기 위해서는 팀 내에 긴밀한 커넥션이 있고 팀원들 간에 진실된 유대감이 있어야 한다. 이것이 기업의 팀과 최고의 밴드들이 외부의 충격에 맞서 빨리 회복하고 장수하는 비결이었다.

밴드들의 커버 송으로 전전하던 킹 오브 케이아스는 최근 딥 퍼플Deep Purple의 〈네버 비포〉Never Before를 레코딩하여 발매했다. 밴드가 공식적으로 녹음한 첫 번째 곡이었다. 이제까지 슈퍼 밴드가 겪어온 경험들을 비추어 볼 때, 킹 오브 케이아스도 이전 히트 곡들을 무대에서 연주하는 것보다 새로운 음악을 만드는 것에 더욱 어려움을 겪을 것이다. 이를 극복하기 위해서는 자존심을 내려놓고, 창의적 시너지를 위해 충분한 결속을 다져야 한다는 것을 깨닫는 지혜가 필요할 것이다. 이는 비단 킹 오브 케이아스만의 문제가 아니라, 슈퍼 팀을 구성하고자 하는 모든 조직이 함께 고민해야 할 우리의 숙제인 것이다.

PART 3

스타트업
경영혁신

안타깝게도 음악 시장은 시간이 흐를수록 쇠락하고 있고 음반 산업은 역사상 유례없는 침체기에 빠졌다. 글로벌 음반 시장의 매출 규모는 지난 15년간 약 40%가 감소하고 오직 생존을 위한 경쟁만이 남았다. 이런 상황은 비단 음악 시장에만 국한되지 않는다. 스타트업을 위한 비즈니스 환경 또한 어려워졌다. 경제 성장률은 하향 조정되어 유례없는 경제 위기가 다가오리라는 전망이 우세하고 이제 갓 안정권에 진입한 스타트업은 생존을 위해 다시 치열한 경쟁의 레이스 속으로 떠밀려 들어가고 있다. 앞에는 대기업, 뒤에는 후발 기업의 추격을 극복하고 끝까지 레이스를 펼치기 위해서는 새로운 발상과 방식으로 조직의 존속과 발전을 위한 근본적인 변화를 추구해야 한다. 이번 장에서는 혁신을 보여준 다양한 밴드의 사례를 통해 어떻게 스타트업이 경쟁력을 확보할 수 있을지 살펴볼 것이다.

1

밴드의 혁신 방법,
핵심을 제거하라

4명의 밴드 멤버는 옷을 완전히 벗은 나체 상태로 무대 위에 올라가 공연을 진행한다. 그리고 그들은 자신의 입을 강력 테이프로 막아버린다. 그들은 열광하는 관객들을 뒤로한 채 공연이 끝나가는 내내 침묵을 지킨다.

-레이지 어게인스트 더 머신의 1993년 롤라팔루자 공연

인기가 절정이던 시기 그들은 앨범에 아무런 글도 넣지 않은 채 앨범을 발매한다. 팀의 이름도, 앨범의 제목도 없다. 그리고 이 앨범은 밴드 최고 베스트셀러 앨범으로 등극한다.

-레드 제플린 4집 앨범

1972년 수많은 인파로 둘러싸인 보스톤 하버드 광장에 그랜드 피아노 한 대가 놓여 있다. 연주자는 피아노 덮개를 열고 4분 33초 동안 침묵한 뒤 다시 덮개를 덮으며 공연을 마친다.

-존 케이지, '4분 33초'

한 텔레비전 프로그램에서 록 밴드의 공연을 조용하게 진행하는 라이브 음악 방송을 제작한다.

-MTV 언플러그드 쇼

40대 여성이 말을 번지르르하게 잘하는 젊은 남자 3명을 스튜디오에 데려가 멜로디가 없는 노래를 녹음한다.

-슈거힐 갱의 '래퍼스 딜라이트'

이 책을 읽고 있는 여러분들은 이들 음악의 공통점을 찾을 수 있겠는가? 위 사례들은 대중음악에 있어 혁신적이라고 기록된 사건들이다. 그리고 이들 음악적 혁신에는 공통점이 있다. 바로 우리가 당연히 있어야 한다고 생각하는 핵심적인 항목을 과감히 삭제해버린 것이다. 레이지 어게인스트 더 머신은 입을 막음으로써 음악의 핵심인 노래를 삭제했다. 이는 PMRC Parent's Music Resource Center (앨범 등급 검열위원회)가 그들의 음악에 검열을 시도하자 이에 대한 항의의 표현으로 멤버들의 입에 테이프를 붙이고 벌거벗은 채 20여 분간 침묵한 것이었다.

1971년에 발매된 레드 제플린의 앨범은 그룹 이름과 타이틀을 모두 삭제해버렸다. 표지에는 나무를 잔뜩 짊어지고 있는 노인의 그림만 있을 뿐이었다. 앨범 발매 당시 레코드 가게에서는 레드 제플린의 앨범을 구매하려고 왔다가 표지만 보고 그냥 돌아가는 고객도 있었다. 이런 시도는 밴드의 브랜드 인지도보다는 음악으로 대중 앞에 승부하겠다는 밴드의 의지를 보여준 것이다. 공식적으로 아무런 타이틀을 달지 않고 발매된 이 앨범은 이전 세 음반에 사용된 명칭 방식에 따라 '레드 제플린 IV'라고 불린다. 놀랍게도 이 앨범은 발표와 동시에 비평가들의 극찬과 함께 엄청난 상업적 성공을 거두며 3,700만 장의 역사적인 판매량을 기록한다.

우연성 음악의 개척자로 평가 받고 있는 미국의 작곡가 존 케이지는 1952년에 작곡한 '4분 33초'에서 음악 자체를 삭제해버렸다. 그의 그랜드 피아노에는 악보와 시계가 놓여 있었다. 총 3악장으로 구성된 이 악보에는 'TACET'(조용히)이라는 글만 쓰여 있었다. 오선지에도 아무런 음표를 찾아볼 수 없었다. 화가인 친구가 빈 캔버스를 작품으로 전시한 것에서 착안한 이 곡은 들려주는 음악이 아닌 주변의 소리로 채워지는 음악을 표현한 것이었다. 이 곡은 존 케이지의 대표작이면서도 가장 많은 논란을 불러일으킨 전위 음악 공연으로 음악사에 한 획을 그은 사건으로 기록되었다.

헤비한 일렉 기타, 빠르고 강한 드럼 사운드를 선보이는 록 밴드에게 어쿠스틱 기타를 쥐어주면서 조용히 라이브 공연을 진행하게 한 MTV의 'MTV 언플러그드Unplugged' 프로그램은 록 음악의 시끄러움과 헤비한 면을 삭제했다. 이 프로그램은 유명 록 밴드의 음악을 어쿠스틱으로 재편곡해 팬들로 하여금 자신의 좋아하는 뮤지션의 색다른 음악을 접할 수 있게 하면서 큰 인기를 끌었다.

뉴욕에 거주하던 프로듀서 실비아 로빈슨Sylvia Robinson은 세 명의 지역 청년을 모아 곡을 녹음했다. 그 노래에는 멜로디가 삭제되어 있었다. 이 곡은 세계 최초로 레코딩 된 랩 음악 '래퍼스 딜라이트'Rapper's Delight였다. 이 곡을 기점으로 랩이라는 음악적 장르가 탄생하게 되었고 이는 대중 음악사에 큰 발자취를 남기게 된다.

| 혁신을 위해 제거하라 |

과거에 우리는 무언가를 개발해서 혁신을 이루기 위해 더 좋은 기능과 더 많은 기능을 추가하려고 노력했다. TV 리모컨은 언젠가부터 번호 이외에 많은 버튼이 생겼고, 휴대폰은 카메라, 계산기, 전자사전, 게임 등 다양한 기능이 추가되었다. 플레이스테이션, XBOX 등 비디오 콘솔에는 블루레이디스크, 인터넷 접속 등 다양한 기능을 추가하여 가정용 멀티미디어 장치 콘셉트로 소비자의 지갑을 열었다. 하지만 언제부터인가 기능 피로Feature fatigue라는 말이 생길 정도로 넘쳐나는 기능 때문에 소비자들은 스트레스를 받게 되었다.

전자 기기가 더 많은 기능을 제공할수록 소비자는 작동에 어려움을 느끼게 되었고, 어플리케이션이 더 많은 선택을 제공할수

스타트업, 록스타처럼 성공하라

록 점점 더 이해하기 힘든 인터페이스가 되었다. 혁신을 위해 더 좋은 것을 추가하려는 노력이 이제는 부가적인 기능을 제거하려는 노력으로 변할 시점으로 바뀐 것이다. 음악적 혁신들이 보여준 것처럼 이제 혁신을 하기 위해서는 기존에 있던 것을, 그것도 가장 핵심적인 것을 '제거'해야 할 필요가 생긴 것이다.

최근 애플Apple Inc.은 아이폰7에서 1960년대부터 국제 표준으로 사용되어온 3.5파이 이어폰 단자를 없애버렸다. 30만 명의 애플 유저들이 이어폰 단자를 없애지 말라는 반대 청원서에 서명할 만큼 유저들의 반발은 극심했다. 그뿐 아니라, 기술 온라인 전문 웹사이트 더 버지The Verge는 '아이폰에서 이어폰 단자를 없애는 것은 어리석고 소비자를 해롭게 하는 일'이라고 보도하며 이를 비판했다. 하지만 애플의 선택은 옳았다. 이어폰 단자를 없애는 대신 배터리 용량을 늘리고, 방수 기능을 강화하면서 두께는 더 얇게 만드는 새로운 기술 혁신을 이루었다. 그뿐만 아니라, 애플이 이어폰 단자를 제거하면서 애플의 블루투스 이어폰인 에어팟의 매출이 급증해, 비츠Beats와 보스Boss가 시장을 점거하고 있던 무선 이어폰 시장을 한순간에 독식해버렸다. 애플은 시장 점유율 2위인 보스의 두 배가 넘는 시장 점유율을 기록하며 애플의 저력을 보여주었다.

가장 혁신적인 기업 중 하나인 사우스웨스트 항공Southwest Airlines은 휘청거리던 비즈니스를 정상 궤도로 올리기 위한 방법으로 그동안 항공사의 관행으로 제공되던 수많은 서비스와 시스템을 제거하는 전략을 펼쳤다. 먼저 기내식을 없앴다. 지정석과 수화물 전송 시스템도 없앴다. 여행사를 통한 예약 시스템도 없애버렸다. 모든 예약은 직접 예약제로 운영했다. 비즈니스석과 일반석의 구분도 없앴다. 다양했던 항공기 기종을 보잉737 단일 기종만 운영했다. 이런 제거의 혁신을 통해 사우스웨스트 항공은 2001년 9.11 항공기 자살테러 사건으로 여행객이 30%까지 줄어든 불황 속에 무려 5억 1114만 달러의 순이익을 남겼다. 9.11테러 직후 1주일 만에 보잉사, 유나이티드항공, 콘티넨털항공이 7만 명을 해고한 것에 비교하면 기적과 같은 성과라고 볼 수 있다. 핵심을 제거하는 혁신을 통해 불황 속에서도 성장하는 비즈니스 구조를 구축한 것이다. 현재 사우스웨스트는 44년 연속 흑자 신기록을 기록하며 비즈니스계의 살아있는 혁신의 아이콘으로 자리 잡았다.

| 가장 중요한 것을 제거하라 |

그렇다면 조직의 혁신과 성공을 위해 무엇을 제거할 것인가? 제품이나 서비스에서 무엇인가를 제거하려 할 때는 단지 불필요하다고 생각되는 기능이나, 없어도 될 법한 기능만을 대상으로 하는 것이 아니다. 가장 중요한 핵심이 무엇인지 파악하고 이를 제거하는 것이 중요하다. 그리고 핵심 기능을 제거했을 때 제품이 어떤 가치를 제공할 수 있을지를 생각해 봐야 한다.

IDC^{Interdisciplinary Center in Herzliya} 경영대학원 교수인 제이콥 골든버그^{Jacob Goldenberg}는 그의 저서 《틀 안에서 생각하기》^{Inside the box}에서

창의적 사고를 위해 가장 중요한 것은 핵심을 제거하는 것이라 말한다. '당연히 있어야 할 요소가 없다면 그 제품이 어떤 가치를 지닐 수 있을 것인가? 그 핵심 요소가 제거된다면 어떤 방식으로 그 기능을 대신할 수 있을 것인가?'에 대한 고민이 필요하다는 것이다.

제품이나 서비스에서 무엇인가를 제거하려 할 때는 단지 불필요하다고 생각되는 기능이나, 없어도 될 법한 기능만을 대상으로 하는 것이 아니다. 가장 중요한 핵심이 무엇인지 파악하고 이를 제거하는 것이 중요하다. 그리고 핵심 기능을 제거했을 때 제품이 어떤 가치를 제공할 수 있을지를 생각해 봐야 한다.

2009년 다이슨^{Dyson}은 선풍기의 날개를 없앤 제품을 출시했다. 풍력의 핵심인 날개를 제거한 것이다. 날개를 제거함으로써 아이들이 손가락을 다칠 염려가 없어졌고, 먼지 낀 날개를 청소해야 하는 수고도 덜게 됐다. 기존의 회전 날개는 바람을 앞으로 보내기 때문에 단속적이지만 날개 없는 선풍기는 둥근 고리 틈새로 공기가 빠져나가면서 주변 공기까지 합류되어 더욱 강하고 연속적인 바람을 만들 수 있었다.

일본 대표 주류 회사인 기린^{KIRIN}은 술의 핵심 기능인 알코올을 제거해버렸다. 2009년 세계 최초로 무알코올 맥주를 선보인 기린은 '알코올이 없는 술도 술인가'라는 이슈를 불러일으키며 출시 1개월 만에 품귀현상을 빚었다. 알코올 섭취가 어려운 임산부, 회식 자리가 두려운 회사원, 술을 금기시하는 중동 지역 등의 잠재 시장을 이끌어낸 것이다.

위의 사례에서는 다양한 방식으로 핵심 요소를 제거하며 혁신을 시작했다. 악기를 빼고, 멜로디를 빼고, 노래를 없애는 등 기존의 상식을 뛰어넘는 시도를 통해 놀라운 성취를 일궈냈다. 혁신 기업이라 불리는 조직들 역시 그들이 가진 핵심을 제거해 또 다른 가치를 가져오는 지혜가 있었다. 이제 조직들은 제품과 서비스의 핵심이 무엇인지 되짚어 보고, 이를 제거함으로써 어떤 혁신을 이룰 수 있을지 고민해야 할 것이다.

2

차별화된 브랜딩은
특별한 경험에서 나온다

기업의 흥망성쇠에 있어 브랜딩은 상당한 부분을 차지한다. 소비자들의 높은 브랜드 충성도는 지속적인 반복 구매를 일으키고 이는 곧 회사의 성장과 직결되기 때문이다. 기업에 있어 브랜딩은 차별성이다. 브랜딩은 회사의 제품, 서비스를 고객에게 어떻게 다른 제품들과 차별적으로 인식시킬 것인가에 대한 것이기 때문이다.

전 세계적으로 1억 장 이상 음반을 팔아 치운 슈퍼 밴드 중의 하나인 건즈 앤 로지스Guns N' Roses는 투어 때 보이는 비정상적인 행동으로 유명하다. 아직 스테이지에 올라갈 분위기가 안 잡혔다는 이유로 밤 11시까지 공연을 지연시키는가 하면, 노래를 하다가 갑자기 관객을 지목하며 "우리 공연이 지겨우면 보지 말고 집에 가서 폭죽놀이나 봐라."라며 관객들에게 화를 내기도 한다. 공연 도중 관객이 병뚜껑을 무대에 던졌다는 이유로 공연을 멈춰버리기도 하고, 공연을 절반도 하지 않고는 악기를 싸들고 집에 돌아가버리는 일도 다반사였다. 공연 세트장이 마음에 안 들어 공연을 취소하겠다고 고집을 부리거나, 심지어 공연하러 가는 도중 불법 U턴으로 딱지를 떼이자 화가 나서 공연 자체를 취소하는 소동도 있었다. 2009년 내한 공연도 무려 2시간 30분이 지연돼서야 시작되었다.

1991년 세인트루이스 공연은 건즈 앤 로지스 공연 중 역사에 남을 만한 공연이었다. 한 관객이 공연을 비디오로 촬영을 하자 화가 난 메인 보컬 액슬 로즈Axl Rose는 관중석으로 뛰어 들어가 관객에게 주먹을 날렸다. 그리고는 무대 바닥에 마이크를 내팽개치고 집으로 가버렸다. 이후 관객들이 폭동을 일으켜 난투극이 벌어졌고 65명의 부상자가 발생했다. 이로 인한 피해 금액은 20만 달러에 달했다.

〈유즈 유어 일루션〉Use Your Illusions 앨범 활동 당시 리드 보컬 액슬의 개인 매니저였던 크레이그 더스왈트Craig Duswalt의 인터뷰에 따르면, 건즈 앤 로지스 공연에는 항상 위험하고 긴급한 사항이 도사리고 있었다고 한다. '액슬이 오늘 공연에 나타날까? 오늘은 제시간에 공연이 시작될 수 있을까?' 하는 것들이었다. 하지만 더스왈트는 건즈 앤 로지스의 이런 행동이 팬들을 무시해서 하는 행동은 아니라고 한다. 건즈 앤 로지스가 팬들을 무시하고, 신경 쓰지 않기 때문에 항상 늦어진다는 말이 있지만, 사실 그들은 팬들을 아끼고 신경 쓴다고 한다. 단지, 자신들이 최상의 컨디션이 될 때까지, 무대가 충분히 무르익어 최고의 공연을 보여줄 수 있을 때까지 기다리는 것일 뿐.

더스왈트는 그의 저서 《웰컴 투 마이 정글》Welcome to my jungle 에서 공연이 지연되는 3시간 동안 건즈 앤 로지스가 무엇을 하고 있었는지 밝혔다. "사람들은 건즈 앤 로지스가 무대 뒤에서 파티를 하고 있을 거라고 생각하지만 그렇지 않다. 액슬은 1시간 동안 보컬 연습을 하며 워밍업을 하고 있다. 그리고 척추 지압사의 허리 교정과 마사지를 받고 무릎 관절에 테이핑을 한다. 그는 항상 무대 위를 뛰어다녀 몸에 무리가 가기 때문이다. 이후 30분간 다시 목소리를 푼다. 이런 모든 과정은 2시간 30분에서 3시간 정도 소요된다." 이렇게 충분히 공연을 준비하고 건즈 앤 로지스가 무대에 나타날 때는 대부분 관객들이 광란의 상태까지 이르렀을 때였다. 하지만 역설적으로 이런 공연 시간의 지연과 예상치 못할 돌발 상황들은 다른 밴드의 공연에서는 볼 수 없는 이들만의 차별성을 만들어냈다. 흥미롭게도 '건즈 앤 로지스란 바로 이런 것이다'라는 색다른 경험을 관객에게 선사하며 건즈 앤 로지스 만의 브랜딩을 구축할 수 있었던 것이다. 〈롤링스톤〉지는 이들을 '세계에서 가장 위험한 밴드'The most dangerous band in the world 라고 불렀으며 관중들은 이를 건즈 앤 로지스만의 매력으로 받아들였다.

| 건즈 앤 로지스의 브랜딩 전략, 색다른 경험 |

건즈 앤 로지스는 혼돈과 광란, 강렬함이라는 이들만의 아이덴티티를 형성해 다른 브랜드와의 차별성을 선사했다. 그리고 팬들이 원하는 것 또한 바로 이러한 특별한 경험이었다. 무대에서의 지각과 폭력성은 단순히 그들의 성격을 나타내는 것이 아니라, 그들의 브랜드를 유지하는 힘이 된 것이다.

건즈 앤 로지스는 로큰롤계에서도 악동 중의 악동으로 소문이 나 있다. 이것이 타 밴드와의 차별성을 갖게 하는 요소였고, 무대에서 악동으로 행동하는 것이 최고의 마케팅이 되었다. 이들이 온순했다면 지금처럼 매력적인 밴드가 될 수 있었을까?

"우리는 로큰롤 최고의 악동이 된다." 이것이 바로 브랜딩의 성공 요인이었다. 이들이 투어를 시작하면, 건즈 앤 로지스의 팬이 아닌 사람들도 이들의 콘서트에 모여들었는데, '오늘은 무슨 사건이 터질까? 오늘은 어떤 폭동이 일어날까? 액슬이 공연을 무사히 마칠 수 있을까?' 하는 궁금증이 큰 관심을 모았기 때문이다. 예상치 못한 사건에 대한 기대감, 달리 말해 흥분되는 브랜드 경험이 있었다는 것이다. 이러한 요소들은 이성으로 설명할 수 없는 이 밴드만의 매력이자 브랜딩의 핵심 요소였다.

더스왈트는 전략적으로 건즈 앤 로지스의 성명서Mission Statement를 작성하고 그것에 따라 행동하게 했다. "우리는 로큰롤 최고의 악동이 된다."We're just going to be the baddest boys in rock n' roll 이것이 바로 브랜딩의 성공 요인이었다. 이들이 투어를 시작하면, 건즈 앤 로지스의 팬이 아닌 사람들도 이들의 콘서트에 모여들었는데, '오늘은 무슨 사건이 터질까? 오늘은 어떤 폭동이 일어날까? 액슬이 공연을 무사히 마칠 수 있을까?' 하는 궁금증이 큰 관심을 모았기 때문이다. 예상치 못한 사건에 대한 기대감, 달리 말해 흥분되는 브랜드 경험이 있었다는 것이다. 이러한 요소들은 이성으로 설명할 수 없는 이 밴드만의 매력이자 브랜딩의 핵심 요소였다.

기업에서도 브랜딩에 성공하려면 이렇듯 기대감을 갖게 하는, 무엇인가 알 수 없는 매력을 주는 경험과 차별성을 보여야 한다. 유명한 기타 제조 회사인 펜더는 52 텔레캐스터Fender American Vintage '52 Telecaster라는 모델의 기타가 있다. 이 악기는 사용자 입장에서는 단점이 더 많다. 먼저, 다양한 톤을 가지고 있지 않다. 기타의 소리의 톤을 변화시키는 장치인 픽업 셀렉터가 일반적인 기타는 보통 5단계로 되어 있지만, 이 기타는 달랑 3개이다. 그나마 1가지 톤은 톤 자체가 없는 먹먹한 소리가 났다. 또한, 사용자의 편의성을 찾아볼 수 없는 구조로 만들어진 기타였다. 기타를 치는 사람들에게는 넥 두께가 중요하다. 넥이 얇을수록 지판을 잡기 쉬워 편한 연주가 가능하기 때문이다. 그런데 이 텔레캐스터는 마치 야구방망이를 잡는 듯한 굵기 때문에 연주가 쉽지 않았다. 마지막으로 악기에서 가장 중요한 음정이 정확하지 않았다. 브리지가 고정되지 않아 조금만 격한 연주를 하면 금방 튜닝이 틀어져버렸다. 재미있는 것은 이런 말도 안 되는 불편함과 고가의 가격에도 불구하고 여전히 이 악기는 기타리스트들에게 꿈의 기타로 불리며 정상의 뮤지션들이 애용하고 있다는 것이다.

사실 이 텔레캐스터 기타는 1950년대 세계 최초로 개발된 솔

리드 바디의 일렉 기타였다. 당시 '이것이 일렉 기타의 표준이다'라고 들고 나온 것이 텔레캐스터였고, 수많은 기타리스트들은 사운드의 기준을 텔레캐스터라고 생각하게 되었다. 텔레캐스터는 기타 역사상 가장 오랫동안 생산된 기타 중 하나이고, 빈티지한 전통성이 있는 악기라는 공식을 갖게 된 것이다. 현재 수많은 기술을 접목해 만든 첨단 기타들이 쏟아져 나오고 있지만, 밴드 음악의 전성기를 달리던 시절의 향수와 빈티지 사운드가 주는 감성적인 사운드를 현대의 악기로는 표현할 수 없었다. 펜더가 전략적으로 이 골동품 같은 텔레캐스터 모델을 재생산했고 브랜드의 전통성과 브랜드가 주는 감성을 고객에게 전달했다. 이를 통해 뮤지션들 사이에 수많은 텔레 신자들을 만들어냈고, 수많은 뮤지션들에게 가장 사랑을 받는 악기 중 하나가 되었다. 텔레캐스터가 주는 연주의 불편함과 다양하지 못한 톤 자체가 고객들에게는 50년대 악기를 다루는 특별한 경험이 되었고, 이 악기 고유의 정체성으로 인식되어버린 까닭이다.

| 일관성과 의외성을 통한 브랜딩 전략 |

그렇다면 차별적이고 특별한 브랜드의 경험을 고객에게 주기 위해서는 어떤 노력이 필요할까?

첫째, 고객에게 브랜드의 경험을 일관되게 해주려는 노력이다. 소비자들은 일관성 있는 경험을 통해 브랜드의 특색과 차별성을 느낄 수 있다. 건즈 앤 로지스가 꾸준한 지각과 난폭한 행동으로 일관했기에 악동 이미지를 구축할 수 있었듯이 지속해서 같은 수준의 서비스와 상품을 제공해야 소비자는 브랜드를 경험할 수 있다. 그리고 이를 위해서는 일관성을 유지하려는 노력이 필요하다. 조직의 핵심 가치에 대한 구성원들의 이해, 서비스 유지를 위한 업무 매뉴얼 개발과 훈련, 성과에 대한 적절한 보상 같은 시스템을 통해 조직원들이 먼저 브랜드 경험 제공을 위한 준비가 되어야 한다.

둘째, 고객에게 의외성을 제공하는 것이다. 미국 마케팅 컨설팅 사 센도소Sendoso 의 대표 딜란 맥스Dylan Max 는 마케팅 전문지 씨엠에스와이어CMSWire 와의 인터뷰에서 이런 말을 한다. "의외성이 브랜딩에 유용한 전략이라는 증거는 아주 많습니다. 한 가지 확실한 것은 우리는 감정적인 존재라는 것이죠. 감정이 구매 결정에 영향을 미친다는 수많은 연구 결과가 이를 뒷받침합니다. 고객들은 예상되는 패턴보다 뜻밖의 상황을 접할 때 브랜드를 더욱 매력적으로 생각하게 됩니다." 그는 의외성이 소비자와 브랜드 사이에 강한 감정적 유대감을 형성한다고 한다. 그리고 이러한 감정의 커넥션을 통해 소비자는 브랜드의 충실한 서포터가 된다는 것이다.

건즈 앤 로지스는 매 공연마다 '오늘은 어떤 사건이 일어날까?'라는 의외성을 선사해 관객들과 미디어의 관심을 모았다. 그러나 팬들이 건즈 앤 로지스에게 매력을 느끼는 이유는 단순히 라이브 공연의 예측 불가능성 때문만은 아니었다. 건즈 앤 로지스는 아메리칸 하드록 사운드로 무장한 1집 앨범 〈에피타이트 포 디스트럭션〉Appetite for Destruction이 3200만 장 판매라는 공전의 히트를 기록하면서 단숨에 대세 밴드로 명성을 얻었다. 하지만 이런 성공을 뒤로 한 채 발표한 2집 앨범은 놀랍게도 어쿠스틱 레코드인 〈지앤알라이즈〉GN'R LIES였다. 헤비메탈의 전성기였던 80년대 하드록 사운드의 트렌드에 따라 비슷한 스타일의 음악으로 손쉽게 성공의 수순을 밟을 수도 있었으나, 아무도 예상치 못한 감미로운 사운드의 어쿠스틱 앨범을 들고 나온 것이다. 이들이 보여준 콘텐츠의 의외성은 당시 음악평론가들 사이에서도 크게 회자되었는데, 몇 년 후 들고 나온 3집 앨범 또한 기존의 하드록을 넘어서 프로그레시브, 로큰롤, 인더스트리얼과 오케스트라까지 수용한 새로운 형식의 앨범이었다. 더욱 놀라운 것은 이것이 40곡을 가득 채운 더블앨범 형식으로 발매되었다는 점이다. 관중들은 예상치 못한 행보와 음악적 콘텐츠에 열광했고, 이들은 당대 최고의 밴드 반열에 올라갈 수 있었다.

이제 사람들은 가격과 성능을 고려한 합리적 소비를 하지 않는다. 고객들은 가격과는 상관없이 브랜드 가치를 보고 지갑을 연다. 성공적인 브랜딩을 위해서는 이름만 들어도 설레는, 이성적으로 설명할 수 없는 매력으로 다른 브랜드와의 차별성을 제공해야 한다. 악동이라는 일관된 이미지를 가져가되 소비자가 예상치 못한 의외성을 통해 확고한 브랜딩을 구축했던 건즈 앤 로지스는 오늘날 고객에게 특별한 경험을 선사해 시장의 우위를 점하려는 기업들의 브랜딩 전략에 시사하는 바가 크다. 고객들이 어떠한 불편함을 감수하고도 제품을 구매하려는 이유, 그것이 바로 브랜드임을 기억하고 차별화된 경험을 통해 이들을 브랜드의 든든한 후원자로 만들어야 할 것이다.

3

레이지 어게인스트 더 머신,
영향력의 비밀

　강력한 하드코어 사운드에 맞춰 랩을 하며 사회적 메시지를 전달하는 유명한 밴드가 있다. 바로 '레이지 어게인스트 더 머신'Rage Against the Machine이라는 밴드이다. 이 밴드는 이름에서 볼 수 있듯이 분노로 가득 찬 밴드이다. 이들의 노래에는 기성세대와 현 체제에 대한 분노, 자본주의에 대한 분노, 정치와 사회 현상에 대한 분노가 가득 차 있다. 레이지 어게인스트 더 머신의 행동은 가히 혁명가에 가깝다. 이들은 음악을 통해 강력한 메시지를 전달하고, 실제로 그들의 이상을 실현하기 위한 혁명을 이루어내고 있다.

　1997년 워싱턴 경찰은 법원에 이들의 공연을 금지해 달라는 청원을 냈다. 이들 음악이 폭력적이고, 급진적이며, 체제에 반하는 범법적인 내용이라는 것이 이유였다. 1999년 뉴저지에서도 같은 일이 일어났다. 주지사가 나서서 공연을 보러 가지 말라는 권고를 할 정도였다. 이렇듯 사회적 이슈와 파장을 몰고 다니는 이 밴드는 앨범을 발매하자마자 앨범 차트 1위를 쓸어버리는 놀라운 저력을 과시하며 젊은이들에게 강한 영향력을 행사해 왔다. 젊은 세대가 이 밴드에 그토록 열광하는 이유는 그들이 좋아하는 트렌디한 음악이나, 반사회적인 메시지 때문이 아니다. 이들은 자신들이 가진 명확한 철학과 주관을 음악이라는 수단을 통해 표현했고, 그 메시지를 행동으로 실천함으로써 사회에 파괴적인 영향력을 행사해 왔기 때문이다. '세계에서 가장 위험한 밴드', '본격 좌파 밴드'라는 타이틀은 이런 맥락에서 이해될 수 있다.

| 밴드의 철학을 음악에 녹여내다 |

레이지 어게인스트 더 머신은 미국의 극좌파로 해석되는 흑표당^{Black Panther Party}의 급진적 흑인 민족주의자로 알려진 무미아 아부자말^{Mumia Abu-Jamal}의 무죄를 주장하는 곡인 '게릴라 라디오^{Guerrilla Radio}'를 작곡하며 무미아의 석방을 위한 무료 콘서트를 진행했다. 그들은 '무미아에게 자유를'이라는 표어를 외쳤다. 이 공연의 파급 효과가 얼마나 컸는지 무료 콘서트를 보러 온 사람들이 LA 경찰이 쏜 고무 총탄에 맞고, 강압적인 진압에 수십 명의 부상자가 나왔다. Saturday Night Live^{SNL} 프로그램에서는 미국 국기를 거꾸로 걸고 연주를 하려다가 제지를 당하고, 자본주의를 비판하는 노래

인 '슬립 나우 인 더 파이어'Sleep Now In The Fire를 뉴욕증권거래소 앞에서 부르다가 경찰에 의해 저지당했다. LA 건물관리 노동자들이 근로환경 개선에 대한 파업 시위에 참석해 파업 기금을 전달하기도 했다.

이들의 사회적 이슈에 대한 관심은 한국 노동자들에게도 뻗쳤다. 11년간 투쟁을 해온 기타 제조사 콜트Cort와 자회사 콜텍Cortek의 해고 노동자들의 복직투쟁을 응원한 것이다. 이들은 미국 로스앤젤레스 한인 타운의 시민단체 강당을 찾았다. 그리고 이 자리에서 한국 노동자들을 위해 직접 작곡했다는 노래를 선보였다. 레이지 어게인스트 더 머신은 한국 노동자들을 지지하기로 한 이유에 대해 이렇게 이야기했다. "한국 공장에서 정의와 존엄성을 지키려고 하기 때문이다. 이 사건을 접했을 때, 펜더 같은 여러 미국 브랜드의 기타들이 실제로는 한국에서 만들어졌다는 것에 놀랐다. 몇 주간 속성으로 공부를 했다. 미국에서 기타를 치는 대중이 알아야 할 사실이다. 나 같은 음악가는 메시지를 확대할 수 있다. 이런 중요한 문제들에 대한 실마리를 제공해준 한국 노동자들이 용감하다고 생각한다." 이들은 단순한 응원에서 한발 더 나아가 적극적인 활동을 펼쳤다. 일터에서 정의를 쟁취하지 못한다면 콜트, 콜텍은 물론 그들과 사업을 하는 업체에 대해서도 불매운동을 펼칠 것이라고 말하며, 실제 이들의 비즈니스 파트너인 펜더Fender사의 법률 자문과 홍보 책임자와 미팅을 하고, 해고 노동자들과 1시간 30분에 걸쳐 긴 대화를 나누며 문제를 해결하기 위해 다양한 노력을 펼쳤다. 이런 적극

성으로 이들은 평론가들 사이에서 '행동주의 음악가'라는 별명도 얻었다.

사실 레이지 어게인스트 더 머신의 핵심 멤버인 톰 모렐로[Tom Morello]는 단순한 극좌파 성향의 멤버가 아니었다. 그는 놀랍게도 하버드대 정치학과를 졸업하고, 캘리포니아 상원의원 보좌관으로 활동한 이력이 있는 소신 있는 사회운동가였다. 그는 노동조합의 일원이자, 10개가 넘는 사회단체의 회원으로 활동하고 있다. 국내 한 신문사의 인터뷰에서 레이지 어게인스트 더 머신은 "우리의 정치는 음악이다."라고 말하며, 음악을 정치적 투쟁의 수단으로 사용하고 있음을 알렸다. 톰 모렐로는 자신이 생각하는 이상적인 사회 건설과 메시지 전달을 위해 음악이라는 도구를 택했고, 학업 이외의 시간에 필사적으로 기타 연습에 매진하여 음악적 재능을 닦았다.

| 어떤 가치를 추구할 것인가를 먼저 고민하라 |

레이지 어게인스트 더 머신이 보여준 것처럼, 조직이 세계적으로 영향력을 끼치려면 먼저 그들만의 철학과 가치가 무엇인지 고민해 봐야 한다. 그리고 그것을 제품 또는 서비스에 녹여내야 한다. 또한, 그 철학과 가치를 전사적인 차원에서 실천하여 고객에게 진정성을 보여주어야 한다. 그렇듯 기업에서도 가장 선행되어야 할 것은 어떤 가치와 철학을 전달할 것인가에 대한 것이다. 그리고 이 소비자들 또한 단순히 성능 좋은 제품을 구매하거나 서비스를 이용하지는 않는다. 그들은 기업과 브랜드의 가치를 구매한다. 소비자는 브랜드와 자신을 동일시하는 경향이 있으며, 브랜드를 통해 스스로에게 가치를 부여하려고 하기 때문이다. 따라서 조직이 어떠한 가치를 가지고 갈 것인가는 기업의 생존에 있어 가장 중요한 이슈인 것이다.

것을 내부 고객인 직원들과 외부 고객인 소비자들 모두에게 어떻게 전달할 것인가에 대한 깊은 고민이 필요하다.

직원들이 기업에 바라는 것은 높은 연봉과 다양한 복리 후생 등 물질적인 보상이다. 충분한 물질적 보상만 이루어져도 조직은 쉽게 안정될 수 있다. 하지만, 장기적인 안목으로 접근해 보면, 물질적인 보상 이외에 무형의 가치가 있어야 한다는 점을 간과해서는 안 된다. 직원들은 철저하게 계산적으로 움직이는 것처럼 보이지만 그것을 뛰어넘는 무형의 가치에 의해 움직인다는 것을 알아야 한다. 소비자들 또한 단순히 성능 좋은 제품을 구매하거나 서비스를 이용하지는 않는다. 그들은 기업과 브랜드의 가치를 구매한다. 소비자는 브랜드와 자신을 동일시하는 경향이 있으며, 브랜드를 통해 스스로에게 가치를 부여하려고 하기 때문이다. 따라서 조직이 어떠한 가치를 가지고 갈 것인가는 기업의 생존에 있어 가장 중요한 이슈인 것이다.

블라인드 테스트를 통해 스타벅스의 커피와 맥도날드 커피를 비교한 이색적인 실험이 진행된 적이 있다. 그 결과 대부분의 사람들이 맛의 차이를 느낄 수 없다는 결과를 얻었다. 하지만, 아직도 사람들은 맥도날드가 아닌 스타벅스에 열광한다. 바로 스타벅스의 핵심은 제품이 아닌 기업의 철학과 가치에 있기 때문이다. 스타벅스는 소수의 전유물이었던 생두를 로스팅해 뽑은 배전두 커피를 대중적으로 끌어내어 많은 사람들에게 향기로운 아침을 제공했다. 그리고 그 철학과 가치를 사람들에게 알리기 시작했다. 사람들은 초록색 스타벅스의 로고가 그려진 컵으로 커피를 마시는 행위를 통해 스스로 가치가 있다고 생각하게 된 것이다. 레이지 어게인스트 더 머신의 핵심이 음악이 아닌 밴드가 추구하는 가치와 사회적 철학이었던 것처럼, 기업에서 상품에 앞서 선행되어야 하는 것은 바로 조직이 추구하는 가치인 것이다.

그리고 그 가치가 진정성 있게 전달될 때 영향력을 끼칠 수 있다. 레이지 어게인스트 더 머신은 자신들의 메시지를 가장 잘 전달하기 위한 방법으로 당시 젊은이들이 열광하던 하드코어라는 음악 장르를 선택했다. 그리고 정확한 가사 전달을 위해 노래를 하기보다는 '랩'이라는 록 밴드 역사상 전례 없는 보컬을 선보였다. 또한 이들은 쾌락과 유흥, 사랑을 노래하는 트렌디한 음악이 아니라, 자신들이 전달하려는 진정한 메시지, 사회적 가치, 이념을 담아 노래로 만들었다. 이것이 이들이 세계적으로 강한 영향력을 행사할 수 있었던 비결이었다.

2008년 LG 트윈스가 국내 프로야구에서 꼴찌를 하자 시즌 종료 후 신문 전면에 광고를 내보냈다. "부진한 성적보다 더 가슴이 아팠던 것은 뒤돌아서 가는 팬 여러분들의 모습을 보는 것이었습니다. 가장 절망적인 패배의 순간에도 떠나지 않고 함께해주신 팬

여러분들이 있었기에 LG 트윈스는 다시 뛸 수 있는 용기를 얻었습니다." 우리들은 좋은 성적을 거두고 성원에 감사한다는 메시지는 수없이 봐왔다. 하지만, 이처럼 최악의 결과 속에 사과 광고를 보낸 기업은 없었다. 많은 사람들이 진정성이 느껴지는 이 광고를 통해 감동을 받았고, LG 트윈스에 격려를 보냈을 뿐 아니라 기업의 이미지에도 긍정적인 영향력을 끼칠 수 있었다. 이것이 진정성 있는 메시지가 주는 힘이다.

마지막으로 레이지 어게인스트 더 머신이 보여준 것은 실행력이었다. 그들은 단순히 음악을 통해 메시지를 전달하는 데 그치지 않고 다양한 사회 참여를 통해 그들의 영향력을 더욱 키워갔다. 2009년 설립된 '나눔건설'이라는 신생 기업이 있다. 이 회사는 이름에서도 알 수 있듯이 나눔 실천이라는 덕목을 비전 중 하나로 내세워 그 가치를 실행에 옮기고 있는 기업이다. 이 회사는 창립 이후 쭉 초심을 잃지 않고 나눔을 실천하고 있다. 매출액의 0.5%를 사회에 환원하며 불우청소년, 독거노인 등 소외 계층에 대한 꾸준한 기부와 장학금 지원을 해왔다. 기업이 아무리 어려운 여건에 있어도 사회적 역할에 대한 초심을 잃지 않겠다는 이 기업은 기업의 가치를 실천으로 보여준 좋은 사례이다.

어떤 가치를 어떻게 담아 어떤 식으로 고객에게 전달할 것인가? 이것이 레이지 어게인스트 더 머신이 영향력을 행사하기 위해 고민했던 요소이다. 영속하는 조직은 단순히 물건을 팔아 이익을 남기는 것에서 멈추지 않았다. 그들은 가치를 전달해 영향력을 갖게 되었고 이를 통해 더욱 조직을 굳건히 세워나갔다. 레이지 어게 인스트 더 머신이 우리에게 보여준 메시지들은 영향력 있는 조직의 초석을 다지는 단초가 될 것이다.

4

플레이밍 립스에게서 배우는
혁신 조직의 비밀

얼터너티브 록의 대통령으로 불리며, 30년 동안 창의를 넘어 혁신을 거듭해온 밴드가 있다. 최우수 록 연주상 및 최우수 엔지니어 앨범상 부문에서 3회에 걸친 그래미상 수상, 영국의 음악 전문지 〈Q 매거진〉의 '당신이 죽기 전에 봐야 할 라이브 공연 베스트 50'에 선정된 플레이밍 립스The Flaming Lips가 그 주인공이다.

일반적으로 많은 밴드들이 새로운 음반 발매를 위해서 음반 매출량의 추이와 음악 차트 순위, 그리고 팬들의 반응을 살펴보며 음악적 변화를 시도한다. 시장 반응을 통해 대중에게 확실하게 먹히는 제품을 개발하기 위함이다. 그러나 미국 오클라호마주 출신의 인디 록 밴드 플레이밍 립스는 다른 행보를 보여 왔다. 음악 시장의 기성 시스템에 저항이라도 하듯, 대중의 반응은 아랑곳하지 않고 끊임없이 자신들만의 혁신적인 음악적 시도를 해온 것이다.

플레이밍 립스는 음악은 "듣는 것 이상으로 보는 것이다."라는 밴드의 모토를 가지고 있다. 그리고 이 모토는 이들의 공연에 고스란히 드러난다. 거대한 버섯 모양의 조형, 섬광 라이트, 커다란 헬륨 풍선 등 다양한 무대 장치와 특수 효과를 통해 음악 공연이라기보다 차라리 마술쇼에 가까운 환상적인 공연을 진행한다. "단 1초도 현실적이지 않았다." 2010년 내한 공연을 본 사람들의 평가였다. 그들은 음악 감상 수준에 머물러 있던 밴드 공연을 관객이 참여하여 새로운 경험을 하게 하는 이제까지의 밴드 공연에서는 보지 못한 시도를 통해 큰 센세이션을 불러 일으켰다.

이들은 음반을 발매할 때도 새로운 방법을 시도한다. 플레이밍 립스는 밸런타인데이에 음반을 발매했는데, 사람의 실제 심장과 동일한 형태의 초콜릿 안에 USB를 넣어 한정 판매로 발매했다. 또한 실제 사람의 두개골 모양에 USB 재생 방식의 음원 재생 시스템을 만들어 신곡을 발매했다. 이 음반의 가격은 무려 5,000달러로 책정되었는데, 불과 며칠 만에 매진되고 말았다. 해골 앨범에 들어 있는 신곡은 더욱 놀라웠는데, 이 해골에 삽입된 노래의 러닝 타임이 무려 24시간이었기 때문이다. 사실 이들은 이전에 이미 6시간짜리 곡을 발표한 이력이 있기 때문에 놀랍지는 않지만, 과히 혁신이라 불릴 만했다.

이들은 자신들만의 독특한 창의성을 라이브 공연에서 다양하게 시도하기로 유명한데, 대표적인 사례는 세계 기네스북에 등재

된 이들의 공연 기록이다. 자신들의 창의성을 공식적인 기록으로 남기고 싶었는지, 무슨 생각이었는지는 모르겠지만, 아무튼 이들은 독특한 공연을 하고 싶어 했고, 24시간 내에 서로 다른 도시에서 8번의 공연을 하며, 하루 동안 가장 많은 공연을 진행한 밴드로 기록되었다. 어떻게 플레이밍 립스는 이런 혁신을 끊임없이 보여 주며, 관중과 비평가들을 매료시킬 수 있었을까?

| 감각을 활용한 색다른 경험 제공 |

첫째, 이들은 고객에게 감각을 활용한 특별한 경험을 제공했다. 이들은 단순히 음악을 전달한 것이 아니라, 팬들에게 이들의 음악에 함께 참여할 수 있는 특별한 음악적 경험을 제공했다. 자신들의 음악을 어떤 방식으로 경험하게 할까 시작한 고민이 이들 창의의 원천이었다.

1996년 플레이밍 립스는 팬들을 음반 녹음에 참여시켰다. 녹음 방식은 일반적인 스튜디오 녹음과는 완전히 다른 방식이었다. 플레이밍 립스는 팬들을 주차장으로 집결시키고, 서로 다른 다양한 소리가 녹음된 40개의 테이프 중 한 개를 제공했다. 그리고 미리 준비된 40대의 자동차에 타게 하면서 제공받은 테이프를 자동차의 카세트 플레이어로 동시에 틀게 했다. 테이프를 재생함과 동시에 각 자동차의 스피커를 통해 흘러나오는 다양한 소리는 절묘하게 어울리며 하나의 음악이 되었다. 플레이밍 립스는 이 소리를 녹음하여 곡으로 만들었고, 이 주차장 실험은 실험 음악계의 큰 획을 긋는 사건으로 기록되었다.

그리고 이듬해 주차장 실험을 앨범으로 만든 〈자이르이카〉 Zaireeka를 발매했다. 이 앨범은 총 4장의 CD로 구성된 앨범인데, 이 또한 매우 독특한 형태로 구성되어 있었다. 4장의 CD에 각각 동일한 제목의 8곡이 수록되어 있는데, CD마다 서로 다른 트랙의 음원이 녹음되어 있었던 것이다. 따라서 완전한 한 곡을 감상하기 위해서는 4대의 CD 플레이어에 CD 4장을 각각 집어넣고 동시에 플레이를 해야만 했다. 이런 시도 덕분에 팬들은 이 앨범을 각자의 취향과 기호에 따라 노래를 들을 수 있었다. 1번 CD와 3번 CD만 동시에 틀어서 듣거나, 2번과 3번을 같이 듣거나 하는 식인 것이다. 의도적으로 동시에 감상할 수밖에 없이 제작된 4장의 CD 덕분에 친구들이 CD 플레이어를 짊어지고 와야만 완전한 앨범 감상이 가능했지만 이런 독특한 경험에 팬들은 열광했다. 플레이밍 립스의 성공은 이처럼 팬들로 하여금 단순히 수동적으로 음악을 듣는 것에서 그치는 것이 아니라, 주도적으로 다양한 시도를 경험할 수 있게 한 데 있었다.

비즈니스에 플레이밍 립스를 적용해 보자. 플레이밍 립스는 소리라는 감각을 경험으로 승화시켜 고객들에게 이를 각인시켰다. 이것은 제품과 브랜드를 오래 기억하게 하기 위한 전략이었다. 고객들에게 남는 것은 결국 제품이나 서비스가 아닌 머리 속에 각인된 기억이다. 감각으로 받아들이면 기억력이 향상되기 때문이다.

이는 심리학에서 말하는 체화 인지Embodied cognition와 비슷한 개념이다.

체화 인지란 사람의 인지과정 및 결정은 일상생활에서 경험하는 촉감과 후각과 같은 감각운동의 영향을 받는다는 이론이다. 즉 인간이 정보를 처리하는 과정은 뇌뿐만 아니라 우리의 신체와도 관련되어 있다는 것이다. 예일대 심리학과 교수 존 바그John Barg는 2008년 흥미로운 실험을 진행한다. 따뜻한 커피나 차를 들고 있는 사람들이 찬 커피나 차를 들고 있는 사람들보다 모르는 사람에 대해 더 긍정적인, 따뜻한 평가를 하는 경향이 높다는 것이다. 즉 자신이 지각한 온도가 낯선 사람을 인지하는데 영향을 미쳤다는 것이다.

플레이밍 립스가 보여준 것처럼 최근에는 비즈니스에서도 이런 감각을 활용한 새로운 시도들이 많이 일어나고 있다. 다양한 감각적 경험을 적극적으로 제공하여 소비자들이 제품을 구입하고 소비하는 과정에서 자연스럽게 브랜드를 느끼도록 하는 전략인 것이다. BMW에는 엔진소리, 문소리, 지시 및 경고 안내음, 와이퍼가 창문을 닦는 소리까지 연구하는 사운드 디자이너와 음향 엔지니어들이 있다. 이들의 역할은 차의 종류에 따라 차의 성격이 드러나고 소비자들이 이를 느낄 수 있는 소리를 만드는 것이다. 사실 이들이 만들어내는 소리는 차의 성능과 아무런 관련이 없다. 하지만 소리를 듣고 느끼는 소비자들의 감각 경험은 소비 경험에 중요한 영향을 미친다.

일본의 쌀가게 아코메야Akomeya의 사례를 확인해 보자. 아코메야는 살인적인 땅값을 자랑하는 긴자 한복판에 쌀가게를 열었다. 하지만 이곳은 단순한 쌀가게가 아니다. 판매하는 20여 종의 쌀로 지은 밥을 직접 맛보게 한다. 매장에서는 단지 밥뿐만 아니라 다양한 반찬과 프리미엄 사케 그리고 세련된 디자인의 주방용품도 함께 판매한다. 아코메야는 다이닝 라이프 스타일을 표방하고 나온 최초의 쌀집이었다. 이들의 성공요인은 바로 감각적인 경험을 제공했다는 것에 있다. 아코메야 매장에는 다양한 맛과 냄새, 매장의 배경 음악과 감각적 디자인에서 오는 시각적인 요소들이 어우러진다는 특징이 있었다. 즉 인간의 오감을 적절히 자극시키는 체험을 제공해서 고객의 감성을 잡고, 궁극적으로는 고객이 머릿속에 브랜드와 제품을 기억하게 하는 전략을 펼친 것이다.

| 제한된 리소스를 창의로 승화시키다 |

둘째, 플레이밍 립스는 혁신을 위해 팀 내 리소스를 제한하는 방식을 사용했다. 제한된 상황에 자신들을 몰아붙여 극단적 상황에서 나오는 영감을 통해 혁신을 일으켰다. "적은 것으로 많은 일을 할 것." 이것이 그들이 일하는 방식이다. 플레이밍 립스는 그들의 가지고 있는 모든 자원을 최대한 활용한다. 일부 무대 설비 및 공연 기획전문가들은 그들의 화려한 무대 배경과 조명 시스템, 무대 기술을 보고 수만 달러가 들어가는 작업이라고 말한다. 그

러나 플레이밍 립스가 소속되어 있는 레코드사인 워너 브라더스 레코드Warner Brothers Records의 이전 CEO 스티븐 베이커Steven Baker에 따르면, 그것은 잘못된 정보라고 한다. "플레이밍 립스는 화려한 조명을 활용한 최고의 무대를 선사하지만 사실 그것들은 에이스 하드웨어Ace Hardware(미국 대형 잡화 마트)에서 가지고 온 것이죠." 실제로 그들은 연말 공연 진행 시 크리스마스 분위기를 연출하기 위해 수많은 조명장치를 설치했는데, 이 무대를 위해 수만 달러의 무대장치를 설치한 것이 아니라, 여자 친구 집에서 크리스마스 전구를 가져와 설치했다고 한다. 플레이밍 립스는 결핍의 문제를 해결하기 위해, 창의적인 문제 해결 프로세스를 만들어냈고, 이것이 곧 혁신의 뿌리가 되었다.

인지심리학계의 최근 연구조사에서 변수를 제한할 때 창의적 해법의 잠재력이 증폭한다는 결론을 얻었다. 창의력은 구속과 제한으로부터 나온다는 점을 밝혀낸 것이다. 일반적인 상식과는 대조적으로 자유로운 환경에서 창의가 나오는 것이 아니라, 오히려 제한된 환경에서 나온다는 것을 보여준 것이다. 대부분의 비즈니스에서 넉넉한 예산과 자원을 가지고 프로젝트를 진행하는 경우는 거의 없다. 제한된 시간과 자원으로 목표하는 성과를 내야 한다. 하지만 이런 결핍이

대부분의 비즈니스에서 넉넉한 예산과 자원을 가지고 프로젝트를 진행하는 경우는 거의 없다. 제한된 시간과 자원으로 목표하는 성과를 내야 한다. 하지만 이런 결핍이 오히려 플레이밍 립스가 보여준 큰 혁신을 가져올 수 있다. 제한된 리소스의 활용을 극대화하기 위해 선택과 집중이라는 중요한 경영 원리에 따른 결정을 하기 때문이다.

스타트업, 록스타처럼 성공하라

오히려 플레이밍 립스가 보여준 큰 혁신을 가져올 수 있다. 제한된 리소스의 활용을 극대화하기 위해 선택과 집중이라는 중요한 경영 원리에 따른 결정을 하기 때문이다. 제한된 자원을 오히려 혁신의 원동력으로 삼아 큰 부가가치를 창출해 낼 수 있기 때문이다.

인도의 타타 나노$^{Tata\ Nano}$ 자동차의 사례를 살펴보자. 타타 그룹의 회장인 라탄 타타$^{Ratan\ Tata}$는 어느 날 스쿠터 한 대에 어린아이를 포함한 일가족 네 명이 타고 가는 것을 목격한 후 스쿠터 및 오토바이를 대신할 안전하고 저렴한 운송수단을 만들기로 했다. 그리고 2008년 출시 당시 250만 원이라는 세계에서 가장 싼 자동차인 나노가 탄생했다. 타타는 가장 저렴한 가격이라는 큰 명제를 두고 이를 실현하기 위한 다양한 방법을 모색했다. 우선 차 크기를 줄였다. 따라서 타이어는 더욱 작아졌고 휠에는 3개의 너트만으로 충분했다. 엔진은 2기통으로 했다. 에어백은 물론 라디오, 안개등, 히터, 에어컨도 뺐다. 사이드미러와, 와이퍼도 하나만 뒀다. 트렁크는 따로 없이 뒷좌석을 접어 사용하도록 했다. 그 결과는 미국의 최고 혁신상으로 인정받고 있는 '에디슨 어워드' 금상을 비롯한 4개 부문 수상과 34개의 기술특허였다. 제한된 리소스로 혁신을 이뤄낸 것이다.

4명의 스탠퍼드대학교의 학생들이 프로젝트로 만든 보급형 인큐베이터 임브레이스 인펀트 워머$^{Embrace\ Infant\ Warmer}$ 또한 제한된 리소스로 놀라운 혁신을 이뤄낸 사례이다. 임브레이스 인펀트 워머는 저체중으로 태어난 신생아들의 체온을 따뜻하게 유지할 수 있는 워머Warmer이다. 이것이 혁신이라고 말하는 이유는 2만 달러에 달하는 인큐베이터를 이용할 경제적 여건이 되지 않아 죽어가는 아이들에게 단돈 25달러짜리 보급형 인큐베이터를 만들어 주었기 때문이다. 값비싼 인큐베이터를 이용할 수 없는 개발도상국의 부모들은 뜨거운 물병이나 불의 열기로 아이들의 체온을 유지하려고 했으나 생명을 구하기에는 역부족이었다. 하지만, 스탠퍼드의 학생들은 최소한의 비용으로 체온을 유지할 방법을 연구하다가 전혀 새로운 개념의 인큐베이터를 생각해낸다. 히터, 파우치, 침낭 세 파트로 구성된 워머 인큐베이터는 히터를 통해 20분간 파우치를 충전한 후 침낭 안에 아이를 눕히면 파우치가 4시간에서 6시간까지 적정 온도를 유지하며 아이의 체온을 보호한다. 이 프로젝트의 리더였던 제인 첸Jane Chen은 전 세계 미디어의 이목을 끌며 본격적으로 사업을 구상하게 되었고, 2011년 임브레이스Embrace의 CEO가 되면서 지금까지도 아이들의 생명을 지키는 노력을 지속하고 있다.

| 새로운 업무 프로세스를 시도하라 |

셋째, 플레이밍 립스는 창의적 발상과 음악적 혁신을 위해 그들의 업무 프로세스를 꾸준히 변화시켜왔다. 밴드의 리드 보컬인 웨인 코인Wayne Coyne은 기타를 치며 작곡을 하던 프로세스에서 키보드를 이용하는 방식으로 바꾸었다. 2013년에 발매한 〈더 테러〉

스타트업, 록스타처럼 성공하라

The Terror 앨범부터는 또 다른 작곡 방식을 적용했는데, 일반적으로 구조화된 코드 진행으로 곡을 만드는 것이 아니라, 멤버들끼리 즉흥 연주를 통해 나온 음악을 수록했다. 플레이밍 립스는 이렇게 기존의 업무 프로세스를 답습하는 것이 아니라 계속해서 개선해 나가며, 창의적인 결과물을 얻기 위해 보다 나은 프로세스를 개발하고 적용하려고 노력했다.

업무의 효율은 단순히 열심히 하는 것이 아니라 똑똑하게 해야 새로운 가치를 창출할 수 있다. 끊임없이 변화하는 비즈니스 환경에서는 이에 맞게 새로운 프로세스와 효과적인 업무 방식을 도입하기 위해 노력해야 한다. ION 인베스트먼트 그룹의 마케팅 책임자 낸시 피어슨Nancy Pearson 은 새로운 접근 방식으로 업무 프로세스에 변화를 주기 위해서는 프로세스의 유연성이 중요하다고 한다. 비즈니스 프로세스는 주변의 환경과 변화를 감지해서 대안을 분석하고 작업자가 상황에 따라 업무처리 방식을 변경할 수 있도록 해야 한다는 것이다.

대표적인 SPASpecialty stores / retailers of Private-label Apparel 브랜드인 유니클로UNIQLO 가 시장을 석권할 수 있었던 이유는 업무 프로세스를 꾸준히 개선해 왔기 때문이다. 의류시장은 값이 비싸고, 팔아도 이윤이 크지 않으면서 경쟁이 치열한 레드 오션이다. 하지만 유니클로는 이를 또 다른 기회로 바라보고 생산, 유통, 판매 과정의 혁신을 통해 시장에서 큰 성장을 이룰 수 있었다. 유니클로는 원재료에서 판매에 이르는 모든 단계의 비용을 최소화했다.

기존의 의류 산업은 생산업체와 유통업체가 철저히 분리되어 있었다. 제조와 판매에 단계가 많다는 것은 비용의 증가를 의미한다. 변화 주기가 빠른 의류 산업에서 단계가 많으면 소비자의 기호를 재빨리 포착하고 대응하기가 어려워진다. 따라서 안 팔리는 제품을 처분하고 새로운 디자인을 내놓으려면 더욱 빠르고 효율적인 프로세스가 필요했다. 기존 의류 업체들이 위험 분산을 위해 디자인, 생산, 유통을 분리한 것과는 정반대의 전략이었다. 따라서 한 회사가 제품기획, 디자인, 생산, 물류, 판매를 모두 관리하는 수직적인 통합 시스템으로 변경했다.

사실 이렇게 프로세스를 개선하고자 하는 유니클로의 노력은 야나이 다다시柳井正 회장에 앞서 그의 선친이 운영하던 동네의 작은 양복점 오고리小郡상사를 운영하던 시절부터 시작됐다. 당시 대부분의 의류 소매상은 위탁 판매 방식을 사용했다. 팔린 물건에 대해서만 대금을 지불하고 나머지는 반품하는 방식이었다. 하지만 오고리상사는 위탁 판매 대신 선불 매입 방식을 사용했다. 그 결과 오고리상사는 구매한 제품에 대한 재고 부담이 큰 대신 상품을 보다 유리한 조건으로 구매할 수 있었고, 재고에 관해서는 자율적으로 할인한 가격으로 판매할 수 있었다. 대를 이어 내려온 업무 프로세스의 개선이 결국 지금의 유니클로를 있게 한 셈이다.

뉴욕에 베이스를 둔 화물 항공사 아틀라스항공Atlas Air 은 전 세계에 항공 화물을 운송하는 아웃소싱 업체이다. 항공 화물 수송 산업은 매우 복잡하고 역동적인 업무 특성을 가지고 있다. 화물

　　　　　　　　　　　　　　　스타트업, 록스타처럼 성공하라

항공기는 목적지가 다양하고 새로운 장소도 많으며, 사전 통지 기간도 매우 짧다. 항공기의 정비부터 승무원의 숙박에 이르는 다양한 요소들을 복잡하게 운영하고 관리해야 한다. 이들은 모든 의사결정을 자사 시스템, 납품업체, 정부 기관 시스템을 통해 받은 다양한 정보를 수기로 종합하여 판단했다. 따라서 의사 결정이 늦고 실수도 잦았다. 아틀라스항공은 이런 프로세스의 단점을 보완하기 위해 상황의 변화에 맞춰 자동으로 수정하여 사용할 수 있도록 '유연성 관리'의 기능을 제공하는 비즈니스 프로세스 관리 솔루션을 구현했다. 이런 유연성 관리 시스템의 도입은 출발에 임박해서 도착한 화물을 위해 이륙을 보류할 것인지 말 것인지와 같은 특수한 변수에 대한 의사결정을 용이하게 할 수 있었다.

조직은 혁신과 이를 통한 발전을 통해 생존해 왔다. 모든 기업들이 혁신이 필요하다고 막연히 생각하지만, 실제 혁신에 성공한 사례는 손에 꼽을 정도로 드물다. 이는 혁신이라는 것 자체가 어려운 일이기도 하지만, 어떠한 전략을 펼쳐야 하는가에 대한 고민이 부족하기 때문이기도 하다. 플레이밍 립스는 이전에 없었던 새로운 방식으로 고객에게 제품을 선사했고, 제한된 자원으로 성과를 내기 위해 다양한 시도를 했다. 또한 업무 프로세스를 개선하려는 꾸준한 노력을 통해 지속적인 혁신을 이뤄냈다. 플레이밍 립스가 보여준 방식들은 혁신을 위해 어떠한 노력들이 필요한가에 대해 다시 한 번 반추해보는 계기가 될 것이다.

5

비틀스,
영향력의 비밀

세계적으로 정치, 사회, 문화에 대 변혁을 가져온 밴드. 모든 하드록과 헤비메탈의 원형이 된 밴드. 역사상 가장 많은 음반을 판매한 밴드. 빌보드가 선정한 역대 가장 성공하고 핫한 100인의 아티스트 1위. 20세기 가장 영향력 있는 100인. 스테레오로 음반을 녹음한 첫 번째 아티스트. 앨범에 가사를 실은 최초의 밴드. 5년 동안 가장 많은 앨범과 싱글을 발매한 그룹.

이런 수많은 수식어로도 온전히 표현하지 못하는 밴드가 있으니, 바로 비틀스 이야기이다. 비틀스는 수많은 수상 이력 이외에도 모든 음악의 기원은 비틀스 이전과 이후로 나뉜다고 할 수 있을 정도로 후대 음악에 음악적 영감의 원천이 된 밴드이다. 그리고 이들은 이 모든 것을 단 7년이라는 짧은 활동 기간 동안 이루어냄으로써 대중음악계의 전설이 되었다. 짧은 활동 기간에도 불과하고 전 세계를 강타한 비틀스의 영향력의 요인은 무엇일까?

비틀스를 분석한 수많은 연구결과들이 있지만, 이들 성공의 핵심은 바로 뛰어난 제품력에 있었다. 이들의 곡은 시대의 흐름과 고객들의 니즈와 정확히 맞아 떨어졌으며, 비틀스라는 브랜드와 우수한 품질로 고객을 열광케 했다. 먼저 이들은 트렌드를 읽어내는 관점이 탁월했다. 그리고 60년대의 10대라는 명확한 고객층을 타깃으로 하고 있었다. 1960년대는 2차 세계대전 이후 베이비붐 세대가 경제적 호황에 힘입어 경제적 독립을 이룬 시기였다. 경제적으로 여유가 생기자 젊은이들은 자신들만의 문화를 구축하고자 했다. 이 시기는 역사상 처음으로, 10대들이 부모 세대와는 차별화된 신세대로 구분된 시기였다. 60년대 10대들은 그들의 패션과 라이프스타일 그리고 그들만의 음악이 있었다. 이런 시대의 정서와 흐름을 캐치한 비틀스는 신세대를 대표하는 정신과 음악을 통해 60년대 문화의 중심이 되었던 것이다.

비틀스의 등장 이전에도 로큰롤은 존재했다. 버디 홀리Buddy Holly, 척 베리Chuck Berry, 밥 딜런Bob Dylan, 엘비스 프레슬리Elvis Presley가 있었다. 하지만 로큰롤과 히피, 포크를 적절히 섞어 새로운 세대의 입맛에 맞는 곡으로 녹여낸 것은 비틀스였다. 그들이 내놓은 곡의 가사는 사랑에 관한 것이고 멤버들의 소소한 일상에서 얻은 영감으로 작곡되었다. 즉 남녀 간의 사랑 이야기를 담은 전형적인 아이돌의 노래였다. 60년대 10대들은 비틀스의 노래를 들으며 춤을 추었고, 추억을 공유했고, 이들의 가사를 통해 사랑을 고백했다. 이들의 인기는 현재 오빠 부대의 원형인 비틀매니아^{Beatlemania}라는 팬클럽을 중심으로 빠르게 전 세계로 확산되었다. 비틀스는 세대 간의 차이를 표출하는 통로였던 셈이다. 당시 청바지나 럭비셔츠를 입는 것이 전부였던 젊은 세대에게는 몸에 딱 달라붙는 스키니 슈트에 바가지 머리의 미소년 이미지는 그들이 추구해야 할 표상이었던 것이다.

| 시대의 트렌드를 반영한 정확한 타기팅 |

기업이 세계적으로 영향력 있는 제품을 만들려면 단순한 니즈 조사로는 부족하다. 거대한 시대의 조류를 읽은 메가트렌드의 관점에서 접근해야 한다. 유행이 아닌 트렌드를 반영한 제품이 필요한 것이다. 이 시대의 문화, 소비, 경제의 흐름을 통해 향후 10년을 내다보는 분석을 통한 상품 개발이 필요한 것이다. 디지털미디어, 모바일단말기, 소프트웨어, 인터넷으로 변화에 대처하지 못한 기업들은 몰락했다. 베스트셀러였던 수많은 제품들이 디지털 기술혁신에 따른 신제품 등장으로 설 자리를 잃었다. 차세대 멀티미디어 장치라 불렸던 블루레이 디스크^{Blu-ray Disc}는 스트리밍 서비스에 밀려났으며, 스마트폰의 등장은 디지털 카메라, 음악시장, 금융 시장의 기업 환경에 큰 충격을 주었다. 시대의 흐름을 한 걸음 앞서 읽는 눈과 더불어 집중해야 할 것은 정확한 타기팅이다. 비틀스가 60

년대 10대라는 구체적인 타깃을 가지고 있었듯이, 제품 개발단계에서 명확한 타깃의 설정은 제품의 성패를 좌우하는 핵심 요소인 것이다.

중국의 가전 회사 하이얼HAIER은 〈포춘〉Furtune지가 선정한 500대 기업 중 하나로 세계시장에서 급성장하고 있는 유망 기업이다. 이들의 성공

시대의 흐름을 한 걸음 앞서 읽는 눈과 더불어 집중해야 할 것은 정확한 타기팅이다. 비틀스가 60년대 10대라는 구체적인 타깃을 가지고 있었듯이, 제품 개발단계에서 명확한 타깃의 설정은 제품의 성패를 좌우하는 핵심 요소인 것이다. 시대의 흐름을 파악하라. 그리고 정확히 타기팅하라. 이것이 비틀스의 성공 요인이었다.

원인은 소비자의 니즈를 파악한 정확한 타기팅에 있었다. 하이얼 콜센터에 소비자 불만이 접수됐다. 소비자의 불만은 하이얼 세탁기로 세탁했을 때 바닥에 이물질이 남는다는 내용이었다. 담당 직원이 소비자의 집에 찾아갔다. 그리고 놀라운 광경을 목격하게 되는데 소비자가 세탁기로 감자를 씻었던 것이다. 이후 하이얼은 감자와 옷을 동시에 세척할 수 있는 세탁기를 개발했다. 하이얼이 미국에 진출했을 때는 대학생 기숙사에서 음식이 자주 없어진다는 니즈를 파악하고 잠금장치가 달린 냉장고를 만들었다. 대형 TV가 대세인 마켓에서 손잡이가 달린 22인치 소형 TV로 세계 시장을 공략했다. 미국 토크쇼의 여왕으로 불리는 오프라 윈프리가 추천한 선물 리스트에 포함되어 일명 '오프라윈프리 TV'라 불리는 이 제품은 이동과 설치가 간편해 어린이나 노인들도 손쉽게 이동시킬 수 있었다. 시대의 흐름을 파악하라. 그리고 정확히 타기팅하라. 이것이 비틀스의 성공 요인이었다.

그렇다면 정확한 타기팅에 이어 트렌드를 읽을 수 있는 방법은 무엇일까?

트렌드는 현대 사회에서 일어나고 있는 시대적 조류를 말한다. 따라서 트렌드를 읽는다는 것은 정확한 미래를 예측하는 것이 아니라, 어느 방향으로 변화가 일어나는지 지켜보는 것이다. 시대의 흐름에 따라 산업이 어떤 방향으로 움직이는지, 조직은 어떻게 반응해야 하는지, 어떤 서비스를 준비해야 하는 것인지 고민해 보는 것이다. 따라서 트렌드를 알고자 할 때 가장 중요한 요소는 바로 관찰과 관심이다. 빅데이터를 기반으로 공급자와 소비자를 연결하는 매칭 플랫폼 서비스를 운영하는 마켓디자이너스Market Designers의 최경희 최고문화책임자CCO는 인터뷰를 통해 트렌드를 읽는 자신만의 비결을 밝힌 바 있다. "SNS나 지인들의 대화를 통해 새로운 키워드를 세 번 이상 접하게 되면 반드시 공부를 시작한다. 관련된 책을 사고 웹서핑을 한다. 아직 새로운 키워드에 관련된 자료가 많지 않지만, 일단 남보다 먼저 아는 것이 중요하기 때문이다. 그렇게 공부를 하고 있으면 1, 2년 뒤 관련 서적이 늘기 시작하고 대기업에서는 관련 부서가 생겨난다." 거창한 세미나나 특강, 공개 강의에 참석하는 것이 아니고 주변에 대해 관심을 갖고 관찰하기 시작하면 흐름을 알 수 있다는 것이다.

그녀는 트렌드를 더욱 빨리 캐치하기 위한 아주 유용한 팁을 소개했는데, 이는 채용 플랫폼의 헤드헌팅 세션을 보는 것이다. 대기업에서 차장, 부장급 인력을 채용하는 분야가 가장 핫한 곳이다. 부서를 신설한다는 의미이기 때문이다. 1년 뒤에는 팀원을 충원하고 2년 뒤에는 관련 분야의 신입 사원을 뽑는다. 따라서 이 곳을 유심히 들여다본다면 전체적인 산업군이 움직이는 트렌드를 알 수 있다는 것이다. 트렌드를 읽는데 한 가지 유념해야 할 점은 새롭게 나타난 신기술이나, 사회적 이슈를 트렌드로 착각하기 쉽다는 것이다. 매일 등장하는 테크놀로지나 과학기술, 사회현상들은 사실 트렌드가 되지 못하고 사라지거나 굳이 현 시점에서 필요 없는 것이 대부분이다. 그중에 미래를 좌우하는 트렌드로 흐르는 키워드들은 상당히 제한적이다. 따라서 단순히 새로운 기술과 현상에 매몰되는 것이 아니라, 소비자들의 수요와 욕구가 분명한지, 그리고 그러한 수요를 충족시키기 위해 무엇이 필요하고 보강해야 하는지에 대한 면밀한 검토가 필요하다.

│ 누구에게나 편리한 매력적인 제품 │

비틀스 성공의 또 다른 요인은 이들이 누구나 공감할 수 있는 매력적인 제품을 가지고 있었다는 것이다. 비틀스 히트송의 비결을 파헤치기 위해 많은 연구팀들은 화성학적으로 분석한 다양한 견해를 내놓았다. 코드 진행과 변칙적인 코러스 진행 등 다양한 요소가 있었지만 한마디로 말하자면, 이들 노래의 비결은 누구나 따라 부를 수 있는 멜로디에 있었다. 누구나 일을 할 때나 데이트를 할 때나 입으로 흥얼거리며 따라 부를 수 있는 노래를 만든 것이다. 즉 이들 제품은 누구나 쉽게 사용할 수 있도록 제작되었다. '이것은 우리들만의 문화야'라며 속사포 랩을 자랑하는 일부 세대에 국한된 음악이 아니었다. 메인 멜로디 없이 화성으로만 구성된 뭔가 어렵지만 있어 보이는 재즈 음악도 아니었다. 이들의 히트곡은 멜로디 위주의 듣기 편하고 따라 부르기 쉬운 노래였다. '렛 잇비'Let it be, '예스터데이'Yesterday, '헤이 주드'Hey Jude처럼 단순하고 정말 쉬운 멜로디인데 기가 막히게 듣기 좋은 노래라는 것이다. 이런 제품의 원리를 통해 비틀스의 노래는 세계에서 가장 많이 리메이크되었고, 후대의 기호와 취향이 반영되어 지속적으로 불림에 따라 거대한 영향력을 행사할 수 있었던 것이다.

기업에서 히트 제품을 만들려면 비틀스의 곡처럼 누구나 손에 잡으면 쉽게 사용할 수 있는 직관적인 제품이어야 한다. 단순함을 추구하는 직관적 소비 시대에는 쓰기 편해야 좋은 제품인 것이다. 일본 디자이너 후카사와 나오토는 CD플레이어에 이 개념을 도입했다. 나오토는 소비자의 무의식적인 행동을 관찰해 무의식적인 행위를 유발하는 요소를 제품 개발에 반영하는 디자이너로 유명하다. 나오토는 환풍기를 켜고 끌 때 줄을 잡아당기는 것처럼 CD플레이어도 온오프 버튼 대신 줄을 잡아당겨 작동시킬 수 있도록 디자인했다. 사용자는 이 CD플레이어를 처음 보고도 어떻게 작동해야 하는지 직관적으로 알 수 있는 것이다. 이 제품은 무지Muji양행의 대표 상품으로 꼽히며, 꾸준히 높은 판매율을 보이고 있다.

80년대 퍼스널 컴퓨터 도입 당시 사용자들은 PC를 사용하기 위해 검은 화면에 사용자가 커맨드를 입력하는 명령어 인터페이스를 사용해야 했다. 수많은 커맨드를 외우고 있어야 PC의 기능을 사용할 수 있었던 시기에 마우스로 제어하는 그래픽 인터페이스를 선보인 컴퓨터가 있었으니, 바로 1984년 처음 출시된 매킨토시였다. 매뉴얼을 보지 않고도 작동할 수 있는 직관적인 UI^{User Interface} 덕분에 누구나 쉽게 컴퓨터를 사용할 수 있게 된 것이다. 이는 훗날 빌 게이츠에 의해 윈도우로 재창조되었고 전 세계에 큰 영향을 미쳤음은 말할 것도 없다.

누구나 쉽게 사용할 수 있는 편리하고 직관적인 제품은 일시적인 유행과는 거리가 있다. 제품을 지속적으로 개선하는 과정에서 나온 결과이기 때문이다. 어렵다면 쉽게, 낯설다면 익숙하게, 불편하다면 편리하게 조금씩 제품의 방향을 변경해가며 누구나 쉽게 다가갈 수 있는 제품을 만들면 된다. 단순하지만 아름다운 비틀즈의 멜로디처럼 말이다.

이제 조직이 어떤 식으로 영향력을 행사할 수 있을지 고민하기 전에, 비틀스의 교훈을 생각해보자. 시대의 트렌드를 파악하고 타기팅을 명확히 했으며, 이를 통해 고객의 눈높이에 맞는 매력적인 제품을 만든 것. 이것이 비틀즈가 짧은 기간 동안 역사적인 영향력을 끼칠 수 있었던 비밀이며 우리가 배워야 할 교훈인 것이다.

6

조직의 히트곡을
버려야 산다

코닥^{Kodak}은 1888년 세계 최초의 필름 카메라를 발명한 이후 1980년대까지 카메라 시장에서 주도권을 놓치지 않았다. 1981년 소니^{Sony}는 마비카^{Mavica}라는 최초의 상업용 디지털 카메라를 출시한다. 코닥의 경영진들은 디지털 카메라의 위협에 대해 분석해봤지만, 마진이 기존 산업의 4분의 1 수준인 15%에 불과한 디지털 카메라 산업은 고려의 대상이 아니었다. 결국 리스크가 큰 신생사업에 뛰어들기보다는 안정적인 기존 사업을 잘 굴리기로 결정한다. 그렇게 2000년대까지 필름사업부를 끌어안은 채 디지털 카메라 시장을 외면했다. 그 결과 어떻게 되었을까? 주가는 반 토막이 났고, 구조조정에 의해 직원의 3분의 2가 잘려나가는 고통을 감수해야 했다.

1899년 디트로이트 시내에서 소규모 잡화점으로 시작한 K마트 $^{K-Mart}$ 는 꾸준한 성장을 통해 미국 전역에 2,000개의 매장을 보유하며 유통업체의 공룡으로 시장에 군림해 왔다. 회사 설립 100년이 지난 2012년 어느 날, K마트는 파산을 선언한다. 시장의 흐름을 읽지 못하고 혁신보다는 기존의 경영 방침과 전략을 고수한 결과였다. K마트는 사업 초기부터 고품질의 브랜드 상품 유통을 통해 고객의 신뢰를 얻어 왔다. 전국적인 인지도가 떨어지거나 할인점에서 취급하기 힘든 제품의 경우에만 자체 상표를 사용했다. 하지만 시간이 흐르자 이런 고품질 전략으로는 유통 시장에서 살아남기 힘들어졌다. 경쟁사들은 상시 저가 상품을 통해 고객을 만족시키고 있었고, 효율적인 물류시스템 구축을 통해 더욱 저렴한 가격에 양질의 제품을 쏟아냈다. 점점 복잡해지는 유통시장 속에 거의 무대응에 가까운 관례적인 매장 운영, 재고 관리 및 구매 전산화 시스템 도입에 대한 직원들의 반대 등 초지일관 기존의 경영 환경과 방식을 유지하다가 월마트 $^{Wall-Mart}$ 에 주도권을 내주고 말았다.

이들은 별다른 위기의식 없이 현실에 안주하다 돌이킬 수 없는 실패를 경험한 기업들이다. 뒤늦게 새로운 경영전략과 사업의 다각화를 통해 기사회생을 시도했지만, 결과는 참담했다. 성공가도를 달리던 이들 기업은 거대해진 몸집 때문에 주변 환경의 변화에 둔감할 수밖에 없었다. 자신을 돌아보며 변화를 시도할 필요를 느끼기가 힘들었던 것이다.

엄청난 성공 속에서도 안정을 추구하지 않고 끊임없는 노력으로 명실공히 세계적인 밴드로 발돋움한 밴드가 있다. 바로 라디오헤드Radiohead이다. 라디오헤드가 밴드 음악계에 끼친 영향력은 실로 엄청났다. 이들에게 영향을 받은 후대 밴드들을 통칭해 라디오헤디즘Radioheadism이라는 용어로 분류할 만큼 이들의 등장 이후 밴드 음악에 엄청난 지각 변동이 일어난 까닭이다. 뿐만 아니라 라디오헤드는 '머큐리상'Mercury Prize, '큐 어워드'Q Award, '그래미 어워드'Grammy Award, MTV 어워드 등 다양한 음악 분야의 수상후보로 70번이나 올라 그중 18번을 수상했으니 명실공히 음악성을 인정받은 슈퍼 밴드이다.

| 히트곡을 과감히 처분하다 |

이런 라디오헤드도 결성 초기에는 고전을 면치 못했다. 1992년 EP앨범인 〈드릴〉Drill을 발표했지만 큰 주목을 받지 못했다. 그해 말 라디오헤드는 우리나라에도 잘 알려진 〈크립〉Creep이라는 싱글 곡을 발매했지만, 당시의 반응은 썩 신통치 않았다. 우울한 가사 때문에 영국 BBC 라디오의 블랙리스트로 분류되었기 때문이다. 그런데 우연치 않게 이 곡이 미국의 한 방송국에서 전파를 타면서 미국 전역을 강타하는 히트곡으로 등극하게 된다. 미국의 인기에 힘입어 새롭게 영국 언론의 주목을 받게 되었는데, 당시로서는 보기 드문 역주행 케이스로 큰 이슈와 흥행을 일으켰다.

라디오헤드는 1993년 '크립'을 수록한 이들의 공식 앨범 〈파블로 허니〉Pablo Honey를 발매했다. 그리고 이 앨범에 두 번째로 삽입된 '크립'이 전 세계적으로 크게 히트를 치면서 각종 음악 차트를 섭렵했다. 그런데 한 가지 문제가 생겼다. 이 '크립'이라는 곡이 히트를 쳐도 너무 큰 히트를 치고 만 까닭이다. 이것이 왜 문제인가 하면, '라디오헤드=크립'이라는 공식이 생겨버려 향후 활동에 큰 지장을 주었기 때문이다.

이들의 신규 앨범 발표 현장에서도 기자들은 '크립'에 대한 질문만 해댔다. 신규 앨범이 90년대 최고의 앨범이라는 비평가들의 호평이 있었지만, 이런 평가 또한 '크립'의 열기에 묻혀버렸다. 앨범 투어를 할 때도 '크립'을 불러달라는 요청이 쇄도했다. 대중들은 오로지 '크립'만을 외칠 뿐이었다. '파라노이드 안드로이드'Paranoid Android, '에브리씽 인 잇츠 라잇 플레이스'Everything in Its Right Place, '하이 앤드 드라이'High and dry 같은 수많은 히트곡을 남겼지만 대중들의 기억 속에는 크립뿐이었다.

1998년 라디오헤드는 더 이상 '크립'을 라이브 공연에서 부르지 않기로 결정한다. 자신들을 현재 자리에 있게 한 최고 히트곡을 버리기로 결단을 내린 것이다. 이후 이들이 공연에서 '크립'을 부른 것은 20년 동안 10여 회에 불과했다. 2012년 첫 내한 공연에서도 '크립'을 부르지 않았다. 인터뷰도 '크립'에 대한 질문을 받지 않는다는 조건하에 진행되었다. 라디오헤드가 공연에서 '크립'을 불렀다는 자체만으로 큰 이슈가 될 정도였다.

결론적으로 이들의 결정은 옳았다. 자신들을 일약 세계적인 스타로 만들어준 히트 상품을 철저히 버림으로써, 끊임없는 음악적 변화와 발전을 이룰 수 있었다. 그들은 마침내 1995년 정규 3집 앨범 〈오케이 컴퓨터〉^{OK Computer}를 통해 세계적인 록 밴드로 우뚝 섰으며, 영국 앨범 차트 1위를 차지했고, 미국에서도 앨범 차트 21위를 기록하며 당시까지 미국에서 가장 많이 판매된 앨범으로 기록되었다. 이 앨범은 라디오헤드에게 그래미상을 안겨 주었으며, 이를 통해 마침내 '크립' 징크스에서 벗어날 수 있었다.

| 위기의식을 통해 혁신하라 |

1988년 북해에서 석유와 천연가스를 생산하는 것으로 유명했던 해양 플랜트 파이퍼 알파^{Piper Alpha}에 폭발이 일어나 화염에 뒤덮였다. 파이퍼 알파는 자유의 여신상의 2.5배에 달하는 2만 톤짜리 석유 생산 플랫폼으로 24시간 가동되며 228명의 인부들이 근무하고 있었다. 시속 185km의 바람과 30미터 높이의 파도에도 견디도록 설계된 이 견고한 철 구조물 절반 이상이 바다에 잠기는 최악의 사건이 발생한 것이다. 이 사건은 한 인부의 실수로 인해 발생했다. 밸브를 손으로 잠근 후 재차 조이지 않고 자리를 떠난 것이다. 압력을 견디지 못한 밸브 틈새로 가스가 누출되었고 여기에 불이 붙어 폭발이 일어났다. 너무 강한 불길에 구조 헬기조차 접근할 수 없었다. 열을 버티지 못한 고압가스관이 다시 폭발을 일으키자 인부들은 바다로 뛰어들 수밖에 없었다. 잠시 후 크레인이 붕괴

되자 안에 남아있던 81명의 인부 전원이 사망했다. 228명 중 165명이 사망했고 구조대원 2명도 희생됐다.

당시 화염에 휩싸인 플랫폼에 서 있던 인부들에게 주어진 선택지는 두 가지였다. 폭발할 구조물 안에 남거나 30미터 아래 바닷물로 뛰어드는 것이었다. 다가오는 느리지만 확실한 죽음을 기다릴 것인지, 시커먼 기름으로 뒤덮이고 저체온증으로 몇 분을 버틸 수 있을지 모를 차가운 바다 속으로 뛰어들 것인지. 결과적으로 이 사고의 생존자는 목숨을 걸고 바다에 뛰어든 53명의 인부들이었다.

이 사건을 계기로 경영에서는 '불타는 플랫폼'Burning platform이라는 용어가 생겼다. 그렇듯 불타는 플랫폼이라는 용어는 절체절명의 위기가 대두했을 때 쓰이는 말이다. 하지만 이는 단순한 위기를 가리키는 것이 아니다. 과감한 변화와 혁신만이 위기를 넘어 긍정적 변화를 이끌어 낼 수 있다는 의미다. 2011년 노키아Nokia Corporation의 모바일 부문을 인수한 마이크로소프트의 모바일 부문 CEO 스티븐 엘롭Stephen Elop은 사원들에게 첫 메일을 이렇게 보낸다. "우리는 지금 불타는 플랫폼 위에 서 있습니다. 어떻게 변해야 할지 지금 결정하지 않으면 안 됩니다." 즉 라디오헤드가 보여준 것처럼 잠깐의 유익을 모두 던져버리고 스스로 불타는 플랫폼에서 뛰어내려야 한다는 것이다.

듀폰DuPont의 사례를 살펴보자. 듀폰은 1802년 창립된 미국의 다국적 화학회사로 3세기에 걸쳐 최고의 자리를 이어가고 있는 기업이다. 이 기업의 생존 비결은 현실에 안주하지 않고 최고의 자리에 있을 때 위기의식을 갖고 과감히 변화를 시도한 데 있었다. 듀폰의 CEO 채드 홀리데이Chad Holliday는 2004년 매출의 25%를 차지하고 있던 섬유사업을 매각하고 종자회사인 파이어니어Pioneer를 사들였다. 섬유 사업을 매각하자 매체들은 듀폰의 결정에 놀랄 수밖에 없었다. 나일론의 개발로 화학섬유 혁명을 일으킨 듀폰이 주력사업이었던 섬유사업을 팔아버렸기 때문이다. 듀폰은 급속한 기후 변화가 국제 사회의 이슈가 될 것을 예측하며 현재 비즈니스 모델에서 장기적인 관점의 위기를 예측했다. 21세기에는 식량 산업이 성장동력이 되리라 판단한 듀폰은 고심 끝에 주력사업부를 팔고 미국 아이오와주의 3,300평에 듀폰 파이어니어 연구소를 설립했다. 가뭄과 병충해에 잘 견디는 옥수수, 에탄올 수익률이 높은 옥수수 등을 연구하며 미래 산업에 투자를 감행한 것이다. 또한 1998년부터 지금까지 600억 달러에 달하는 M&A를 단행했으며 지속적으로 비즈니스 포트폴리오를 변경해 나갔다. 따라서 매출의 3분의 1이 최근 5년 안에 개발된 신제품에서 나올 수 있었고 현존하는 최고의 장수 기업으로 인정받게 되었다. 이는 잘나갈 때 위기의식을 고취시켜 지속적인 고민을 통해 시장을 개척해 나갔기 때문이었다.

현재 최고의 자리에 올랐거나, 성공 가도를 달리고 있다면 잠시 멈춰 뒤를 돌아보아야 할 때이다. 조직이란 자기만의 영역을 구축하고 나면 끊임없이 도전해야 한다. 탁월한 조직은 생각하고 진화하고 혁신을 도모한다. 이를 통해 무리에서 앞서나가고 경쟁자들보다 한발 앞서 새로운 영역을 만들어낸다.

최고의 자리에 오른 한 곡으로 인기가 사라지는 원히트 원더one-hit wonder를 걱정한 라디오헤드가 자신의 히트곡을 스스로 버리고 새로운 동력원을 확보하기 위해 노력한 것처럼, 변화하는 시장에 대비하기 위해 노력하는 조직의 자세가 필요한 것이다. 자신의 히트곡을 과감하게 버리는 아픔 속에 더 큰 도약과 성장이 기다리고 있음을 기억해야 한다.

라디오헤드는 스스로 '크립'이 제일 싫은 노래라고 말하며, 그것을 뛰어넘기 위해 최선의 노력을 다했다. '크립'을 통해 라디오헤드는 스스로의 승부욕을 자극했고, 이후 모던 록 최고의 명반을 만들어내는 결과를 낳았다. '크립'은 라디오헤드에 부와 명예를 준 도깨비 방망이이자, 회초리였던 셈이다. 라디오헤드에게 '크립'은 단순한 슈퍼 히트곡이 아니라 더욱 더 강한 밴드로 성장시키는 원동력이었다. 이제 편안함을 가져다주는 조직의 '크립'에 안주하지 않고 이를 철저히 경계하고 뛰어넘으려는 노력이 필요하다. 조직의 히트곡이 있다면, 성장을 위한 발판으로 삼아야 할 것이다.

7

모방을 넘어 새로운 가치를 창출한
드레드 제플린

당신이 밴드 음악에 관심이 있어 새롭게 팀을 구성한다고 생각해 보자. 가장 쉬운 시작은 같은 음악적 취향을 가진 멤버를 모으고, 자신들이 좋아하는 밴드의 음악을 카피해 보는 것일 것이다. 지금의 슈퍼 밴드들도 시작은 마찬가지였다. 그들 또한 자신들의 우상이었던 선배 밴드의 곡들을 카피하거나, 리메이크하는 것으로 시작했다.

미국의 유명 록 밴드 패닉! 앳 더 디스코 Panic! at the Disco는 블링크 182 Blink182의 커버 송으로 밴드를 시작했고, 찰스 브래들리 Charles Bradley는 제임스 브라운 James Brown의 트리뷰트 밴드로 시작했다. 프로그레시브 록으로 유명한 캐나다 록 밴드 러시 Rush의 시작 또한 레드 제플린의 커버곡이었다. 더 나아가 더 팹 포어 The Fab Faur(비틀스

커버 밴드)나 다크 스타 오케스트라^{Dark Star Orchestra}(그레이트풀 데드 커버 밴드)처럼 커버곡으로만 세계 순회 공연을 할 만큼 놀라운 성공을 보여준 밴드들도 나타났다. 하지만 커버 밴드로 성공한다는 것은 결코 쉬운 일이 아니다. 하루에도 수없이 많은 커버 밴드들이 생겨나지만 이내 사라져 버리거나 사람들의 기억에서 사라진다. 오리지날 밴드의 대체품으로 전락해 버리거나, 창작곡이 없는 특색 없는 밴드로 여겨져 대중의 관심을 끌지 못하기 때문이다.

그런데, 커버 밴드의 한계에 대한 이런 고정관념을 깨부수고 대중을 놀라게 한 밴드가 있다. 바로 드레드 제플린^{Dread Zeppelin}이라는 미국 밴드다. 밴드의 이름에서도 알 수 있듯이 이 밴드는 레드 제플린의 커버 밴드로 시작한 밴드이다. 이들은 레드 제플린의 노래를 레게풍으로 편곡하고 엘비스 프레슬리 복장을 한 보컬이 엘비스 모창으로 노래를 부르는 독특한 콘셉트의 커버 밴드다. 하지만 드레드 제플린은 이전의 커버 밴드들이 해내지 못한 놀라운 성공을 이뤄낸다. 무려 15장의 스튜디오 앨범을 발표했고, 매년 투어를 돌고 있으며, 5장의 라이브 앨범도 발매했다. 몇몇 싱글은 빌보드 차트 100위권에 진입하며 대중들의 큰 사랑을 받았다. 이처럼 드레드 제플린이 단순히 카피 밴드를 뛰어넘어 사람들이 열광하는 밴드로 거듭날 수 있었던 이유는 무엇일까?

| 모방을 통해 새로운 가치를 창출하라 |

일반적인 트리뷰트 밴드가 단순히 자신들이 좋아하는 밴드의 음악을 정확히 재현해내는 것에만 치중하고 있다면, 드레드 제플린은 커버 밴드를 넘어서 자신들이 추구하는 음악적 요소를 모두 결합해 새로운 가치를 지닌 창작물을 만들어낸 밴드였다. 비즈니스에서도 모방은 일반적인 전략이다. 한때 큰 이슈를 불러일으킨 삼성 애니콜의 모방제품 애미콜부터 카카오톡을 따라한 위챗까지 모방의 범위는 무궁무진하다.

일반적인 트리뷰트 밴드가 단순히 자신들이 좋아하는 밴드의 음악을 정확히 재현해내는 것에만 치중하고 있다면, 드레드 제플린은 커버 밴드를 넘어서 자신들이 추구하는 음악적 요소를 모두 결합해 새로운 가치를 지닌 창작물을 만들어낸 밴드였다.

이들은 밴드 결성 전부터 LA의 클럽에 모여 음악적 특색과 방향에 대해 정기적으로 이야기하며 밴드의 기틀을 잡아나갔다. 자신들이 선호하는 음악들의 연관성을 찾아 연결하고 조합했다. 이들은 한 인터뷰에서 "다이어 메이커D'yer Mak'er 등 레게의 영향을 받은 곡을 여럿 커버했으며, 콘서트에서 엘비스의 노래를 메들리로 선보인 적이 있다."고 하며 자신들의 모든 음악적 요소는 서로 연관성이 깊다고 이야기한다. 그리고 레게와 엘비스라는 엉뚱한 조합을 통해 이전의 커버 밴드들이 보여줄 수 없었던 새로운 레드 제플린의 음악을 대중에게 선사했다. 결과는 대성공이었다.

비즈니스에서도 모방은 일반적인 전략이다. 한때 큰 이슈를 불러일으킨 삼성 애니콜의 모방제품 애미콜부터 카카오톡을 따라한 위챗까지 모방의 범위는 무궁무진하다.

필요할 때 필요한 만큼만 적시에 생산한다는 토요타의 'Just in

스타트업, 록스타처럼 성공하라

time' 생산방식은 미국 슈퍼마켓의 시스템에서 차용한 것이며, 파산 직전의 닛산을 단기간에 재건시킨 카를로스 곤의 '리바이벌 플랜' 또한 GE의 식스 시그마를 토대로 세워졌다.

하지만 카피 밴드의 성공이 쉬운 일이 아니듯 모방 기업으로 성공하는 것도 쉬운 일이 아니다. 우리나라도 철강에서 조선, 섬유, 반도체에 이르기까지 각 산업군에서 모방 전략을 성장의 동력으로 삼았으나 이제 우후죽순 생겨나는, 보다 더 모방을 잘하고 더 빠르게 추격하는 기업들과 경쟁을 하고 있다. 단순한 모방이 아니라 드레드 제플린이 보여준 것처럼 모방의 기술을 잘 조합해 가치를 높이는 기업만이 살아남을 수 있다는 것이다.

마이크로소프트의 경영 전략을 살펴보자. 빌 게이츠가 이제 막 마이크로소프트를 창업하던 스타트업의 시기에는 15명의 프로그램 기술자가 있었고, 빌 게이츠는 영업과 사업 계약을 담당했다. 그는 실제로 리눅스를 만든 리누스 토발즈Linus Torvalds나 오픈 소스 운동을 주도한 리처드 스톨먼Richard Stallman 같은 개발자는 아니었다. 그는 주위에 있는 지식과 기술을 조합해 사업화시킨 탁월한 비즈니스맨이었다. 있는 기술을 조합하고 시장의 니즈에 맞게 적절히 개발시켰다. 그리고 그는 디지털 제국의 제왕, 세계 최고의 갑부, 컴퓨터 천재라는 별명을 얻게 되었다.

빌 게이츠는 BBC와의 인터뷰에서 "우리가 성공한 것은 우리가 잘한 덕도 있지만 경쟁사들이 잘못한 탓이 더 크다. 경쟁사들은 기술을 어떻게 재구성할지 몰랐고, 기술과 경영을 연결시키지도 못했다."라고 말한 바 있다. 즉 마이크로소프트는 경쟁사들의 기술을 모방했지만, 기술과 호환성을 연결하는 플랫폼 개발이라는 새로운 가치를 창출해 대중의 니즈에 부합했던 것이다.

일본 최대의 가구, 생활용품 기업인 니토리=トリ를 보자. 연매출 5조 1300억 원, 영업이익률 17%을 기록하며 31년간 꾸준히 이익을 내온 니토리 아키오似鳥昭雄 회장의 전략 또한 모방이었다. 니토리 회장은 70년대 사업 초반 산업시찰차 미국의 주택을 살펴본 적이 있다. 그는 붙박이장을 제외한 테이블, 의자, 소파 등 모든 가구가 4다리 가구 중심이라는 사실에 깜짝 놀란다. 당시 일본 가구점은 혼례 가구인 장롱 중심으로 구성되어 있었기 때문이다. 그는 곧 서구식 가구가 도래할 것이라는 트렌드를 예상하고 이익을 내는 핵심 상품의 구성을 4다리 가구 중심으로 변경한다.

또한 그가 놀란 것은 일본의 3분의 1 정도에 불과한 미국의 가격이었다. 가격 정책을 벤치마킹한 니토리는 생산 단가를 낮추기 위해 생산기지를 해외로 돌렸다. 그러나 해외생산은 치명적으로 품질 저하의 문제를 초래했다. 건조가 덜된 나무로 가구를 생산해 일본으로 물건을 가져왔기에 가구가 뒤틀리는 등 품질 문제가 발생했기 때문이다.

그는 이내 가장 품질관리가 잘되고 있는 자동차 업계의 품질 관리법을 모방하기로 한다. 문제가 발생한 후 대응하는 것이 아니라, 제품 설계와 만드는 공정부터 품질관리를 철저히 하기 위해 각 공정마다 품질을 체크하는 시스템을 도입하고, 최종제품에 대한

스타트업, 록스타처럼 성공하라

검품 및 검질 공정을 없애버렸다.

니토리는 해외 생산과 내수 물량이 늘어나자 이번에는 물류망을 점검하기 시작한다. 국내 물류는 택배 회사와 물류 회사의 시스템을 모방하고, 해외물류는 종합상사의 시스템을 차용해 물류 효율화를 이뤄냈다.

니토리의 대단한 점은 그들은 다른 기업을 철저히 모방하면서, 다른 경쟁사들은 니토리를 도저히 모방할 수 없게 했다는 데에 있다. 미국 가구업계, 자동차업계, 물류업계의 장점을 니토리의 비즈니스 모델에 한데 녹여 새로운 가치를 만들어냈기 때문이다.

| 가치를 전달하면 모방을 혁신으로 만들 수 있다 |

새로운 제품이나 서비스를 제공한다고 생각하면 대개 기존의 것을 무시하고 완전히 새로워야 한다고 생각한다. 하지만 비즈니스라는 것이 종국에는 결국 새로운 제품과 서비스를 시장에 내놓는 수준을 벗어나 고객에게 새로운 가치를 제공하는 것이 핵심임을 기억해야 한다. 따라서 이미 존재하는 서비스나 제품이라도 고객이 만족할 만한 가치를 부여하고 전달한다면 이미 이것은 또 다른 의미의 혁신이 되는 것이다.

최근 세계적인 캡슐커피 네스프레소Nespresso를 모방해 세계 최고의 캡슐커피 머신을 만들겠다고 선언한 중국의 청년이 있다. 캡슐음료 브랜드 '닥터 드링크'를 만든 아이웨이愛味iTaste 전자과기

CEO 천슈싱陳秀星이 그 주인공이다.

그는 출장길에 우연히 네스프레소 머신을 발견한다. 2003년부터 2011년까지 연간 평균 25%의 성장세를 보이던 네스프레소는 전 세계에 연간 50억 개의 캡슐을 판매했다. 하지만 중국의 캡슐 시장은 불모지였다.

천슈싱은 중국형 캡슐 머신을 만들기로 작정하고 과감히 사표를 던졌다. 그는 시중에 판매하는 20여 개 종류의 캡슐 머신을 사들여 모두 분해하고 모든 부품을 일일이 살펴보고, 부품의 기능을 분석하기 시작했다. 그는 자신이 만든 설계도를 가지고 수많은 기술자들을 만났지만 커피 추출에 최상인 기압 19바Bar를 5초 내에 도달하도록 하는 제작 기술을 중국에서 찾기란 어려운 일이었다. 그렇게 6개월 동안 고군분투한 끝에 드디어 중국형 캡슐 머신을 만들게 된다.

천슈싱의 성공이 의미 있게 다가오는 것은 그가 단순한 모방에서 그치는 것이 아니라 여기에 새로운 가치를 부여해 시장을 발굴하고, 고객의 니즈를 정확히 찾아 캡슐 머신에 놀라운 혁신을 가져왔다는 데 있다. 네스프레소 기기를 중국인들의 취향에 맞게 변형해 커피는 물론 녹차, 홍차, 자스민차, 허브 등 중국인이 즐겨 마시는 차까지 제공할 수 있게 만든 것이다.

천슈싱은 비행접시 모양의 독특한 생김새를 가진 '행성캡슐'을 개발했다. 행성캡슐은 네스프레소 커피 캡슐과 달리 상반구와 하반구로 나뉘어 밀봉돼 있다. 상반구엔 커피나 찻잎 등과 같은 비

수용성 제품을 넣고, 하반구에는 설탕, 분유나 캐러멜을 넣었다. 캡슐을 머신에 넣으면 상반구와 하반구의 밀봉이 해제돼 원료의 엑기스가 함께 융화되면서 한 잔의 음료로 만들어지도록 설계했다. 최근에 그는 중국 엔젤투자자 쉬샤오핑^{徐小平}으로부터 천만 위안을 투자 받아 냉음료 및 탄산음료 캡슐 개발을 위해 새로운 연구를 시작했다.

사실 드레드 제플린의 멤버들은 실력이 없어서 커버 밴드로 전전한 밴드가 아니었다. 그들은 메이저 레코드사에 적을 두고 1980년대부터 각자의 밴드에서 활동하던 프로들이었다. 드레드 제플린은 대중이 원하는 음악을 벤치마킹하면서 상업적 성공을 위해 결성된 철저하게 기획된 팀이었다.

드레드 제플린은 다양한 레드 제플린의 명곡들을 레게 스타일로 편곡하고, 140kg에 육박하는 거대한 체구의 엘비스 프레슬리 모창 가수를 리드 보컬로 영입하여 자신들만의 독특한 음악 세계관을 구축했다. 레게 리듬과 엘비스의 보컬이 조합된 레드 제플린 명곡을 감상하다 보면 이미 커버 곡이 아닌, 전혀 새로운 장르의 록 음악을 듣고 있음을 느끼게 된다.

하버드 비즈니스 스쿨의 마이클 포터^{Michael Porter} 교수는 일본이 지난 15년간 장기불황으로 허덕이는 것은 창조적인 노력 없이 외형과 모방에만 치우쳤기 때문이라고 말하며, 차별화된 가치 사슬^{value chain}이 없는 모방 기업은 도태되고 말 것이라고 예언한 바 있다.

모방을 새로운 가치로 승화시켜 대중의 사랑을 얻게 된 드레드 제플린의 성공에서 볼 수 있듯이 이제 기업들은 단순한 모방에서 벗어나, 자신만의 색깔로 재창조해 내는 작업을 통해 소비자가 원하는 가치를 만들어내야 할 것이다.

8

창의는
어떻게 만들어지는가?

"이제 우리는 모든 아이들이 미래의 일자리를 준비할 수 있게 대비해야 합니다. 컴퓨터 사이언스는 선택 사항이 아닙니다."

2013년 버락 오바마 전 미국 대통령은 컴퓨터 과학교육 주간의 연설을 통해 모든 미국인들이 코딩을 배워야 한다고 강조했다.

시간이 흘러 우리나라 교육부는 2018년부터 소프트웨어 교육을 의무화한다는 정책을 발표했다. 이 정책이 발표되자마자 월 200만 원짜리 코딩 유치원, 800만 원짜리 코딩 캠프 등이 생겨나면서 선행 학습 열풍이 몰아쳤다. 학부모들이 코딩 교육에 큰 관심을 갖는 이유는 간단하다. 단순한 선행학습 차원에서 뒤처지지 않기 위해서도 있겠지만, 코딩이 단순히 프로그래머를 육성하는 툴이 아니라, 주어진 과제 해결을 위해 알고리즘을 작성하는 과정에서 창의적 문제해결 능력을 기를 수 있다는 소문 때문이었다.

최근 대한상공회의소에서는 100대 기업이 원하는 인재상을 키워드로 분류하고 카테고리별로 구분하여 기업에서 어떤 인재를 원하는지 분석하였다. 다양한 인재상 중에 기업이 뽑은 5대 인재상은 창의, 도전정신, 전문성, 주인의식, 도덕성으로 나타났다. 그리고 그중에서도 57%의 기업이 창의성을 핵심 인재의 덕목으로 손꼽고 있었다. 다가올 시대에 기업이 필요로 하는 인재는 창의적인 인재라는 것이다. 이렇게 '창의'가 중요한 가치로 떠오르는 시대에, 밴드 중에서도 유독 특별한 '창의력'으로 인정받는 밴드가 있다. 바로 1998년 미국 시카고에서 결성된 밴드 오케이고[OKGO]이다.

오케이고는 뮤직비디오를 찍으려고 음악을 만든다는 소문이 있을 정도로 기상천외한 아이디어가 돋보이는 뮤직비디오로 유명한 팀이다. 2005년 발매되어 이들로 하여금 유명세를 떨치게 한 〈히어 잇 고즈 어게인〉[Here It Goes Again]의 뮤직비디오는 아무런 배경 없이 단 6개의 러닝머신을 갖다 놓고 찍은 뮤직비디오이다. 서로 마주보게 배치한 러닝머신 위에서 4명의 멤버가 딱딱 호흡을 맞춰가며 안무를 소화하는 내용이다. 이 뮤직비디오는 유튜브[Youtube]에서 단 6일 만에 천만 조회 수를 기록했고, 이듬해 유튜브에서 '가장 창조적인 동영상'으로 선정되었다. 또한, 2007년 그래미는 러닝머신 위에서 독특한 안무를 선보인 이들에게 최고의 뮤직비디오상을 수여했다.

2010년 '디스 투 셸 패스'[This too shall pass]라는 곡에서는 도미노 콘

스타트업, 록스타처럼 성공하라

셉트의 뮤직비디오를 촬영했다. 선풍기 바람을 타고 앞으로 나가는 우산, 땅에 떨어져 부서지는 피아노, 망치에 부서지는 텔레비전 등 다양한 구조물의 도미노를 한 치의 오차도 없이 수백 번의 NG 끝에 원 컷으로 만들어냈다. 2014년 발표한 곡인 '업사이드 다운 & 인사이드 아웃'Upside down & Inside out의 뮤직비디오는 비행기 안의 무중력 콘셉트로 촬영이 되었다. 그리고 CG가 아닌 실제 무중력 상태에서 다양한 아크로바틱을 연출하여 촬영했다. 이 영상 촬영을 위해 무려 8번의 무중력 비행을 시도했으며, 영상에 등장하는 승무원 2명은 이 촬영을 위해 공중 곡예 트레이닝을 받았다.

같은 해 연출한 '아이 원트 렛 유 다운'I won't let you down 뮤직비디오는 MTV 비디오 뮤직 어워드 베스트 안무상을 수상했다. 이 뮤직 비디오에는 2,400명의 출연자가 등장하는데 출연자 한 명을 하나의 도트로 표현하였다. 인간 픽셀 콘셉트로 다양한 메시지를 전달한 것이다.

그뿐만이 아니다. '라스트 립'Last leaf이라는 뮤직비디오에서는 5천 장의 토스트 한 장 한 장에 레이저로 그림을 그려 넣고 스토리를 담아낸 애니메이션 형식의 뮤직비디오를 만들었다. '니딩/게딩'Needing/Getting 뮤직비디오에서는 아무것도 없는 황야에 피아노 55대, 일렉기타 288개, 각종 드럼 및 악기 역할을 할 수 있는 수제 악기, 소리를 낼 수 있게 고안된 다양한 구조물을 제작하여 세워놓았다. 그리고 차에 온갖 장치를 달아 이 차가 달리면서 장치들이 악기 및 구조물에 부딪치게 하였다. 차가 주행하면서 자연스럽게 음악이 만들어지는 것이다.

| 창의적인 아이디어는 현장에서 나온다 |

한 번 시도하기도 어려워 보이는 이런 창의적인 결과물을 끊임없이 생산해내는 이 밴드의 비결은 무엇일까? 먼저, 이들은 처음부터 굉장한 아이디어를 창작해 내려고 노력하지 않는다. 창의적인 아이디어는 생각하는 과정 중에 튀어나온다. 이들은 일단 러프한 아이디어가 떠오르면, 구체적인 계획을 세우지 않고 일단 그 장소에 가본다. '업사이드 다운 & 인사이드 아웃' 뮤직비디오를 찍을 당시에는 구체적인 아이디어 없이 무중력이라는 콘셉트만 가지고 무작정 모스크바 유리 가가린 우주인 훈련센터 Yuri Gagarin Cosmonauts Training Center에 찾아갔다. 그리고 우주인 무중력 훈련에 사용되는 일루신 IL-76 항공기에 올라가 무중력 비행 체험을 하며 뮤직비디오 아이디어 회의를 했다. 랩탑 컴퓨터를 던지고, 풍선이 터지면서 페인트가 사방에 튀는 아이디어를 짜기 위해 IL-76 항공기에서 1주일을 보내면서 뮤직비디오 예산의 3분의 1을 사용했다고 한다.

아이디어 회의를 하느라 사무실에 앉아서 창의적인 발상을 쥐어짜내는 모습이 아니었다. 일반적 수준의 브레인스토밍이 아니라 직접 체험하고 겪으면서 아이디어를 구체화한 것이었다. "책상에 앉아 아이디어를 생각했으면 가고 싶은 장소에 가서, 하고 싶은 것을 하고 최대한 놀면서 시간을 보냅니다. 이것이 저희가 아이디어를 얻는 방법입니다." 밴드의 리드 기타 및 보컬을 맡고 있는 데미안 쿨라쉬Damian Kulash 의 말이다. 이들은 브레인스토밍을 통해 아이디어를 얻고 나면 가능한 한 많은 시행착오를 겪으며, 무엇이 가능하고 무엇이 불가능한 것인지 파악한다. 이런 과정을 통하면 처음에 생각했던 아이디어와는 완전히 다른 결과물을 얻기도 한다.

전문가 집단이 오케이고를 바라볼 때, 이들의 진행 방식은 굉장히 소모적이다. 그리고 굉장히 느리다. 수많은 시행착오를 겪는다. 비용적인 측면에서 보면 이렇게 비효율적인 방식이 없을 정도이다. 하지만 이들의 결과물은 또 하나의 그럴듯한 작품이 아닌, 이제껏 어디에도 없던 것이다. 이들의 뮤직비디오를 보면 신선하다 못해 경이로운 느낌이 들기까지 한다.

일반적으로 뮤직비디오 촬영을 하기 위해서는 전문 촬영 팀, 엔지니어, 전문가 집단이 모여 철저하게 계획을 세우고 정해진 예산과 결과물에 고민을 한다. 그리고 모든 샷의 구도와 콘셉트를 스토리보드로 작성한다. 이것이 뮤직비디오를 만드는 관례이고, 효율적이며 똑똑한 방법이다. 하지만, 이렇게 책상 위에서만 생각해낸 것은 극히 제한적일 수밖에 없다. 따라서 이런 방식으로 나온 결과물은 경험에서 나오는 창의력의 결과물을 따라

창의성이 현장에서 나온다면 창의성을 발굴하기 위해 가장 중요한 것은 당장 현장으로 움직이는 것이다. 실행이 어려운 이유는 실패에 대한 두려움 때문이다. 하지만, 창의가 발현된 놀라운 결과물들은 항상 아늑한 사옥을 벗어나 치열한 현장에서 만들어졌음을 기억해야 한다.

가기 힘든 것이다.

오케이고가 창의력을 발현하는 방식은 놀랍게도 과학적으로 입증된 사실이다. 최근 신경가소성^{Neuroplasticity}을 촉진시켜야 창의력이 높아질 수 있다는 연구 결과가 발표됐다. 신경가소성은 인간의 두뇌가 경험에 의해 변화되는 것을 말한다. 인간의 뇌는 경험에 반응함으로써 스스로를 재설계할 수 있는 능력을 갖추고 있다. 즉 신경경로가 외부의 자극, 경험에 의해 구조가 기능적으로 변화하고 재조직화 되는 것이다. 따라서 창의력 향상을 위해 경험에 의존한 오케이고의 방식을 비즈니스에 적용해 보는 것도 큰 의미가 있다.

| 실패를 두려워하지 않는 도전 |

창의성이 현장에서 나온다면 창의성을 발굴하기 위해 가장 중요한 것은 당장 현장으로 움직이는 것이다. 실행이 어려운 이유는 실패에 대한 두려움 때문이다. 정해진 시간과 예산을 가지고 창의적 결과물을 만들어내야 하는 기업의 입장에서는 당장 현장으로 들어가 무모한 시도와 실패를 반복하는 것보다 정교한 결과가 나올 때까지 사무실에 앉아서 기다리는 것이 안전하기 때문이다. 위험한 모험보다는 적당한 결과물을 들이미는 선택을 하는 것이다. 하지만, 창의가 발현된 놀라운 결과물들은 항상 아늑한 사옥을 벗어나 치열한 현장에서 만들어졌음을 기억해야 한다.

스타트업, 록스타처럼 성공하라

마케팅 전문가 세스 고딘Seth Godin은 다음과 같은 말을 했다. "창의적 혁신을 하려 할 때 당신은 두려움을 어디에 두는가? 먼저 두려움을 어디에 둘지 결정해야 한다. 배짱을 가져야 혁신을 할 수 있다. 새로운 생각은 누구나 한다. 그러나 항상 반대 의견이 있다는 걸 알면서도 결국 실행을 하는 사람만이 영광을 얻는 것이다. 배를 발명한 사람은 난파선도 발명했음을 기억해야 한다." 그는 또한 만약 실패가 옵션이 아니라면 성공 또한 선택지에 들어갈 수 없다고 말하면서 창의를 동반한 모든 혁신은 무엇인가 제대로 작동하기 전까지 계속해서 실패하는 것이므로, 이에 대한 두려움을 떨쳐버려야 한다고 강조했다.

하버드 비즈니스 스쿨의 클레이튼 크리스텐슨Clayton Christensen 교수도 비슷한 조언을 했다. "창의적 발상에서 나온 아이디어는 처음부터 성공하지는 못한다. 일단 어떤 시도든 해본다. 당연히 잘 되지 않는다. 그럼에도 두려움을 떨치고 한 번 더 노력을 한다면 '아, 우린 아직 실패를 하지는 않았구나!' 하는 신념을 가질 수 있게 된다. 그래야 결국 상업적인 성공을 할 수 있게 된다." 중요한 것은 성패를 떠나 계속 시도를 해야 결국에는 창의적 결과물을 얻게 된다는 것이다.

4차 산업혁명 시대의 기업들은 인간 본연에 집중한 인재 육성 전략을 필요로 한다. 인간이 하던 대부분의 업무들이 로봇과 인공지능AI으로 대체될 것이기 때문이다. 따라서 로봇과 인공지능으로 대체할 수 없는 인간 본연의 역량 육성에 더욱 집중해야 하는 것이다. 이는 바로 공감과 감성과 같은 철저히 인간 고유의 역량들이다. 그리고 그 역량의 중심에는 정보화 기술, 인공지능이 대체할 수 없는 인간의 고유 영역인 '창의'가 있다. 이제 우리에게 필요한 것은 사무실에서 펜대를 굴리거나, 1박 2일짜리 창의력 향상 교육을 통해서 얻는 창의가 아니다. 조직에 경쟁력을 가지고 올 수 있는 진짜 창의가 필요하다. 창의력은 연상에 연상을 이어나가는 힘이다. 실제 경험을 통해 연상을 이어나가는 것과 텍스트를 통해서 습득된 지식으로 연상을 이어나가는 것은 확연히 다르다.

오케이고가 보여준 실행력을 본받아 조직 구성원들의 창의적 활동을 지원해 주는 환경과 시스템을 구축해야 한다. 조직 구성원들이 생각한 아이디어를 즉시 실행에 옮겨 볼 수 있도록 결재 구조를 간소화 한다든가 잘못된 결과물도 용인하는 조직문화의 정착, 그리고 다양한 실행을 위한 충분한 예산 편성 등이 그 예이다. 그리고 무엇보다 중요한 것은 경쟁력을 갖춘 창의력이 발현될 때까지 수많은 시행착오가 필요하다는 사실을 인지하고 이를 기다려 주는 경영진의 인내심일 것이다.

스타트업, 록스타처럼 성공하라

PART 4

스타트업
조직운영

스타트업의 성공적인 규모 확장을 위해서는 늘어난 인원만큼 이를 감당하기 위한 관리체계를 확립하면서도 조직 전반에 걸쳐 허물없는 유대관계가 지속되도록 조직을 설계해야 한다. 조직 고유의 문화와 가치를 구체적으로 고민하고 이를 내재화시켜 조직의 나침반으로 삼아야 한다. 역량 있는 창업자와 경쟁력 있는 사업 모델과 아이디어, 그리고 이를 시행할 자본을 갖추고 있다 하더라도 모든 스타트업이 다 성공에 이르지는 못한다. 구글과 페이스북이 되길 원하며 지금도 달려가는 수많은 스타트업이 있지만 성공에 이르는 기업은 한 손으로 꼽을 정도이다. 결국 조직을 굴러가게 하는 힘은 조직 구성원으로부터 나오기 때문이다. 따라서 조직을 어떻게 효율적으로 운영하고 조직에 어떠한 가치를 부여하고 앞으로 나아가게 하느냐가 중요하다. 이 장에서는 밴드들이 시도했던 다양한 조직 운영 사례를 살펴보면서 스타트업에 필요한 조직 운영 방법을 배우기 바란다.

1

밴드의 아날로그 정신을
조직에 접목하라

    시대의 흐름에 따른 기술의 발달은 밴드 음악에도 큰 영향을 미쳤다. 60년대 진공관 앰프를 크랭크하여 사용하던 디스토션 사운드는 70년대 트랜지스터의 발달로 밴드들이 거친 기타 사운드를 손쉽게 낼 수 있게 해주었고, 80년대 신시사이저의 본격적인 등장은 밴드 음악 곳곳에 전자음을 자리 잡게 했다. 하지만, 90년대 이후 디지털미디어 기술의 급격한 발달은 아이러니하게도 점차 밴드들이 설 자리를 잃게 만들었는데, 이제 밴드가 없이도 얼마든지 음악을 만들 수 있는 시대가 되었기 때문이다. 그리고 이후 일레트로닉과 힙합 등의 디지털 음악의 주류화로 아날로그로식 밴드 음악은 음반회사에 더 이상 수익을 가져오지 못하는 천덕꾸러기 신세로 전락하고 만다.

최근 미국 하드록의 역사를 함께 걸어온 기타 제조사 깁슨 Gibson이 5억 달러의 부채를 못 이겨 파산보호를 신청했다. 무리한 사업 확장이 표면적인 이유였으나, 사실 2004년 이후 급감한 기타 매출 하락이 원인이었다. EDM Electronic Dance Music 축제에 파묻혀 매년 진행하던 5개의 대형 록 페스티벌도 더 이상 수익이 나지 않는다는 이유로 단일화가 진행됐다. 칼럼니스트 데이비드 색스 David Sax는 신세대들이 밴드 음악을 듣지 않는 이유에 대해 이렇게 설명한다. "부모 세대의 음악은 쿨하지 않기 때문이다." 이제 더 이상 청년들은 구세대의 유물인 밴드 음악에 열광하지 않고, 기타를 잡지 않게 되었다.

| 조직에서의 디지털 문화 확산 |

디지털은 비단 밴드뿐 아니라, 조직에도 영향을 미치기 시작했다. 내부, 외부 고객, 제품과 서비스에 대한 모든 정보와 관계를 디지털 방식으로 관리하는 디지털 경영이 조직 깊숙이 들어온 것이다. 기업들은 뒤처질세라 디지털 혁신팀을 신설하고 조직의 모든 기능을 발 빠르게 디지털화하기 시작했다. 단순히 사무자동화 프로그램, 전자결제, 그룹웨어, 화상회의 등의 비즈니스 툴의 디지털화를 넘어서 조직 비즈니스의 모든 업무 프로세스와 경영 전략까지 디지털의 영향을 받게 된 것이다. 디지털 고객관리 CRM로 발 빠르게 고객의 반응에 대응할 수 있게 되었고, 공급망관리 SCM로 효율적인 자원을 관리하며, 인적관리시스템^{HRIS}를 통해 직원 관리가 가능해졌다. 네트워크 발달로 누구나 쉽게 정보를 공유하고 접근할 수 있게 되면서 아날로그 시대에는 볼 수 없던 업무의 효율화도 일어났다.

하지만 조직 디지털화의 다양한 장점에도 불구하고 최근 들어 역기능이 하나둘씩 생기기 시작했다. 오랜 시간 디지털 도구에 노출되면서 안구 건조증, 거북목, 손목터널증후군 증상 같은 이른바 '디지털 증후군'이 생겨났다. SNS와 모바일의 발달로 시간의 경계가 허물어지면서 업무와 여가의 구별도 사라졌다. 전자결제, 그룹웨어 등 모든 업무 처리가 모바일로 가능해지면서 직장인을 24시간 업무에 묶어 놓는 족쇄가 된 것이다. 국회에서는 휴대전화 메신저 금지법을 발의할 정도로 문제가 심각해졌다. 스마트 워치는 화장실에서까지 메일을 확인하게 하고 태블릿 PC는 어디서든 업무를 처리할 수 있는 훌륭한 오피스 환경을 만들었지만, 하루 24시간을 업무 대기 시간으로 바꾸어 놓은 것이다.

더욱 심각한 것은 생산성을 높이겠다는 조직의 디지털화가 오히려 생산성을 저해하는 요인으로 작용했다는 것이다. 조직에 디지털이 들어오면서 기업들은 인터넷, 디지털 메신저, 비디오 컨퍼런스 등의 스마트 워크 툴을 사용해 어디서나 업무가 가능한 디지털 근무 환경을 구축했다. 가장 효율적인 방식인 재택근무제 도입을 통해 조직 문화의 디지털 혁신을 추진했다. 이는 창의적인 근무 환경을 제공했으며, 직장과 가정의 조화로운 생활을 가능하게 했고, 사무실 임대료를 절약할 수 있게 했다.

그런데 최근 들어 오히려 재택근무를 폐지하려는 움직임이 일어나고 있다. 최근 스마트 워크 조직의 대명사였던 IBM이 24년 만에 재택근무제를 폐지했고, 베스트 바이, 뱅크 오브 아메리카 등의 대표적인 IT 기반 기업들도 연이어 재택근무제를 철회하거나 대폭 감소시켰다. 특히 IBM의 경우 직원의 40%가 재택기반 근무를 하고 있었으며, 원격 근무제를 도입해 절약한 사무실 임대료만 해도 연간 1억 달러에 달했다. 그런데 갑자기 '사무실로 복귀할 수 없으면 퇴사를 하라'는 지침과 함께 재택근무 시스템을 폐기한 것이다. 원격 근무 인프라를 판매해 수익을 내는 회사가 자사 직원들의 원격 근무를 금지시켰다는 것은 상당히 이례적인 결단이다. 이유는 간단했다. 매출이 지속적으로 떨어졌기 때문이다. IBM은 '부족한 대면 접촉이 업무 효율을 저해했다'는 결론을 내렸다.

4차 산업혁명 시기 가장 중요한 역량으로 꼽히는 '창의적 역량' 역시 디지털 업무 환경에서 저해되었다. 미국 시사 주간지 〈뉴스위크〉Newsweek는 30만 명의 데이터 분석을 통해 디지털 환경과 창의성 사이의 상관관계를 분석해 발표했는데, 놀랍게도 디지털이 가속화될수록 창의력이 저해된다는 결과를 내놓았다. 경영 컨설턴트 니콜라스 카Nicholas Carr 또한 그의 저서 《생각하지 않는 사람들》 The Shallows에서 인터넷과 스마트폰 등 디지털 툴의 발달로 현대인들은 성찰과 창의성을 잃어버리고 있으며 사고의 기능 또한 저하되고 있다고 말한다. 즉 컴퓨터와 인공지능의 발달로 인적 자원의 역할 중 창의성의 역할은 더욱 중요해졌지만 현실은 오히려 퇴보하고 있다는 것이다. 이러한 원인에 대해 맥킨지는 디지털 도구의 발달에 따른 대면 소통의 부재를 꼽았다. 창의적인 사고라는 것이 생각이 서로 다른 사람들과 직접 맞부딪치고 소통하며 생기는 것인데, 디지털 환경에서는 이런 훈련을 하기가 쉽지 않다는 것이다. 다시 말해, 디지털 조직 환경으로 한없이 증대될 것 같던 생산성은 오히려 팀 간의 협력을 저해시키고, 소통에 문제가 발생했으며 결과적으로 조직의 성과를 떨어뜨리는 결과를 가져온 것이다.

| 디지털과 아날로그의 조화를 추구하라 |

그렇다면 어떻게 이러한 디지털 부작용을 최소화하고 조직의 효율을 되찾을 수 있을까? '디지털 부작용'에 대한 대응방안은 '아날로그'로의 귀환이다. 4차 산업혁명기로 접어들어 디지털화는 더욱 가속화되었지만, 디지털이 발달할수록 아이러니하게도 조직에 필요한 것은 '아날로그의 가치'를 재조명해보는 것이다. 디지털 업무 방식이 만연한 조직에 아날로그 문화의 접목이 필요하다는 이야기다. 이는 디지털 환경과 물리적으로 잠시 떨어져 생각해 보는 시간을 갖게 하는 프로그램이나, 디지털 환경 안에

'디지털 부작용'에 대한 대응방안은 '아날로그'로의 귀환이다. 4차 산업혁명기로 접어들어 디지털화는 더욱 가속화되었지만, 디지털이 발달할수록 아이러니하게도 조직에 필요한 것은 '아날로그의 가치'를 재조명해보는 것이다. 디지털 업무 방식이 만연한 조직에 아날로그 문화의 접목이 필요하다는 이야기다.

아날로그적 요소를 곳곳에 배치해 디지털의 문제점을 조금씩 줄여나가는 방식으로 해소할 수 있다.

　대표적인 IT기업 중 하나인 어도비^{Abode}의 사례를 살펴보자. 어도비는 다양한 방법으로 디지털의 병폐를 개선하려 노력했는데, 그중 하나가 '숨쉬기 프로젝트'^{Project Breath}였다. 숨쉬기 프로젝트는 디지털 환경에서 단절된 채 하루 15분의 명상 시간을 갖는 것이다. 프로그램에 참석한 직원들은 들어가기 전 휴대전화와 전자기기를 바깥에 내려놓고 명상의 방에 준비된 담요 위에서 눈을 감고 명상을 하는 것이다. 단 15분의 시간이었지만 디지털 스트레스에 지쳐 있던 직원들은 명상을 통해 휴식을 취할 수 있었고, 이는 높은 업무 성과로 나타났다. 어도비는 IT기업답게 정량적인 방법으로 효과를 입증해 냈는데, 프로그램에 참석한 직원들의 혈압과 심박수 측정 결과 스트레스 지수가 눈에 띄게 줄었으며, 이는 업무의 몰입을 높이고 더 큰 생산성을 가지고 왔다는 것이다.

　아날로그적 요소를 조직 환경에 노출시키거나, 면대면 커뮤니케이션을 자연스럽게 도와줄 수 있는 물리적인 시설을 도입하는 것 또한 하나의 해결책이 된다. 페이스북은 아예 아날로그 연구소^{Facebook Analog Research Lab}라는 조직을 신설했다. 이 조직은 아날로그 방식으로 다양한 포스터와 선전물들을 제작해 회사의 벽에 부착하는 것을 목적으로 한다. 연구소의 입구는 '자유', '사랑이 승리한다', '형평성', '결혼' 등의 메시지로 도배되어 있다. 포스터라는 아날로그 요소에 메시지를 덧입혀 디지털에서 잠시 시선을 돌리고 아날로그가 주는 메시지에 귀를 기울이게 하는 것이다. 아날로그 연구소는 정기적으로 서로 다른 팀들의 조합으로 프로젝트도 진행한다. 이는 새로운 형태의 팀 빌딩 프로그램으로 협업 작업을 통해 창의력을 배양하고 각 팀에 동기를 부여하려는 목적으로 진행된다. 각 팀에 동기 부여가 될 만한 슬로건과 포스트를 함께 제작해 이를 공유하는 방식이다.

디지털 미팅이 아닌 대면 미팅을 통한 커뮤니케이션 강화를 위해 이를 원활하게 돕는 아날로그 시스템을 도입하는 것 또한 도움이 된다. 구글은 신사옥 구글플렉스를 건축 당시 조직의 대면 커뮤니케이션을 강화를 위해 '반복 고리'infinite loop 로 불리는 경사로를 설치해 모든 조직 구성원들이 걸어서 2분 30초 만에 만날 수 있는 구조를 만들었다. 미국의 마케팅 기업인 바바리안Barbarian group 은 25m 길이의 긴 책상을 설치했다. 이곳에서 직원들은 직급과 직책에 상관없이 누구나 자유롭게 앉아 업무를 하거나 휴식을 취하며 정보를 공유한다.

최근 디지털 음악에도 변화가 일어나고 있다. 디지털 음악과 아날로그를 접목시키려는 다양한 시도가 나타난 것이다. 일렉트로니카 사운드에 아날로그 피아노 재즈를 섞은 음악을 선보인 일렉트릭 플래닛 파이브Electric Planet Five 의 음악이나, EDM 사운드에 록기타의 사운드를 가미한 DJ 레이든의 등장 등 디지털 음악의 한계를 아날로그와의 융합을 통해 신세대에 국한된 음악이라는 한계에서 탈피하려는 모습을 보이고 있는 것이다. 영국의 인기 EDM 뮤지션

조나스 블루Jonas Blue는 인터뷰에서 "라디오에서 흘러나오는 노래 중 사람들의 기억에 남는 음악은 팝음악이다"라고 말하며 70, 80년대의 느낌을 음악에 담으려고 노력하고 있다고 밝혔다. EDM에도 감성적 멜로디의 아날로그 감성을 녹여내야 한다는 것이다. 디지털이라는 거대한 조류를 만나 밴드 음악이 대중음악에서 차지하는 비중은 줄어들었고, 조직에서 아날로그 문화는 찾아보기 어려워졌다. 하지만, 모든 세대를 아우르기 힘든 디지털 음악의 한계와 디지털 조직이 겪는 어려움 속에 아날로그가 대안으로 떠오르는 것은 시간의 흐름과 함께 축적된 아날로그의 가치가 가진 힘 때문일 것이다. 그리고 이것이 왜 우리가 아날로그와의 접목을 고민해야 하는지의 답일 것이다.

2

밴드의 '동네 친구' 문화를
조직으로 가져와라

역사상 위대한 업적을 남긴 밴드에 공통적으로 나타나는 대표적인 팀 구성의 특징은 이들이 밴드 멤버를 '동네 친구'들로 구성했다는 점이다. 영국의 전설적인 밴드이자 록 역사상 가장 위대한 업적을 남긴 그룹 중 하나인 퀸Queen은 대표적인 동네 친구 밴드였다. 퀸의 기타리스트인 브라이언 메이Brian May와 베이시스트인 팀 스타펠Tim Staffel은 음악을 좋아하던 고등학교 절친이었다. 이 둘은 고교 재학 시절 자신들의 밴드를 만들고 뮤지션의 꿈을 키웠는데, 런던 임페리얼대학교Imperial College에 같이 입학하게 되면서 본격적으로 음악 활동에 전념하게 되었다. 학교 게시판의 밴드 모집 광고를 보고 찾아온 것이 퀸의 드러머인 로저 테일러Roger Taylor였다. 추후 팀 스타펠은 음악과는 다른 길을 걷게 되었지만, 이처럼 퀸의 전신은 동네 친구들로 구성된 팀이었다.

또 하나의 대표 '동네 친구' 밴드는 비틀스The Beatles이다. 존 레넌John Lennon은 고등학교 친구들과 함께 아마추어 밴드를 결성했는데, 이 밴드가 바로 비틀스의 전신이 된 쿼리멘The Quarrymen이라는 밴드였다. 전 세계 대중음악의 위대한 아이콘으로 대표되는 폴 매카트니Paul McCartney와 존 레넌의 역사적인 첫 만남 역시 동네의 교회 축제에서 이루어졌다. 그뿐만이 아니다. 비틀스의 모든 멤버들은 영국 중부의 항구 도시인 리버풀 출신으로 서민 가정의 자녀로 태어났다는 비슷한 환경을 가지고 있었다. 이런 성장 배경은 훗날 음악적인 유대감을 형성하는 데 큰 영향을 끼치게 된다.

일본 간토 지방 남동부에 위치한 치바현에서 함께 자란 두 친구가 있었다. 이들은 5살 유치원 시절부터 10대 학창 시절까지 대부분의 시간을 같이 보낸 절친한 사이였다. 고교 시절 록 밴드 키스KISS의 공연에 감명을 받은 두 사람은 반드시 함께 밴드를 하자고 다짐한다. 훗날 이 두 청년은 그들의 다짐대로 아시아를 대표하는 엄청난 록 밴드를 만든다. 바로 비주얼 록의 효시라 불리는 록 밴드 엑스재팬X-Japan의 보컬 토시와 리더인 요시키의 이야기이다.

1960년대부터 2000년까지 대중들에게 사랑받아 온 각 시대를 대표하는 밴드 50개를 분석한 결과 72%의 밴드가 동네 친구 또는 가까운 지인들로 팀을 구성했고, 나머지는 타 밴드에서 영입 또는 소개 등으로 팀을 구성했다. 팀의 성과를 활동 기간, 발매한 앨범 수를 지표로 봤을 경우 '동네 친구'로 구성한 팀은 약 5년이라는 긴 시간 동안 활동했으며, 평균적으로 3개 많은 음반을 제작했다. 대부분의 팀들이 음반 1개를 제작할 때까지 팀을 유지하거나, 싱글 한두 곡을 발매한 후 해체된다는 사실에 비추어 볼 때 '동네 친구' 팀은 실력 있는 탁월한 연주자를 영입한 팀보다 훨씬 좋은 결과물을 얻는다고 볼 수 있다. 그렇다면 '동네 친구'로 구성된 팀의 비결은 무엇일까?

| 친구들로 구성된 조직 문화의 특징 |

첫째, 동네 친구들은 동일한 환경에 노출되면서 자연스럽게 공감대가 형성되어 있다. '동네 친구' 팀은 서로 밀접한 관계를 가지며, 동일한 과제를 직면하고, 성공과 실패를 함께 경험한다. 어려서부터 함께 생활했기에 서로의 생각을 잘 알고, 동일한 관점에서 문제를 바라보고, 외부 환경에 동일한 방식으로 반응한다. 이 때문에 동네 친구 팀은 안정적이고, 간혹 도전적인 과업이나 환경에 부닥쳐도 쉽게 흔들리거나 무너지지 않는다.

둘째, 동네 친구 팀은 오랜 시간 함께해 왔기에 '합'이 잘 맞는다. 밴드에서 가장 중요한 요소 중 하나는 바로 '하모니'이다. 밴드에서 가장 많은 시간을 할애해야 하는 중요 업무는 서로 다른 악기와 서로 다른 음역대의 음악이 조화를 이룰 수 있도록 연습하고 관리하는 것이다. 조화를 잘 이룰수록 좋은 음악이 되고, 이것이 실전에서 좋은 성과로 연결되기 때문이다. 이런 밴드 팀의 특성상 오랫동안 알고 지내는 사람들과의 조화가 더 수월할 수밖에 없다. 음악은 단지 박자를 맞추는 것이 아니라, 그 이면의 감성과 감정이 조화를 이루어야 하기 때문이다. 이것이 때로 프로 뮤지션이 아니라, 오랫동안 합을 맞추며 활동한 아마추어 밴드의 음악에 사람들이 더욱 반응하는 이유이다.

'동네 친구'의 개념을 기업 조직에 가지고 온다면 어떻게 될까? 이윤을 추구하는 기업에서 같이 자란 동네 친구들로 팀을 구성한다는 것은 사실상 불가능하다. 하지만 밴드의 '동네 친구' 개념을 조직에 적용하면, 놀라운 시너지를 가져올 수 있다. 그 첫걸음은 팀 내에 구성원들이 공감대를 형성할 수 있는 '동네 친구' 문화를 인위적으로 심는 것이다. 직장인들이 깨어있는 시간 중 가장 많은 부분을 함께 보내는 직장 동료를 단순히 사무실에서 같이 일하는 사람이 아니라, 인생의 가장 절친한 친구가 될 수 있는 중요한 존재로 보는 것이다.

'동네 친구' 조직 문화는 한마디로 프렌드십^{Friendship}으로 귀결된다. 프렌드십은 단지 밴드 멤버나 개인 차원의 이야기가 아니다. 프렌드십 조직은 계산된 이익 관계로 돌아가는 조직이 아닌, 서로의 감정을 공유하고, 신뢰하는 조직이다. 그리고 이러한 신뢰 위에 스스로 협력하는 문화 조직이다. 친한 친구처럼 직장 동료들 간에 신뢰와 애정을 가지고 가치가 공유되는 조직이다.

미국 갤럽연구소^{Gallup, Inc}에서 '직장 내 조직 연구 및 리더십 컨설팅 팀'을 이끌고 있는 조직 전문가 톰 레스^{Tom Rath}는 그의 저서

《프렌드십》^{Vital Friend}에서 조직 내에 친구 관계가 형성될 때 더 높은 성과를 창출하고, 더 많은 제안을 하며, 직장에 오래도록 근속한다는 연구 결과를 보여주었다. 그는 3년간 112개 국가의 451만 명을 조사한 연구 결과를 발표했는데 회사에 절친한 친구가 있는 직장인은 전체의 30% 밖에 되지 않았다. 이들은 업무에 직장 동료 사이의 높은 친밀도는 조직 내 커뮤니케이션을 활성화시키고 다양한 정보가 보다 빠르고 쉽게 공유되므로 조직을 효율적으로 운영되게 한다. 일반적인 조직의 기브 앤 테이크Give & Take 문화에서 벗어나 자발적인 협력과 경험과 가치의 공유가 일어난다. 친구이기 때문에 상호 협력적인 문화가 정착되고 업무의 질과 생산성이 올라가는 것이다.

충실할 가능성이 그 반대보다 무려 7배나 높았으며, 회사에 대한 만족도도 50%가 높았다. 또한 이들 중 96% 이상이 현재 직장 생활에 만족한다고 나타나 조직 내 친한 친구의 존재 여부가 조직 구성원들로 하여금 몰입과 높은 생산성을 가져온다는 것을 입증했다. 〈비즈니스 뉴스 다이제스트〉 뉴욕판에 비슷한 설문 결과가 실렸는데 임원급의 50% 이상, 일반 직원의 63% 이상이 동료와 사무실 밖에서도 친구로 지낼 경우 더 높은 성과를 낸다는 것이었다.

프렌드십 문화를 조직에 들여왔을 때 생산성이 높아지는 이유에 대해 조직문화 전문가 젠 예거^{Jan Yager}는 다음과 같이 설명한다. "직장 내 친구는 업무에 대한 진솔한 피드백과 충고를 해주고 다양한 대화를 통해 창의성과 생산성을 높여 주기 때문이다." 직장 동료 사이의 높은 친밀도는 조직 내 커뮤니케이션을 활성화시키고 다양한 정보가 보다 빠르고 쉽게 공유되므로 조직을 효율적으로 운영되게 한다. 일반적인 조직의 기브 앤 테이크Give & Take 문화에서 벗어나 자발적인 협력과 경험과 가치의 공유가 일어난다. 친구이기 때문에 상호 협력적인 문화가 정착되고 업무의 질과 생산성이 올라가는 것이다.

뿐만 아니라, 프렌드십 문화의 구축은 강한 인재 확보Talent retention 효과를 가져다준다. 동료와의 프렌드십이 약간의 높은 처우보다 더 가치 있다고 생각하기 때문이다. 동료와의 친밀한 인간관계가 구성원들의 조직 몰입도를 높여주기 때문이다. '훌륭한 일터'GWP, Great Work Place 캠페인의 창시자 로버트 레버링Robert Levering은 훌륭한 일터의 조건을 신뢰, 재미, 자부심이라고 말한다. 관계 형성을 통해 동료와의 신뢰를 구축하고, 함께 업무를 하며 일상을 공유하면서 직무에 대한 자부심을 높여주는 프렌드십 문화가 구축되면 직장을 훌륭한 일터로 탈바꿈시켜 유능한 인재의 유출을 막고, 외부의 우수 인재가 몰리는 선순환을 낳는다.

| 조직 내에 프렌드십 구축하기 |

그렇다면 프렌드십을 조직에 어떻게 구축할 수 있을까? 조직 내 프렌드십의 핵심은 직장 내의 긴밀한 대인 관계에 있다. 따라서 성공적인 프렌드십 문화의 구축을 위해서는 개방적인 태도와 열린 커뮤니케이션의 강화, 그리고 격려와 배려와 같은 인성을 중요시하는 문화 구축이 중요하다. 직원들이 편하게 커뮤니케이션을 할 수 있도록 별도의 장소를 마련해 주거나 따뜻하고 협동적이며 친절한 근무 분위기를 조성하는 것 등이 프렌드십 문화 구축의 노력들로 볼 수 있다.

프렌드십은 구성원들이 잦은 만남을 통해 활발히 교류하며 신뢰를 쌓아가는 과정에서 나온다. 따라서 이를 활성화시킬 수 있는 조직적인 차원에서의 배려가 필요하다. 휴게실은커녕 회의실도 부족한 근무 환경에서 직원들이 서로 교류할 시간이 있을 리 만무하다. 업무 중 비공식적 커뮤니케이션의 효과를 나타내는 워터쿨러 효과Water Cooler Effect라는 것이 있다. 이는 회사 내에 음료를 마시며 쉴 수 있는 휴식 공간을 충분히 만든다면 직원 간의 커뮤니케이션이 활성화될 수 있다는 것이다. 이런 맥락에서 직원들이 자연스럽게 모일 수 있는 공간을 제공하고 취미나 관심사가 비슷한 사람끼리 업무 외 시간을 함께할 수 있도록 배려하는 회사는 지식 공유와 조직 구성원 간의 상호 친밀도를 높여 자연스러운 프렌드십 문화를 구축할 수 있는 것이다. 실제로 톰 라스는 직원들이 모여 서로 대화할 수 있는 공간을 둔 회사가 그렇지 못한 회사에 비해 사내에 절친한 친구를 가질 확률이 두 배나 높다는 연구 결과를 발표했다.

미국에서 가장 성공한 전자제품 유통업체 중 하나인 베스트바이Best Buy는 미네소타에 신사옥을 건립할 때 조직 내 커뮤니케이션 강화와 팀 간의 네트워크 구축을 위해 사옥 한가운데에 거대한 규모의 휴게 공간과 카페를 만들었다. 이곳은 사내에서 커피를 판매하는 유일한 장소로, 직원들이 푹신한 소파에 앉아 대화를 나누거나 이 장소에서 대내외적 미팅을 진행할 수 있게 했다. 이러한 공간의 확보는 개인적인 만남을 활성화함으로써 프렌드십 구축에 큰 영향을 미쳤다. 일본 건설업계를 대표하는 카지마 건설^{鹿島建設}은 사옥에 새소리가 들리는 정원을 설치했다. 직원들이 휴식을 취하고 편하게 대화할 수 있는 장소를 제공함으로써 직원들 간의 관계 구축을 장려했다.

격려와 배려 또한 프렌드십 구축에 중요한 요소이다. 베스트셀러 《기브 앤 테이크》Give and Take의 저자이자 펜실베이니아 대학 와튼 비즈니스 스쿨University of Pennsylvania, Wharton School의 아담 그랜트Adam Grant 교수는 기업의 조직문화를 평가할 때 사람들의 동기, 능력, 재능, 그리고 그가 얼마나 열심히 일했느냐만 고려할 것이 아니라 다른 사람에게 얼마나 좋은 영향을 미치느냐도 비중 있게 고려해야 한다고 주장하면서 배려와 격려의 중요성을 강조한 바 있다. 권위적이고 지나친 목표 위주의 강압적 조직 문화는 프렌드십 구축에 있어서 지양해야 할 부분이다. 지나치게 강한 권위의 강조는 직원들 간의 갈등과 사내 정치 문화에 따른 심리적인 불안감을 조성해 생산성이 저해된다. 반면 배려와 격려는 팀워크를 강화시키고 소통과 참여의 문화를 만들어 강한 신뢰를 바탕으로 한 소속감을 증대시킨다.

대부분의 기업 조직에서는 조직 문화를 구축한답시고 도요타나 GE 등 외국 기업들의 가치 체계를 맹목적으로 도입하거나, 컨설팅을 통해 "OO Way"로 대변되는 획일화된 조직 문화를 구축한다. 빠른 성과와 결과물을 원하는 기업의 입장에서는 당연한 것이지만, 조직 문화는 철저히 아날로그 방식으로 마치 친구들이 우정을 쌓아가듯 오랜 시간을 들여 숙성시켜서 적용해야 하는 것이다. 철저하게 직장과 개인의 삶을 구분해온 기존의 조직 문화 트렌드는 일과 삶의 균형work & life balance을 맞추는 쪽으로 변화해야 할 것이다. 개인의 만족과 조직의 성과는 하루 대부분의 시간을 보내는 조직 내에서 친구처럼 서로를 신뢰하고 가치를 공유하며 협업함으로써 성과를 내는 프렌드십에서 나오기 때문이다. 이것이 밴드의 동네 친구 문화를 조직에 접목시켜야 하는 이유이다.

3

산타나,
새로움에 대한 수용

세월과 함께 잊혔던 70년대 기타리스트 산타나^{Santana}가 무대에 화려하게 복귀했다. 그리고 제42회 그래미상 시상식에서 앨범 〈슈퍼 내추럴〉^{Super Natural}로 올해의 레코드, 올해의 앨범 등 무려 8개 부문 상을 수상했다. 이는 1984년 '팝의 황제' 마이클 잭슨의 최다 부문의 수상에 맞먹는 대기록이다. 그래미상 이후 산타나에게 쏠린 대중의 관심 덕분에 앨범은 순식간에 3백만 장이 더 팔려나갔다. 미국에서만 8백만 장이 판매되었고, 앨범은 차트 1위로 올라섰다. 후속곡 '마리아 마리아'^{Maria Maria}도 싱글 차트 1위로 치솟아 '스무스'^{Smooth}에 이어 정상을 차지했다. 대중들은 젊은 층의 독무대인 팝 음악계에 탁월한 음악을 가지고 돌아온 쉰이 훌쩍 넘은 노장 뮤지션에게 성원을 아끼지 않았다. 산타나의 성공 비결은 무엇이었을까?

　그것은 음악성을 기초로 한 치밀한 전략이 가져온 결과물이었다. 그는 소속사인 아리스타 레코드의 대표 클라이브 데이비스^{Clive Davis}의 기획 아래 앨범 발매 3년 전부터 〈슈퍼 내추럴〉의 밑그림을 그렸다. 클라이브는 이 노장 뮤지션 산타나를 어떻게 부활시킬지 심사숙고했다. 사람들에게 많은 영감을 준 기타 연주로 한 시대를 풍미한 뮤지션이었지만, 지금은 시대가 변했다. 클라이브가 고민 끝에 내놓은 카드는 '수용'이었다. 기존의 음악 스타일만 고집하는 것이 아니라, 새로운 세대의 문화를 수용해 새로운 타깃을 확보하고, 서로 다른 음악적 장르를 수용해 신선한 음악을 들려줄 것을 핵심 전략으로 삼았다.

　클라이브는 신세대들에게 소위 먹히는 음악을 선보이기 위해 산타나와 함께할 새로운 가수들을 영입했다. 롭 토마스^{Rob Thomas}, 와이클레프 진^{Wyclef Jean}, 데이브 메튜스^{Dave Matthews} 등 당시 최고의 인기를 끌고 있던 팝스타들을 대거 초빙했다. 산타나는 이들과의 기획회의에서 자신의 음악이 새로운 소비층과 트렌드에 어울리는 접점을 찾기 위해 많은 시간을 보냈다. 산타나는 자식뻘 같은 이들을 단순한 게스트로 보지 않았고, 새로운 음악적 방향과 결과물에 관해 진지하게 논의하면서 자신의 음악을 발전시킬 협력자로 만들었다. 결과적으로 이들 뮤지션들의 음악적 인싸이트와 아이디어가 함께 어우러져 새로운 형태의 산타나 앨범이 만들어졌다. 따라서 노장의 앨범이라고는 생각하기 힘들 정도로 〈슈퍼 내추럴〉에서는 젊음의 신선함과 에너지가 담겼다. 비평가들은 이러한 시도를 가장 중요한 성공 요인으로 분석하고 있다. 실제로 산타나의 앨범을 산 사람들 대부분이 20대인 것으로 나타났다.

| 새로운 세대를 수용하라 |

산타나의 음악적 회생이 기업에 주는 메시지는 무엇일까? 바로 새로운 소비층의 유입을 목표로 삼아 이를 브랜드 재도약의 기회로 삼을 수 있다는 점이다. 인터넷과 SNS의 발달로 소비의 영향력이 젊은 세대로 내려가면서 기업에서는 젊은 층의 마음을 사로잡기 위한 전략이 중요해지고 있다. 전문가들은 디지털 문명의 정점에 태어난 신세대들이 이미 2020년이면 전 세계에 26억 명에 달할 것이며, 440억 달러의 구매력을 지니고 있는 것으로 보고 있다. 또한 이들은 모바일 환경과 인터넷을 통한 정보 수집을 통해 각 가정 소비 지출의 93%를 좌우하는 영향력을 행사하고 있는 것으로 나타났다. 이제 새로운 세대를 공략하는 전략은 단순히 타깃층을 넓혀 매출을 증대하는 수준이 아닌, 기업의 성장과 생존에 직결된 문제가 되었다.

최근 젊은이들의 입에 오르내리며 밀레니엄 세대를 통해 매출의 절반을 올려놓은 브랜드가 등장했다. 이는 신세대들이 열광할 만한 스포츠나 스파 브랜드도 아니고, 젊은 세대를 겨냥해 출범된 신생 브랜드도 아니었다. 놀랍게도 브랜드가 출시된 지 100년이다 되어가는 이탈리아 명품 브랜드 구찌^{Gucci}였다. 일반 대중이 아닌, 구매력을 갖춘 소수의 고객과 상류계층을 타깃으로 하던 명품 브랜드의 VIP 마케팅을 일반 대중으로, 더욱이 20, 30대라는 새로운 세대로 대상을 옮기자 매출이 급상승하기 시작했다.

그렇다면 기존 브랜드에 신세대를 유입해 비즈니스에 활력을 불어넣은 방법은 무엇이었을까? 〈슈퍼 내추럴〉 성공의 핵심은 새로운 세대들과의 음악적 소통이 성공했다는 것이다. 클라이브 데이비스는 70, 80년대 록 아티스트가 다시 한 번 기회를 얻기 위해서는 그의 음악에 새로운 대중의 유입이 필요하다고 진단했다. 그리고 이를 위해 신세대들의 음악적 트렌드를 분석하고 산타나의 음악에 이런 요소를 배치하기 시작했다. 산타나의 곡을 음악적 특색에 따라 분류하고, 각 곡에 대중적이면서 신세대 감각으로 표현해 낼 수 있는 젊은 아티스트들을 매칭했다. 블루스에 힙합의 리듬이 가미된 'Do You Like The Way'에는 와이클레프 진^{Wyclef Jean}이 그루브 있는 랩을 선보였으며, 'Put Your Lights On'에서는 당시 주목받던 모던록 그룹인 에버래스트^{Everlast}의 세련된 기타 리프를 통해 산타나의 기타 연주를 더욱 돋보이게 했다. 신세대들과 음악적 소통의 접점을 찾자 산타나의 앨범은 날개를 달기 시작했다. 저스틴 팀버레이크, 메탈리카와 함께 다시 한 번 대중의 관심을 받기 시작한 것이다.

마찬가지로 기업이 새로운 세대의 유입을 위해 필요한 것은 브랜드와 고객과의 소통이다. 다양한 경로를 통해 이들과 소통하고 신세대들과 음악적 소통의 접점을 찾자 산타나의 앨범은 날개를 달기 시작했다. 저스틴 팀버레이크, 메탈리카와 함께 다시 한 번 대중의 관심을 받기 시작한 것이다. 마찬가지로 기업이 새로운 세대의 유입을 위해 필요한 것은 브랜드와 고객과의 소통이다. 다양한 경로를 통해 이들과 소통하고 니즈를 찾아 비즈니스에 접목시키는 것이다.

니즈를 찾아 비즈니스에 접목시키는 것이다. 구찌는 새로운 시대의 흐름에 따른 성장 동력으로 신세대라는 키워드를 선택했다. 구찌는 경영진과 밀레니엄 세대 직원들 간의 커뮤니케이션 프로그램인 리버스 멘토링제를 운영해 이들의 의견을 반영하기 시작했다. 신세대들의 소통 창구인 페이스북, 인스타그램 등 소셜 미디어를 적극 활용해 신제품의 커뮤니케이션은 물론 젊은 소비층의 구매 패턴을 분석해 온라인에서 한시적으로 리미티드 에디션을 판매하는 등의 전략을 통해 젊은 세대를 대거 유입시켰다. 구찌는 최근 소비층 절반이 35세 미만의 젊은 세대들로 채워졌음을 밝혔다. 이들의 성장 동력은 구매층의 성공적인 세대교체에 있었다.

| 비즈니스에 새로움을 수용하라 |

산타나는 단지 새로운 뮤지션을 영입하는 것에서 그치지 않고, 새로운 음악 장르를 수용해 자기만의 스타일로 만들기 위해 노력했다. 록, 라틴, 블루스, 힙합 등 다양한 장르의 음악을 받아들여 앨범에 모두 녹여냈다. 그리고 단순한 음악적 퓨전에 그치지 않고, 산타나 특유의 아름다운 기타 선율을 덧입혀 자신만의 음악으로

승화시킨 것이다.

사실 산타나의 이러한 시도는 비단 〈슈퍼 내추럴〉 앨범에만 있는 것은 아니었다. 산타나는 1969년 우드스톡 라이브에서 이미 라틴과 아프리카 리듬을 섞은 연주를 들려준 바 있었다. 이어 1970년도에는 라틴과 록 음악의 퓨전, 1980년도에는 재즈와 명상 음악까지 섞는 다양한 장르의 융합을 시도했다. 즉 산타나는 혼합, 장르의 수용을 자신의 음악 철학으로 생각하고, 꾸준하게 다양한 시도를 해온 뮤지션이었다. 하지만, 실험 음악을 시도하면서 대중의 눈높이에 맞추지는 못했다. 그리고 30년 넘게 축적한 음악적 내공이 〈슈퍼 내추럴〉에서 폭발하여 기적적으로 복귀한 것이다.

비즈니스에서도 이질적인 산업의 수용이 새로운 성장을 위한 돌파구가 될 수 있다. IT 기술을 적극 수용한 나이키의 사례를 들어보자. 세계적인 스포츠용품 업체인 나이키는 1964년 창업 이래로 1995년까지 경이로운 성장을 이어왔다. 하지만 90년대 이후부터 성장이 둔화하면서 위기의식을 느끼게 되었다. 나이키는 2006년 마크 파커Mark Parker를 새로운 CEO에 임명한다. 그는 1979년 나이키에 입사해 에어 맥스, 조던 시리즈 등 전설적인 운동화 디자인에 참여한 디자이너 출신의 CEO였다. 파커는 침체한 나이키의 부활을 위해 혁신적인 프로젝트를 진행했다. 제품에 IT 기술을 도입하겠다는 것이다.

파커는 부임하자마자 디지털 스포츠 부문을 신설하고, 몸의 움직임과 강도를 데이터로 수집했다. 그리고 이 데이터를 다양한 IT

제품과 연동시켜 분석했다. 전자 기기들을 떼었다 붙이며 몸을 움직이고 분석하기를 5년, 드디어 나이키는 150달러짜리 전자팔찌 퓨얼밴드 FuelBand를 시장에 내놓는다. 이는 운동과 IT의 결합을 통해 새로운 라이프스타일을 제시하는 혁신적인 시도였다. 퓨얼밴드는 손목에 착용하는 웨어러블 기기로 누적 운동 시간, 이동 거리 등을 기록해주며, 회원 간의 커뮤니티를 통해 다양한 정보도 공유할 수 있었다. 운동복과 운동화만 생산해온 나이키가 인터넷 기반의 데이터 분석 서비스를 구축하고, IT 기반의 혁신을 감행하자 업계는 충격에 휩싸였다. 파커 부임 10년 후 순익은 3배를 뛰어넘었고, 미국 경제전문지 〈포춘〉은 2015년 올해의 기업인 1위로 파커를 선정했다.

산타나는 이제 70을 바라보는 나이가 되었다. 그는 최근 23번째 스튜디오 앨범 〈산타나 IV〉를 발매했다. 사이키델릭, 펑크, 스페인과 쿠바의 전통음악, 브라질 민속 음악, R&B 음악을 접목해 또다시 새로운 음악을 선보인 것이다. 새로운 세대의 음악, 그리고 새로운 음악 장르의 수용을 통해 산타나는 인생의 두 번째 전성기를 맞았다. 기업들도 성장의 모멘텀을 위해 산타나의 수용 정신을 생각해 봐야 할 것이다.

4

조직 구성원의 균형 잡힌 삶에서 성과가 나온다

신문, 인터넷, 모바일로 구인정보를 제공하는 벼룩시장에서 재미있는 조사를 했다. '가정과 직장 사이에서 갈등을 겪어본 적이 있습니까?'라는 설문인데, 응답자의 85.5%가 '가정과 직장 사이에서 갈등을 겪어본 적이 있다'고 답했고, 82.6%가 가정과 직장 간의 갈등으로 '직장을 그만둘 것을 고려해 봤다'라고 답해 직장과 가정 간의 조화로운 삶의 어려움을 보여주었다. 그리고 응답자의 약 40%는 가정과 직장 간의 갈등으로 인해 퇴사 및 이직을 고려하고 있다는 답변을 해 가정 문제가 조직 이탈에 심각한 영향을 미칠 수 있음을 시사했다.

2012년 한국의 한 대선 후보의 슬로건은 '저녁이 있는 삶'이었다. 이는 각박하고 여유 없는 우리 사회에 잔잔한 울림을 남겼다.

일과 삶의 균형을 이루는 것이 어렵지만 매우 중요하다는 공감대를 형성했기 때문이다. 한국 조직의 특성상 생활 사이클이 회사 중심으로 돌아가다 보니 대부분의 직장인들은 가정보다 훨씬 많은 시간을 직장에서 보낸다. 그렇게 가정에서 충분한 휴식을 취하지 못하고, 업무 스트레스로 인해 가족과의 관계가 소홀해지면서, 삶의 만족도가 떨어지게 된다. 이는 조직의 이탈로 나타나고 이러한 프로세스의 반복은 개인과 조직에 큰 문제가 되었다. 결국, 조직의 안정화를 위해 중요한 요소 중 하나는 직장과 가정의 조화로운 삶인 것이다.

기업뿐 아니라 유명 밴드의 많은 록스타들도 온전한 가정생활이 쉽지 않았다. 1970년대 프로그레시브 록의 선구자로 불리는 영국의 전설적인 밴드 핑크 플로이드^{Pink Floyd}의 베이시스트이자 싱어송라이터인 로저 워터스^{George Roger Waters}는 20세기에 두 번, 21세기에 한 번 이혼을 했으며, 같은 밴드 키보디스트인 리처드 라이트^{Richard Wright} 또한 세 번의 결혼 실패 후 암으로 세상을 떠났다. 80년대 미국을 풍미했던 LA 메탈 밴드 머틀리 크루의 드러머 토미 리^{Tommy Lee}는 80년도에서 90년도까지 세 번의 이혼을 겪었다. 블루스, 알앤비, 재즈 등 다양한 장르의 음악을 서던 록으로 승화시켜 1995년 로큰롤 명예의 전당에 헌액된 올맨 브라더스 밴드^{Allman Brothers Band}의 그렉 올맨^{Gregg Allman}은 무려 6번의 이혼 경력이 있다. 1950년대 중반 엘비스 프레슬리^{Elvis Presley}와 함께 로큰롤 열풍을 이끌고 1986년 로큰롤 명예의 전당에 헌액된 제리 리 루이스^{Jerry Lee}

Lewis는 이혼 명예의 전당에 헌액되었다고 불릴 만큼 가정사가 만만치 많다. 23세의 나이에 13세 사촌과의 결혼을 시작으로 총 7번의 이혼을 겪은 것이다.

밴드에서 개인의 가정사는 밴드의 성과에도 크게 영향을 미쳤다. 83년도 〈샤웃 앳 더 데빌〉Shout at the Devil 앨범으로 일약 스타 밴드로 떠오른 머틀리 크루Mötley Crüe는 공연 도중에 관객들과 난투극을 벌이고, 타 밴드와도 패싸움을 하고, 문란한 성생활로 평론가와 팬들의 비난을 받았다. 이는 토미 리의 가정불화로 인한 스트레스가 원인이었다. 미국 얼터너티브 밴드 스매싱 펌킨스Smashing Pumpkins의 리더인 빌리 코건Billy Corgan은 가정파탄과 친어머니의 죽음으로 인해 우울증으로 슬럼프에 빠져 밴드를 위기로 몰아넣었다.

| 균형잡힌 삶이 가져온 성과 |

선조들의 격언 중 집안이 편안하지 못하면 결코 사회에서 성공할 수 없다는 가화만사성家和萬事成이란 말이 있다. 비즈니스 측면으로 보면 가정과 직장, 그리고 조직 생활의 균형이 유지되고, 편안한 가정에서 업무 생산성도 향상된다는 말과 일맥상통할 것이다. 미주리 주립대Missouri State University 심리학과에서는 가족과 함께하는 시간 및 가족 간의 관계와 팀의 성과에 대한 연구를 진행한 적이 있다. 447명의 남자 대학농구팀 멤버들과 그들의 가족 관계 사이의 상관성을 분석한 것이다. 결과적으로 연구팀은 가족에게 시간을 더욱 할애하는 집단과 이혼, 다툼 등의 불화가 없는 집단의 성과가 그렇지 못한 집단과 30% 이상 차이가 난다는 것을 밝혀냈다.

베인 앤 컴퍼니[Bain & Company]의 CEO를 지낸 톰 티어리[Tom Tierney]의 사례를 살펴보자. 그는 비영리 단체를 위한 컨설팅회사인 브리지스팬[Bridgespan]을 창업한 컨설팅업계의 거물이다. 세계적인 컨설팅회사의 대표답게 잠잘 시간도 없이 바쁜 삶을 이어갔다. 하지만, 그는 어떻게 하면 자신의 삶을 조화롭게 영위할 수 있을지 고민하며 직장과 가정에 모두 충실하려고 노력했다. 그는 자신만의 한 가지 원칙을 만들었는데, 이는 '주말에는 출근하지 않는다'는 원칙이었다. 그리고 이를 고집스럽게 지키려고 노력했다. 두 자녀와 함께 공놀이를 하고 느긋하게 식탁에 앉아서 아이들의 이야기를 들어주는 시간이 중요하다고 생각했다. 톰은 일과 가정을 철저히 분리시켰고, 정해진 시간에는 가정에만 몰두했다. 톰이 가정에 충실한 결과 얻은 것은 업무에서의 집중력과 성과였다. 가족과의 화목한 관계, 가정에서의 충분한 휴식을 통해 고단했던 한 주에 쉼을 주었고, 재충전을 통해 업무의 성과가 더욱 올라갔기 때문이다. 그는 어느 임직원보다 성과가 뛰어났고, 클라이언트들로부터 능력을 인정받아 베인 앤 컴퍼니의 성공에 견인차 역할을 했다.

이처럼 가정과 일 사이의 조화로운 삶이 조직원 개인뿐 아니라, 조직의 생산성 측면에서도 중요한 요소인 것은 확실해 보인다. 하지만, 이것이 어려운 이유 중 하나는 기업의 잘못된 선입관 때문이다. 바로 오래 근무하는 사람이 높은 성과를 낼 것이라는 생각

스타트업, 록스타처럼 성공하라

이다. 하지만, 근무시간과 성과가 비례한다는 기업 조직의 패러다임에서 벗어나, 업무 효율성 향상을 통해 근로시간은 줄이고 성과는 높일 수 있다는 것을 인식해야 한다.

마케팅 분석툴을 서비스하는 기업인 다이얼로그테크^{DialogTech}의 CEO 어브 샤피로^{Irv Shapiro}는 "시간당 요금을 부과하는 서비스를 제공하는 비즈니스가 아니라면, 직원들을 업무 시간으로 평가하는 것은 어불성설이다. 직원들이 일궈낸 결과를 기준으로 성과를 측정해야 한다."며 근무 시간과 생산성은 무관하다고 주장했다. 우리나라의 총 근로시간은 2,069시간으로 OECD 회원국 중 멕시코 다음으로 길다. 하지만 근로자의 시간당 노동생산성은 31.8달러로 OECD 국가 중 최하위권으로 나타났다. 이는 OECD 평균 46.5달러, G7 평균 52.6달러보다 30%~40% 낮은 수준으로 선진국과는 큰 격차가 있음을 보여준다. 다시 말해 오래 일한다고 성과가 좋다고 말할 수는 없다는 것이다.

| 직장과 삶을 조화시키는 방법 |

그렇다면 어떻게 직장과 삶의 조화를 추구할 수 있을 것인가? 맡겨진 업무를 효율적으로 처리해 성과도 올리고 일찍 퇴근해 개인 시간도 확보하기 위해서는 시간을 어떻게 활용하느냐에 달렸다. 바로 주어진 시간 동안 완전한 집중과 몰입을 하는 것이다. 이를 위해 조직이 해줄 수 있는 것은 몰입할 수 있는 환경을 제공하

그렇다면 어떻게 직장과 삶의 조화를 추구할 수 있을 것인가? 맡겨진 업무를 효율적으로 처리해 성과도 올리고 일찍 퇴근해 개인 시간도 확보하기 위해서는 시간을 어떻게 활용하느냐에 달렸다. 바로 주어진 시간 동안 완전한 집중과 몰입을 하는 것이다. 이를 위해 조직이 해줄 수 있는 것은 몰입할 수 있는 환경을 제공하고 지원하는 것이다.

고 지원하는 것이다.

이미 적용하고 있는 기업도 많지만 시도할 수 있는 손쉬운 방법은 집중근무시간제Core time work의 운영이다. 집중근무시간이란 말 그대로 외부의 방해 없이 일에만 집중하는 시간을 말한다. 그러기 위해서는 업무에만 집중할 수 있도록 규칙을 세워 운영한다. 회의, 업무 지시는 물론 흡연, 인터넷 서핑, 전화 통화, 잡담, 사내 인트라넷, 이메일의 사용을 중단하고 모든 생각과 에너지를 업무에만 집중해 업무 성과를 올리는 것이다. 이를 위해서 먼저 직원들에게 이 시간이야말로 가장 귀중한 시간임을 인식시킴과 동시에 상사들에게도 직원의 귀중한 시간을 뺏는 것이 성과 저해로 나타난다는 인식을 명확히 하는 것이 중요하다. 또한 집중근무시간에는 가능한 창조적인 업무에 집중하도록 독려해 창의력을 요구하는 기획업무에 몰두하도록 하는 것도 필요하다. 시간만 들이면 처리할 수 있는 반복적이고 일상적인 업무보다 방해받지 않는 환경에서 창의적 업무를 진행한 것이 효율을 높일 수 있기 때문이다. 마지막으로 주어진 집중근무시간 안에 마무리가 가능한 업무를 부여하고 이를 진행하는 것도 집중근로시간을 효율적으로 이용하는 데 도움이 된다. 제한된 시간의 설정은 업무의 몰입을 가져오고, 작업을 마무리하고 업무를 달성한 성취감이 잔업 처리에 대한 동기부여로도 연결될 수 있기 때문이다.

LG유플러스는 자사 집중근무제도의 일환으로 시작된 911 문화 캠페인을 시작했다. 911문화란 회의 진행시 구(9)체적인 안건을 하루(1) 전에 공유하고 한 시간(1) 내로 회의를 마치는 회의제도, 9시에 시작해 11시까지 업무에 몰입하는 911 집중근무, 구(9)두로 1장으로 1번에 보고하는 911보고를 지칭하는 말이다. 소프트웨어 업체 제니퍼소프트도 아예 집중근무시간을 지정해 운영하고 있다. 집중근무시간은 오전 11시부터 오후 2시까지다. 이때는 회의, 메신저 쪽지 대응 등 다른 일은 일절 하지 않는다. 각자 맡은 업무만 수행한다. 이 회사 관계자는 근무시간이 길어지면 오히려 생산성이 떨어질 수 있어 짧게 집중해 일하자는 의미로 집중근무시간 제도를 운영한다고 밝혔다.

다시 밴드로 돌아가 보자. 거의 40년이 다 되어 가는 긴 시간 동안 꾸준한 앨범 발매와 새로운 음악적 진화를 거치면서 1억 3천만 장이 넘는 경이적인 앨범 판매고를 기록한 록 밴드 본 조비는 가장 상업적으로 성공한 밴드로 손꼽힌다. 그리고 그는 종종 매거진과의 인터뷰에서 성공 비결을 묻는 기자들에게 "나의 성공 비결은 28년 동안 성실하게 지속한 가정생활에 있다."며 가정생활의 중요성을 강조했다. 그는 다른 록스타들과는 달리 자신이 자란 뉴저지의 고등학교 동창과 결혼하여 지금까지 화목한 가정을 유지하고 있다. 또한, 4명의 자녀를 학교에 직접 데려다주고 자녀들의 학교 행사에도 참여하는 등 자상한 아버지의 모습으로 자녀들과 좋은 관계를 유지하고 있다. 2010년 〈맨즈헬스〉^{Mens Health} 매거진은 '본 조비는 패밀리 맨이다. 그는 다른 록스타들과 달리 유흥에는 관심이 없다'고 말하며 본 조비의 충실한 가장으로서의 삶을 기사로 다루었다. 그는 자신의 멘토로 그의 아내 도로시아^{Dorothea}를 꼽는다. "우리는 실과 바늘처럼 계속 붙어 있어야 합니다. 나에게 가장 중요한 일은 우리가 함께 성장하며, 항상 같은 방향을 바라보며 나아가고 있다는 것입니다." 그는 아내에 대한 깊은 신뢰와 애정을 드러내며 말했다. 본 조비는 80년대부터 지금까지 세계적인 스타 밴드로 활발히 활동할 수 있었던 삶의 원동력을 안정된 가정생활로 설명하고 있다. 그리고 이는 조직의 생산성과 가정 사이의 상관관계에 대한 명확한 답을 제시한다.

많은 조직의 구성원들이 가정과 조직 사이에서 빚어지는 갈등으로 고생하고 있다. 그리고 이것은 단지 개인의 가정 문제가 아닌, 조직의 생산성과 직결된 문제이기에 우리는 좀 더 이 문제에 귀를 기울일 필요가 있다. 과거처럼 일에만 매달리는 워커홀릭 방식을 고집하다가는 가정생활이 피폐해지는 것은 물론이고 직장에서도 생산성이 떨어진다는 위기의식을 가져야 한다. 최근 경영학의 화두가 '일과 삶의 균형(워라밸)'인 것도 개인의 균형 있는 삶이 장기적으로는 기업 전체에 도움이 된다는 인식이 커졌기 때문이다. 조직에서는 구성원들이 삶의 균형을 유지할 수 있도록 전폭적인 지원과 제도를 아끼지 말아야 할 것이다. 무엇보다 다양한 시간 관리 프로그램을 운영하기 전에, 조직 구성원들의 삶의 질의 차이가 생산성과 업무의 질의 차이를 만들어 낸다는 경영진들의 인식의 변화가 있어야 할 것이다. 본 조비가 창조적인 생산성을 지속적으로 해낼 수 있었던 이유가 바로 가정과 조직의 조화로운 삶에 있었음을 명심하자.

5

비즈니스 성장을 돕는
조직의 프로듀서

밴드에 있어 음반을 제작하는 것은 그 무엇보다 중요한 업무이다. 밴드는 음반을 통해 대중에게 접근하고, 소통하며, 평가를 받기 때문이다. 그리고 대부분의 밴드는 멤버들이 직접 작곡, 작사, 편곡에 참여한다. 자신들의 스타일대로 곡을 작곡하여 밴드의 색깔을 나타내지 못한다면 밴드를 구성하여 음악을 하는 의미가 없기 때문이다.

하지만 음반 제작에 있어서는, 코치의 도움이 필요하다. 밴드에서는 이러한 코치를 '프로듀서'라고 부른다. 이들은 밴드가 작곡한 곡의 방향을 통일해 하나의 콘셉트를 만들고, 밴드의 음악적 스타일에 맞게 곡들을 편집 및 재구성하여 가공되지 않은 생生음악을 시장성 있는 상품으로 재탄생시킨다. 물론 레드 제플린의 지미 페이지Jimmy Page, 잉베이 맘스틴Yngwie Malmsteen, 오아시스Oasis의 노엘 갤러거Noel Gallagher처럼 밴드의 멤버가 직접 프로듀서를 하는 경우도 드물게 있다. 하지만 밴드가 스스로 프로듀싱을 하는 경우 자신의 음악을 객관적으로 판단하기 어렵고, 밴드가 지향하는 음악과 고객이 원하는 대중성의 절충안을 찾기가 쉽지 않다. 따라서 대중의 기대치에 맞게 멤버들의 음악적 재능을 끌어올리고, 전체적인 제작 과정을 코칭하는 프로듀서가 필요한 것이다.

헤비메탈이라고 하면 이들의 이름이 자연스럽게 떠오를 정도로 메탈 장르의 대명사가 되어버린 밴드가 있다. 바로 메탈 음악의 정의를 내렸다는 평가를 받는 밴드, 메탈리카Metalica이다. 이 슈퍼 밴드의 성공에 견인차 역할을 한 중요한 인물이 있었으니, 그가 바로 프로듀서 밥 록Bob Rock이다. 밥 록은 헤비메탈 음악을 좋아하는 사람이라면 한 번쯤 들어 봤을 법한 이름으로, 본 조비Bon Jovi, 에어로스미스Aerosmith, 머틀리 크루Mötley Crüe, 오프스프링The Offspring 등 수많은 록 뮤지션의 음반을 프로듀싱한 전설적인 인물이다.

메탈리카는 1집부터 4집 앨범까지의 대중적인 성공 이후 음악적으로 새로운 시도를 하고 싶었다. 그리고 그에 따른 솔루션으로 밴드에 새로운 코치 밥 록을 영입한다. 메탈리카와 같은 배를 탄 밥 록은 메탈리카의 음악적 특색을 연구하고, 가장 메탈리카다운 음악을 만들고자 노력했다. 밥 록은 음악 사이트 블래버마우스Blabbermouth와의 인터뷰에서 이렇게 말했다. "메탈리카의 장점, 메탈리카만이 가지고 있는 역량이라고 생각되는 것들을 최대한 끌어내려고 노력했죠. 가사, 그루브, 기타 연주 등에 신경을 많이 썼습니다. 1집에서 4집까지는 기타와 드럼 사운드가 강조됐지만, 저는 베이스를 더욱 강조하여 전체적으로 음악적 균형을 유지하려 노력했습니다." 이렇게 밥 록과 메탈리카는 녹음하고 리뷰하고, 수정하는 작업을 한없이 반복했다. 그러기를 9개월. 헤비메탈계의 최고 명반이라고 불리는 〈블랙 앨범〉Black album이 탄생하였다. 메탈리카를 모르는 사람이라도 초반 부분의 클린 기타 리프는 한 번쯤 들어 봤을 법한 곡 '엔터 샌드맨'Enter Sandman이 수록된 앨범이다. 메탈리카는 이 앨범으로 그래미를 수상했고, 빌보드 차트에 무려 250주 동안 머물러 있었다. 비주류로 분류되는 헤비메탈 음악으로 이만한 상업적 성공을 거둔 것은 이 블랙 앨범이 독보적이라고 할 수 있다. 이러한 성공에는 메탈리카의 음악적 잠재력과 가능성을 100% 끌어올린 프로듀서 밥 록의 공로가 컸다.

| 조직의 프로듀서, 비즈니스 코치 |

밴드의 상업적 성공 뒤에 프로듀서의 지원이 있었다면, 기업의 성공에는 조직의 프로듀서라고 할 수 있는 비즈니스 코치의 지원이 필요하다. 아무리 탁월한 역량을 갖춘 구성원으로 조직된 팀이라 할지라도, 제대로 된 성과를 달성하기 위해서는 올바른 방향성을 잡아주고, 조언을 해줄 코치가 필요하기 때문이다. 따라서 요즘의 조직들은 외부 전문 코치의 도움을 받거나, 사내에 코칭 시스템

스타트업, 록스타처럼 성공하라

을 도입하려는 시도를 하고 있다. 코칭 제도를 도입해 놀라운 생산성을 가져올 수 있었던 닛산^{NISSAN}의 코칭 경영을 예로 들어 보자.

잭 웰치$^{Jack\ Welch}$ 전 GE 회장 이후 가장 뛰어난 CEO로 평가받는 일본의 닛산 자동차의 회장 카를로스 곤$^{Carlos\ Ghosn}$이 부임하던 1999년, 닛산은 6천 844억 원의 적자를 기록하며 창립 이래 가장 심각한 침체기를 겪고 있었다. 닛산을 회생시키기 위해 프랑스 르노^{Renault}에서 닛산으로 투입된 카를로스는 문제의 핵심 중 하나로 상명하달의 수직적인 조직을 꼽았다. 카를로스는 경직된 조직 문화에서 탈피해 직원들의 가능성을 발견하고 개발하며, 이를 지원해줄 수 있는 조직으로의 전환을 위해 코칭 문화를 솔루션으로 제시했다.

그는 곧 600여 명의 임원을 대상으로 3개월 동안 일대일로 코칭을 실시했다. 중간관리자 2천 500명 대상으로도 코칭 연수를 시행하며 전사적으로 코칭 문화를 조직에 심었다. 카를로스는 자신을 회사의 '코치'로 부르며, 조직 구성원 간의 코칭을 정책적으로 장려했다. 코칭 프로그램 도입 이후 단 1년이라는 짧은 시간 만에 닛산은 기적적으로 회생했다. 영업수지가 3천 311억 원의 흑자로 돌아섰으며, 수많은 젊은 인재들이 창의적 제안을 두려워하지 않는 능동적인 조직으로 돌아선 것이다.

또 다른 사례로 고객 커뮤니케이션 기업 세가^{Sega}의 사례를 살펴보자. 세가는 2006년 당시 신임 책임자가 4분의 3 이상, 1개 팀에 신입사원이 3분의 2 이상을 차지할 정도로 이직률이 높았다.

기존의 관리 방식에 한계를 느낀 세가는 조직을 관리할 수 있는 경영 도구로 코칭을 선택한다. 세가는 코칭을 일상화하기 위해 미들 업 다운Middle-up-down 방식으로 코칭을 추진했다. 중간 관리자들이 코칭을 리드하도록 하여 이들에게 월간 및 주간별로 코칭 스케줄을 계획하고 보고서를 작성하도록 했다. 주간 경영회의 때마다 코칭 결과를 발표하고 사례를 공유했다. 코칭 문화가 자리 잡을 수 있도록 코칭 공간을 별도로 마련하고 근무 시간 중에 코칭 시간을 할애하도록 했다. 또한 핵심 관리자들을 중심으로 '마중물 연구회'라는 코칭 그룹을 별도로 구성하여 코칭에 대한 연구와 적용을 고민하게 했다.

적극적인 코칭 문화 형성은 바로 긍정적인 성과로 나타났다. 정기적인 코칭 면담으로 퇴사 가능성을 사전에 차단함으로써 퇴사율이 절반으로 감소했고, 직원들 사이에도 긍정적이고 밝은 분위기가 조성되기 시작했다. '마중물 연구회'의 활발한 활동은 책임자들이 코칭 및 경영 노하우를 나누는 자리가 됨으로써 학습 조직이 활성화됐다. 코칭을 적용한 후 업무성과뿐 아니라 조직의 어려움까지 해결된 것이다.

| 조직에 코칭을 적용하는 방법 |

그렇다면 비즈니스에 있어 코치란 무엇이고, 조직에 적용할 수 있는 방법은 무엇일까?

음악의 프로듀서가 뮤지션의 재능을 끌어내 최고의 음반을 낼 수 있도록 도와주는 사람이라면, 비즈니스에서의 코치는 조직 구성원의 잠재력을 끌어 올려 이들 스스로가 변화할 수 있도록 돕는 사람이다. 이들은 조직이 처한 문제를 고민하고 해결한다는 면에서는 컨설턴트와 유사하지만, 컨설턴트가 이슈에 대한 직접적인 문제 해결을 제시한다면, 코치는 조직 구성원 스스로가 문제 해결을 할 수 있게 돕는다는 점에서 차이가 있다. 따라서 코치는 무엇을 해결할 것인가에 집중하기보다, 누가 해결할 것인가에 집중한다. 이들은 문제를 지적하기보다 기대하는 성과에 맞는 적절한 질문을 통해 조직 구성원의 성장을 돕는다. 한 가지 유념해야 할 것은 코칭이라는 것이 한두 명의 코칭 전문가가 몇 시간 동안 코칭을 진행한다고 해서 조직에 변화를 가져오는 것이 아니라는 점이다. 이것은 조직 구성원을 향한 관점을 바꾸는 사고의 전환이 있어야 하며, 전사적으로 리더십 문화를 정착시키는 것이다. 코칭의 전제는 모든 구성원이 무한한 잠재력이 있고, 필요한 해답은 그 사람 내부에 있다는 믿음에서 시작하기 때문이다. 이해를 돕기 위해 아래의 사례를 살펴보자.

사례 1.

팀장 : 오늘 경쟁 프리젠테이션의 문제가 뭐라고 생각하나?

팀원 : A라는 제품의 특징을 강조했어야 했는데, 너무 긴장해서 그만 놓친 것 같습니다.

팀장 : 내가 그렇게 강조를 했는데, 그걸 빼먹어? 다음부터는 내가 하는 말을 귀담아 듣게. 다음에는 더 잘할 수 있을 거야.

사례 2.

팀장 : 첫 프레젠테이션이라 준비하느라 수고했네. 오늘 무엇을 가장 잘했다고 생각하나?

팀원 : 시장에서 제품의 니즈와 회사 소개와 실적 설명을 잘한 것 같습니다.

팀장 : 고생했네. 다음에는 클라이언트와 계약하기 위해 무엇을 더 해보겠나?

사례 1이 전통적인 방식의 상사라면, 사례 2는 상대방의 발전 가능성을 염두에 두고 이를 개발하도록 지원하는 코칭형 상사이다. 즉 같은 상황에서도 상사의 대응방식에 따라 조직 구성원의 개발 가능성이 달라진다는 것을 보여준다. 이제 실제로 조직에 적용해 볼 수 있는 간단하지만 강력한 코칭 방법을 배워보자. 아래 방법은 현재의 일반적인 코칭 이론과 교수법에서 스타트업처럼 작은 조직에도 적용해 볼 만한 핵심사항을 간추린 것이다.

첫째, 적극적으로 경청한다. 경청은 코칭의 시작이며, 가장 중요한 단계이다. 먼저 상대방의 말을 잘 들어야 올바른 진단과 질문을 할 수 있기 때문이다. 적극적 경청의 핵심은 반응이다. 코치의 적절한 반응은 조직 구성원의 마음을 열게 하고, 상황에 대한 충분한 정보를 수집할 수 있게 하기 때문이다. 상대의 말에 반응하는 방식은 많겠지만, 다음 세 가지만 적용해 보도록 노력해 보자. 상대의 말을 '바꾸어 말하기', '요약해서 말하기', '끄덕이기'가 그것이다. 간단해 보이지만 이러한 과정을 통해 상대방은 존중받는다는 느낌을 받고, 코치를 받아들일 충분한 마음의 여유를 얻게 된다.

둘째, 말하기 방식이다. 말하기는 조직 구성원의 행동에 실제적인 변화를 가지고 오는 단계이다. 코칭에서 말하기의 핵심은 질문과 피드백이다. 질문은 통해 조직원이 스스로 문제에 대해 생각해 볼 수 있게 하고, 다른 시각으로 문제를 바라볼 수 있게 하고, 피드백을 통해 조직원을 더욱 발전한 단계로 나아가게 한다.

먼저, 질문은 열린 질문으로 말한다. 다시 말해 '예', '아니오'로 답변할 수 있는 질문이 아니라, 상대방이 스스로 문제를 인식하고 반응할 수 있게 질문을 하는 것이다. 예를 들면 '이것을 개선해야 합니까?'라는 질문이 '예'나 '아니오'라는 답변으로 국한된 닫힌 질문이라면, 열린 질문은 '어떤 점을 개선해야 한다고 생각합니까?'와 같이 행동의 변화를 촉진할 수 있는 질문이다.

피드백은 결과뿐 아니라, 과정과 노력에 대해 인정하고 개선 방향을 제시해 발전적인 방향으로 나아가게 하는 것이다. 예를 들어 "계약에 성공했군. 수고했어."라는 말보다 "그렇게 야근까지 해가며 고생하더니, 결국 계약에 성공했군. 고생했네."라는 말을 통해 결과뿐 아니라, 과정에 대한 노고도 인정하는 것이다. 또한 행동의 개선이 필요한 부분이 있다면 "왜, 그렇게 했나? 다음부터는 이렇

위대한 밴드들의 성공 이면에 위대한 프로듀서가 있었듯이, 위대한 조직의 성공에는 조직의 성공을 돕는 탁월한 코치가 있다. "내 인생에서 가장 큰 도움이 되었던 조언은 '코치의 도움을 받아라'였다." 구글의 CEO 에릭 슈미트Eric Schmidt의 말이다.

게 하게."라는 식이 아니라 "자네는 잠재력이 있어. 더 개선하고 싶은 사항이 있나?"라는 식으로 대화를 시도해 보는 것이다.

위대한 밴드들의 성공 이면에 위대한 프로듀서가 있었듯이, 위대한 조직의 성공에는 조직의 성공을 돕는 탁월한 코치가 있다. "내 인생에서 가장 큰 도움이 되었던 조언은 '코치의 도움을 받아라'였다." 구글의 CEO 에릭 슈미트Eric Schmidt의 말이다. 이제 조직 구성원의 의견을 경청하고, 적절한 질문과 피드백을 통해 코칭의 문화를 조직에 심어 보자. 코칭 문화의 확산을 통해 조직원의 변화를 돕고 스스로 답을 찾아내는 성장하는 조직을 만들 수 있을 것이다.

6

린킨파크가 사회적 메시지를
전하는 방법

미국 자폐아동 보호단체^{Autism care and treatment}, 자연재해, 인재를 위한 인도주의적 구호단체^{Aid Still Required}, 의료 자선단체인 시티 오브 호프^{City of Hope}, 해비타트 주거지원 비영리기구^{Habitat For Humanity}를 포함 19개의 자선단체와 비영리기구를 지원하고 운영하는 조직이 있다. 이는 정부 기관도 일반 기업도 아닌, 하이브리드 메탈이라는 특이한 장르를 추구하는 미국의 인기 록 밴드 린킨파크^{Linkin Park}이다.

1996년 결성된 이 밴드는 데뷔 앨범 〈하이브리드 띠어리〉^{Hybrid Theory}를 시작으로 앨범을 발매할 때마다 빌보드를 포함한 여러 해외 차트에서 플래티넘을 기록한 정상급 밴드다. 린킨파크는 결성된 후 지금까지 단 한 번의 실패도 없었다. 아메리카 뮤직어워드, 그래미, MTV 뮤직어워드 등 각종 시상에서 40여 차례 수상하며, 발매되는 모든 앨범이 상업적인 성공을 거뒀다.

린킨파크의 공연에는 독특한 특별함이 있는데, 공연 시작 전에 사회복지 기관, 환경 및 인권 단체 등 다양한 기관에 대한 회원 가입 및 기부 행사가 진행된다는 점이다. 팬들은 자신들의 기호에 맞게 인권 운동에 서명을 하기도 하고, 자신의 골수를 기부하기도 하면서 다양한 사회 활동을 진행한다. 팬들 사이에서도 린킨파크의 주요 키워드는 '기부', '자선 활동'일 정도로 이 탑 밴드의 주된 관심사는 사회 활동에 집중되어 있다.

린킨파크는 1집의 성공에 이어 2집 작업을 하면서부터는 본격적으로 자선 행보를 시작했다. 허리케인 카트리나를 위한 피해복구비 10만 달러 기부, 미국 특수부대 군인 재단을 위해 7만 5천 달러 기부, 공연 전 기부자들과 함께 저녁식사를 진행하는 〈프리쇼〉 Pre-show 프로그램 진행 등 수많은 자선 활동을 펼쳤다. 일반 구호 단체에서도 진행하기 힘든 다양한 활동을 매년 펼쳐온 것이다.

| 린킨파크가 보여준 진정성 있는 사회적 활동 |

기업들도 다양한 이유를 가지고 사회적 활동에 참여한다. 세금 감면 혜택을 위해, 혹시 모를 사회적 반발의 사전 예방을 위해, 또는 마케팅 및 브랜드 이미지 관리 도구로 활용하기도 한다. 이렇듯 예전에 비하면 더욱 다양하고 적극적인 방법으로 사회적 활동을 진행하고 있지만, 아직도 기업들의 사회적 활동에 대한 의식은 그리 달라지지 않은 것 같다.

기업 사정이 어려워질 경우 경비 삭감 대상에 가장 먼저 오르는 것 중 하나는 사회적 활동 예산이다. 기업에서는 사회적 활동을 단순한 비용 지출로 인식하는 경향이 짙기 때문에 이런 활동들은 일회성 또는 단기적으로 끝나는 경우가 허다하다. 유독 우리나라에서만 흔히 볼 수 있는 기업들의 '시즌성' 사회적 활동이 그 단적인 예다. 겨울만 되면 기업들이 유독 착해지는 것이다. 사랑의 김장 담그기, 사랑의 연탄 나눔, 사랑의 집수리 등은 겨울이 되면 어김없이 신문과 TV에 등장하는 기업들의 사회활동 레퍼토리다. 이와 같은 나눔이나 봉사로 훈훈한 사회적 분위기가 조성된 것처럼 보이지만 이는 곧 단편적인 사회적 활동의 한계를 드러낸다. 그러한 사회적 활동으로 수혜자의 실질적인 혜택이 그다지 높지 않으며, 얼마나 도움을 받았는지조차 알지 못하는 사례가 빈번히 일어나는 것이다.

사회적 책임에 대한 기업 내의 부정적 인식 또한 기업의 사회적 활동의 한계를 보여준다.

매출을 올리고, 이익을 내서, 주주들에게 배당하고, 해마다 직원들 급여 올려주기도 빠듯한데 너무 기업에만 사회적 책임과 부담을 지우는 것 아니냐는 시각이다. 이런 상황에서 사회적 활동에 대해 기업이 지향해야 하는 올바른 방향을 린킨파크의 사회적 활동을 통해 생각해 보자.

린킨파크가 사회적 활동을 전개함에 있어 가장 중요하게 생각했던 것은 사회에 대한 유익과 진정성이었다. 린킨파크의 베이시스트 데이브 패럴Dave Farrell은 그들이 직접 세운 구호단체인 '뮤직 포 릴리프'Music for Relief의 10주년 기념행사 인터뷰에서 그들이 사회 활동을 시작하게 된 동기에 대해 말한 적이 있다. "2004년 인도양에 불어 닥친 쓰나미의 영향으로 동남아시아 지역의 사람들이 큰 아픔을 겪는 것을 목격했습니다. 이후 우리는 자연 재해의 생존자들을 돕고 재해를 예방할 수 있는 비영리 단체를 설립했습니다. 이는 밴드의 명성이나 유익과는 무관한 것이었고, 우리는 단지 지속적으로 이들을 도울 수 있는 방법을 찾고 싶었죠." 즉 이들은 진정성 있는 동기와 신념에 따라 사회적 활동을 전개해 왔으며, 밴드의 유익과 사회적 유익을 분리시켰다. 그런데 이들의 사회적 활동의 긍정적 이미지는 밴드의 음악적 성공에도 큰 영향을 미쳤다.

〈월스트리트〉Wall Street는 "기업이 공공의 이익을 위해 행동할 책임을 갖는 것과 그것으로부터 이윤을 창출한다는 아이디어는 근본적으로 결함이 있다."고 비판하며, CSRCorporate Social Responsibility 활동을 통한 수익 모델을 고민하는 기업들에 대해 비판을 한 바 있다. 기업의 사회적 책임을 이윤을 위한 수단으로 이용하는 순간, 그것은 단순한 홍보 마케팅과 비즈니스 전략으로 전락하고 만다. CSR이란 수익의 일부를 기부하는 수준이 아니라, 사회의 이익을 함께 고민하고 긍정의 영향력을 넓혀 지역 사회와 함께 성장하려는 노력이 필요하다는 것이다.

스타트업, 록스타처럼 성공하라

| 린킨파크의 사회적 활동 방법 |

그렇다면 린킨파크가 전개한 사회적 활동의 방식은 무엇이고, 이를 통해 기업이 생각해 볼 점은 무엇일까? 린킨파크는 직접 구호 활동에 참여하기도 했지만, 주된 방식은 음악을 통하는 것이었다. 즉 자신들의 본업이자 가장 잘할 수 있는 음악을 통해 효율적으로 메시지를 전달하는 방식을 취한 것이다.

2010년, 300만 명에 이르는 피해를 기록한 대지진이 아이티에 서 일어났다. 그렇지 않아도 빈곤했던 나라에 덮친 이 대재난은 아이티의 모든 희망을 앗아간 것 같았다. 지진 발생 직후 린킨파크는 곧바로 아이티를 방문해 문제의 심각성을 파악하고 '낫 얼론'Not Alone이라는 타이틀의 뮤직비디오를 만들었다. 이 뮤직비디오에는 모든 것이 무너져버린 절망적인 아이티의 모습이 강한 메시지와 함께 담겨 있었고, 이는 전 세계에 아이티의 참상을 알리는 계기가 되었다.

린킨파크는 이 노래를 통해 15만 달러의 기금을 마련해 아이티에 전달하는 한편, '넌 혼자가 아니야'라

2010년, 300만 명에 이르는 피해를 기록한 대지진이 아이티에서 일어났다. 지진 발생 직후 린킨파크는 곧바로 아이티를 방문해 문제의 심각성을 파악하고 '낫 얼론'Not Alone이라는 타이틀의 뮤직비디오를 만들었다. 이 뮤직비디오에는 모든 것이 무너져버린 절망적인 아이티의 모습이 강한 메시지와 함께 담겨 있었고, 이는 전 세계에 아이티의 참상을 알리는 계기가 되었다. 본업을 통해 사회적 활동에 접근하는 방식은 비단 밴드뿐 아니라, 기업에도 유의미한 방식이다. 기업 활동과 사회적 활동이 궤를 같이하며 지속적이고 실제적인 사회적 활동을 전개할 때 진정성 있는 사회적 책임의 실천이 이루어지고 지역 사회와 기업 모두에게 유익을 가져온다.

는 노래 가사를 통해 아이티에 큰 위로의 메시지를 전했다. '낫 얼론'의 영상이 9백만 조회 수를 기록하며, 세계적으로 큰 영향력을 끼친 덕분이었다.

본업을 통해 사회적 활동에 접근하는 방식은 비단 밴드뿐 아니라, 기업에도 유의미한 방식이다. 기업 활동과 사회적 활동이 궤를 같이하며 지속적이고 실제적인 사회적 활동을 전개할 때 진정성 있는 사회적 책임의 실천이 이루어지고 지역 사회와 기업 모두에게 유익을 가져온다.

유한킴벌리의 사회 활동 사례를 살펴보자. 유한킴벌리는 30여 년 전부터 기업의 이익을 떠나, 사회에 보탬이 되는 사회적 운동이 필요하다고 생각했고, 그것을 기업에서 주도적으로 실행해야겠다고 생각했다. 그리고 이를 자신들이 가장 잘할 수 있는 방식으로 접근하고자 했다.

유한킴벌리의 화장지, 기저귀 등 주력상품은 모두 나무의 펄프에서 만들어졌으니 이들은 나무를 심기로 했다. 이렇게 해서 탄생한 것이 헐벗은 국토에 나무를 심고 하천을 복원하는, 바로 '우리 강산 푸르게 푸르게' 캠페인이었다.

유한킴벌리가 캠페인을 시작할 당시에는 사회적인 의식 부족이 큰 어려움이었다. 당시에는 국가 소유의 땅에 나무를 심으면 벌금이 부과될 정도로 나무 심기에 대한 사회적 이해와 관심이 부족했었다. 쉽지 않은 결정이었고 회사 내에서도 반대가 심했다. 그러나 세월이 흐른 지금, 이 캠페인은 지역 사회 발전과 더불어 유한킴벌리가 함께 성장할 수 있는 원동력이 되었다. 그동안 심어온 5천만 그루의 나무로 황폐화되었던 산림이 복구되었으며, 이를 통해 친환경 브랜드로서의 이미지를 굳건하게 세울 수 있었기 때문이다.

한 가지 더 살펴볼 것은 린킨파크에게 있어 사회적 책임 활동은 그들만이 모든 것을 떠안고 가는 개념이 아니라는 점이다. 이들은 진심으로 사회에 공헌할 수 있는 아이템을 찾아 고객과 공유하여, 공감을 일으키고, 모든 구성원들이 책임을 함께 나눌 수 있게 했다. 페이스북 팬클럽 '린킨파크 언더그라운드'^{Linkin Park Underground}는 세계에서 가장 많은 회원을 보유한 것으로 유명하다.

린킨파크는 60만 팔로워에 달하는 이 거대한 팬클럽을 통해 자신들의 구호 활동의 메시지를 전달한다. 이 팬 사이트에서는 전 세계적으로 구호가 필요한 나라와 소식이 공유되며, 린킨파크의 구호에 대한 의견과 생각들이 공유된다. 이를 통해 팬들은 자연스럽게 사회적 문제에 대해 고민하게 되고 린킨파크와 더불어 사회적 활동에 참여하게 되는 것이다.

2011년 반기문 유엔 사무총장이 유엔본부로 이들을 초청했다. 유엔이 추진하고 있는 지속가능한 에너지 개발의 후원자로 린킨파크를 지목했기 때문이다. 반기문 총장은 "전 세계적으로 3천만 명의 사람들이 전기 부족으로 불편함을 겪고 있습니다. 우리는 유엔의 에너지 효율화 사업이 사회적으로 이슈화되었으면 합니다. 그리고 린킨파크는 우리의 메시지를 펼쳐줄 것이라고 생각합니다."라고 말하며, 린킨파크의 영향력을 통해 유엔의 메시지가 세계에 전달되기를 원했다. 린킨파크는 팬 커뮤니티에 관련 소식을 공유하여 메시지를 전달하였고, 이를 통해 유엔의 에너지 사업은 대중들의 큰 관심을 받게 된다.

이처럼 린킨파크는 사회 문제에 대한 진지한 접근을 통해 필요성을 체감하고, 진정성 있는 사회적 활동을 펼쳐 왔다. 밴드의 브랜딩을 위한 활동이 아닌, 사회적 책임에 대한 공감을 바탕으로 한 자발적인 활동이었다.

이들은 가장 잘할 수 있는 방식을 통해 효율적으로 메시지를 전달했으며 사회적 문제를 공유해 구성원들과 함께 해결해 나가는 지혜가 있었다. 이것이 우리가 린킨파크를 통해 배울 수 있는 사회적 책임의 교훈일 것이다.

2017년 7월, 린킨파크의 보컬 체스터 베닝턴^{Chester Bennington}이 41세의 나이로 갑작스럽게 세상을 떠났다. 심한 우울증으로 인한 자살이었다. 다양한 방식으로 수많은 생명을 구했던 베닝턴이 자신의 생명은 구할 수 없었다는 안타까움에 팬들과 언론은 그를 그리워하며 애도했다.

2017년 10월, 세계적 뮤지션들이 대거 참여한 가운데 미국 LA에서 대규모 추모 공연이 진행됐다. 그리고 공연장에서는 린킨파크와 베닝턴의 정신을 이어받아, 우울증 등 정신적 문제를 겪는 개인과 가족을 돕기 위한 프로그램을 후원하는 기부 활동이 이어졌다. 뿐만 아니라 린킨파크는 자살 예방 홈페이지를 개설해 이런 불행이 다시는 일어나지 않도록 대중들에게 삶의 소중함에 대한 메시지를 전달했다. 비록 린킨파크의 큰 별은 졌지만, 그의 정신은 팬들과 후대 밴드들에게 전해져 오늘날까지도 그 영향력이 계속 이어지고 있는 것이다.

7

퀸, 존중의 문화에서 나오는
팀의 성과

영국에는 두 명의 여왕이 있다. 엘리자베스 2세와 그리고 밴드 '퀸'Queen이다. '퀸'은 우리나라에서 유독 인기를 끌었다. 전 세계 음반 판매량은 2억 장을 넘어섰고, 이들의 인기에 힘입어 퀸의 전기 영화 〈보헤미안 랩소디〉는 우리나라에서만 천만에 가까운 관객 수를 동원할 정도로 흥행에 성공했다. 또한, 퀸은 전자제품, 자동차, 음료, 스포츠 등 전 세계 수많은 광고주들에게 가장 사랑받는 밴드 중 하나로 유명한데, 이들의 다양한 음악 스타일과 프레디 머큐리의 호소력 짙은 보컬이 주는 흡입력이 시청자의 귀를 사로잡는 힘이 있기 때문이었다.

퀸은 음악적 특이성 때문에 평론가들 사이에서 좋지 못한 평가를 받기도 했지만, 이들보다 음반을 많이 판매한 밴드는 비틀스,

레드 제플린 외에는 없을 정도로 상업적으로도 큰 성공을 거둔 밴드였다. 퀸은 록 음악을 팝의 반열에 올려놓았고, 이를 통해 가장 대중적인 록 음악을 선보여 대중들의 사랑을 받은 밴드였다. 영미 음악계의 최대 거장으로 불리는 엘튼 존은 "퀸은 로큰롤 역사상 가장 중요한 존재"라고 언급하며 이들이 남긴 음악적 영향력에 대해 칭송했으며, 2004년에는 영국 음악 명예의 전당에 이름을 올려 영국 록 음악이 아닌 영국 음악을 대표하는 국민 밴드로 자리매김했다. 이런 큰 성과에 빛나는 밴드 퀸의 성공 비결은 무엇일까?

│ 전문가가 모여 시너지를 내는 조직 │

퀸이 다른 밴드들과 구별되는 큰 특징은 이들이 모두 전문가들로 구성된 집단이라는 점이다. 음악적인 측면에서 볼 때 퀸의 멤버 모두가 단순한 세션이 아닌, 출중한 연주 실력, 화성 지식, 작곡 및 편곡에 능통한 전문가들이었다. 로버트 존슨^{Robert Johnson}, 에디 반 헤일런^{Eddie Van Halen}처럼 당대 유명 뮤지션과 밴드들도 악보를 읽지 못하거나, 한 명의 작곡가에게만 의존했던 데 비해, 퀸은 탁월한 음악적 지식과 작곡 실력으로 멤버 전원이 작곡가 명예의 전당^{Songwriters Hall of Fame}에 헌액된 최초의 밴드였다. 프레디 머큐리는 '보헤미안 렙소디'^{Bohemian Rhapsody}와 '위 아 더 챔피온'^{We Are the Champions}을, 브라이언 메이는 '위 윌 록 유'^{We Will Rock You}, '타이 유얼 마더 다운'^{Tie Your Mother Down}을, 로저 테일러는 '라디오 가가'^{Radio Ga Ga}, '카인

어브 매직'A Kind of Magic, 존 디콘은 '아이 원투 브레이크 프리'I Want to
Break Free, '어나더 원 바이츠 더 더스트'Another One Bites the Dust 등의 히트
곡을 작곡했다. 퀸은 멤버들이 작곡한 곡을 모두 빌보드 싱글 차
트 1위에 올린 유일무이한 밴드였고, 이들처럼 보컬부터 드럼까지
모든 멤버가 음악적 이해가 깊고 작곡 및 보컬이 가능한 밴드는
유례가 없었다.

동시에 이들은 음악을 벗어나 개인적인 커리어 측면에서도 각
자의 성향에 따라 공부를 지속해온 전문가들이었다. 수많은 밴드
의 멤버들이 제대로 학교를 다니거나 졸업하지 못했다. 너바나
Nirvana의 커트 코베인Kurt Cobain, 오아시스Oasis의 리암 갤러거Liam
Gallagher, 건즈 앤 로지스Guns N' Roses의 슬래쉬Slash, 머틀리 크루Mötley
Crüe의 니키 식스Nikki Sixx의 학력은 고교 중퇴였다. 미국 연구 기관의
결과에 따르면 90%의 록스타가 고졸 학력이거나 고등학교 중퇴라
고 한다. 하지만 퀸은 놀랍게도 모든 멤버들이 대학 졸업 이상의
학력을 보유하고 있었다. 보컬인 프레디 머큐리Freddie Mercury는 그래
픽 아트 학사학위 소유자이고, 드럼 연주자인 로저 테일러Roger Taylor
는 런던 치과대학을 나온 의사 지망생으로 생물학 학위를 가지고
있다. 기타리스트 브라이언 메이Brian May는 런던의 임페리얼 칼리지
에서 물리학과 수학을 전공했으며, 천체물리학 박사학위를 가진
천문학자이다. 그는 1970년대 콩코드 비행기를 타고 개기일식 관
측을 진행하던 프로젝트팀의 멤버이기도 했다. 베이시스트 존 디
콘John Deacon은 대학에서 전자공학을 전공한 공학도였다.

　　　　　　　　　　　　스타트업, 록스타처럼 성공하라

그렇다면, 퀸이 보여준 것처럼 전문가들을 모으면 좋은 성과를 낼 수 있을까? 결론만 말하자면 그렇지 않다. 수백 명의 IT 전문가가 달라붙어 진행한 맥도날드 ERP 통합 프로젝트가 실패로 끝났고, 엔지니어, 소프트웨어 개발자, 프로젝트 매니저가 대거 투입된 구글 글라스 프로젝트 또한 같은 운명을 맞았다. 하버드 비즈니스 스쿨의 보리스 그로이스버그Boris Groysberg 교수는 팀에 전문가들이 한 명 추가될 때마다 성과는 한계효용을 보이며 어느 순간 오히려 성과가 떨어진다는 것을 밝혀냈다. 그리고 전문가들의 분야가 서로 유사할 때 성과가 더 떨어지는 것으로 나타났다. 퀸이 보여준 성공의 핵심은 단순히 전문성을 지닌 멤버들로 팀을 구성했다는 데 있지 않다. 퀸은 이들의 전문성을 성과로 연결시킬 수 있는 그 이상의 무엇을 가지고 있었다.

| 전문성을 성과로 연결시키는 존중의 문화 |

퀸이 성과를 내는 조직으로 위대했던 점은 이들이 서로를 존중하는 팀문화를 가지고 있었다는 것이다. 그리고 이를 통해 팀의 시너지를 높이고 의미 있는 결과물을 만들어 낼 수 있었다.

구글의 인력분석팀은 성과를 내는 팀의 비밀을 파헤쳐 공개한 적이 있다. 일명 〈아리스토텔레스 프로젝트〉Project Aristotle 로 명명한 이 프로젝트는 전문가들로 구성된 180개 팀을 분석해 팀의 성과에 가장 큰 영향을 미치는 요인이 무엇인지 찾아내는 것이었다. 사회학자, 조직심리학자, 통계학자 등으로 꾸려진 이 프로젝트 팀은 4년에 걸쳐 여러 가지 변수와 팀의 성과를 분석했다. 이들은 팀원들의 학벌, 경력, 성향, 취미, 팀원 간의 관계 등 수많은 변수를 분석하여 다음과 같은 결론을 내린다. "성과가 높은 팀은 멤버들의 발언권이 거의 같은 비중으로 나타났다. 그리고 다른 사람들의 목소리 톤, 표정, 제스처와 같은 비언어적 신호를 포착하는 능력이 뛰어났다." 프로젝트 리더였던 줄리아 로조브스키[Julia Rozovsky]는 타인에 대한 존중과 공감 능력이 성과를 내는 팀의 비결이라는 결론을 내리고 프로젝트를 마무리한다.

퀸의 성공도 이와 같았다. 퀸이 조직으로서 갖는 가장 큰 특징은 바로 멤버들의 의견을 존중하고 멤버들의 음악에 공감하여 최대한 밴드의 성과에 반영하려는 노력이 있었다는 것이다. 퀸은 그들의 노래에 스피드 메탈, 글램 록, 헤비메탈, 프로그레시브, 아레나 록 등 수많은 음악적 장르를 시도하여 밴드 음악사에 다양한 영향을 끼쳤는데, 이는 멤버 각자가 추구하는 음악적 스타일과 의견을 모두 수렴하여 앨범에 녹여냈기 때문이다. 즉 이들은 서로의 창작물을 인정해주고, 존중함으로써 퀸만이 들려주는 독특한 사운드의 개성을 확립했다. 퀸 스타일의 음악을 계승하는 후배 밴드가 없는 것은 이들이 그만큼 다양한 음악을 시도했다는 반증이며, 그 비결은 서로를 존중해 주는 팀 문화에서 찾을 수 있다. 따라서, 얼핏 보면 쇼맨십이 강했던 프론트 맨 프레디 머큐리가 팀 전체를 리드하는 것 같지만 모든 멤버들이 자유롭게 토론하며 서로 합의

해서 결론을 도출했다. 여러 인터뷰에서 프레디가 "나는 리더가 아니다. 나는 밴드의 리드보컬일 뿐이다."라고 강조한 것은 이러한 이유에서였다.

존중과 공감의 조직 문화에 멤버들의 전문성이 접목되자 퀸은 강한 시너지를 내며 성과를 내기 시작한다. 그래픽 아트와 일러스트레이션을 전공한 프레디 머큐리는 앨범 표지 작업 및 퀸이 로고로 사용하고 있는 문양을 직접 디자인했으며, 무대 연출을 담당했다. 멤버들은 커리어의 전문성을 존중하여 프레디의 의견을 적극 수용했으며, 서로의 전문성을 접목해 성과로 연결시키기 시작했다. 무대 공연 장비에 이상이 생길 경우 전자 공학을 전공한 존 디콘이 직접 장비를 수리했다. 또한 디콘은 전기공학적 지식을 활용해 자신들만의 독특한 사운드를 낼 수 있는 음향 장치들을 개발해 앨범 레코딩에 적용했다. 수학, 통계학, 물리학을 공부해 논리적이고, 체계적인 사고에 뛰어난 브라이언 메이는 화려한 기타 속주 대신 화성학을 근거로 한 치밀한 연주를 선보였다. 뛰어난 화성 지식을 바탕으로 짜여진 고도의 변주 테크닉은 앨범의 음악적 완성도를 높이는 데 크게 기여했음은 물론이다.

휴렛팩커드Hewlett-Packard의 창립자 윌리엄 휴렛William Hewlett은 직원의 입장에서 생각하고, 직원을 존중했던 것이 실리콘밸리에서 휴렛팩커드가 괄목할 만한 성공을 이룰 수 있었던 비결이라고 말한 적이 있다. IBM 창업자 토마스 왓슨Thomas J. Watson 또한 탁월함, 수준 높은 서비스와 더불어 사람들에 대한 존중을 IBM의 3대 경

조직에서 필요한 것은 성과를 내기 위한 전문가들이다. 하지만, 전문성을 성과로 연결시키기 위한 핵심은 존중과 공감이라는 조직의 토대에서 나올 수 있음을 기억해야 할 것이다. 그리고 이것이 퀸이 단순한 밴드를 넘어서 위대한 밴드로 거듭나게 된 비결인 것이다.

영원칙으로 내세웠으며, 이를 어기지 않는 한 직원들의 실수를 용인해주는 조직 문화를 구축해 기업을 성장시킬 수 있었다. 조직에서 필요한 것은 성과를 내기 위한 전문가들이다. 하지만, 전문성을 성과로 연결시키기 위한 핵심은 존중과 공감이라는 조직의 토대에서 나올 수 있음을 기억해야 할 것이다. 그리고 이것이 퀸이 단순한 밴드를 넘어서 위대한 밴드로 거듭나게 된 비결인 것이다.

8

U2, 사회적 책임에서
사회적 기업으로

최근 디젤게이트^{Diesel gate}로 불리는 배출가스 조작 스캔들로 각종 뉴스에 지면을 차지한 폭스바겐은 미국에서만 3조 원의 과징금을 물었다. 환경에 대한 기업의 책임을 저버린 대가였다. 〈포춘〉^{Fortune}지가 6회 연속 '미국에서 가장 혁신적인 기업'으로 선정했던 에너지 기업인 엔론^{Enron Corporation}은 분식회계 등의 부정부패로 파산하고 말았다. 직원들은 직장을 잃고 거리로 내몰렸으며, 투자자들은 막대한 주식과 투자자금 모두를 잃었다. 법률적 책임과 윤리적 책임의 망각에 대한 결과였다.

1996년 미국 잡지 〈라이프〉^{Life}지에는 파키스탄에 사는 12살 아이가 나이키 상표가 선명하게 찍힌 축구공을 바느질하고 있는 사진이 실렸다. 곧이어 나이키는 축구공 생산에 제3세계 아동의 노동력을 착취한다는 비난을 받으며 기업 이미지가 땅에 떨어지고 매출이 급감하는 위기를 겪어야 했다.

위의 사례들은 사회적 책임의 부재가 기업을 존속의 위험으로 내몰 수도 있다는 것을 보여주는 단적인 사례들이다. 이렇게 세계적으로 기업의 사회적 책임에 대한 다양한 이슈가 터지고, 기업들이 하나둘씩 몰락하면서 국내에서도 사회적 책임에 대한 인식이 많이 개선됐다. 아무리 뛰어난 제품이나 서비스를 보유한 기업이라도 하더라도 생산 과정에서 중대한 윤리적 문제가 있었다고 하면 하루아침에 소비자들로부터 외면 받을 수 있는 사회적 풍토가 마련되었고, 기업 내부적으로도 다양한 CSR^{Corporate Social Responsibility}(기업의 사회적 책임) 활동을 통해 사회적 책임을 지려는 다양한 움직임이 나타났다. 오비맥주는 청소년 음주 예방, 음주운전 근절 등 건전 음주에 대한 캠페인을 펼쳤고, 삼성은 연말이면 이웃 사랑 성금 활동을 꾸준히 해오고 있으며, 현대는 저소득층을 대상으로 창업용 차량을 지원하는 등 저마다의 분야에서 자발적인 CSR이 이뤄지고 있는 것이다. 하지만 이런 국내 기업들의 CSR 활동은 이내 한계를 드러내고 만다. 이들의 활동은 기업의 이윤 창출이라는 목표와 전혀 연결되지 않았기에, 기업들은 CSR 활동을 막연한 책임 정도로 인식하는 데 그쳤다. 따라서 CSR 활동은 기업의 환경이나 트렌드의 변화에 따라 변하는 단순한 비용 개념으로 생각되었다. 실제로 국제 여론조사 기관인 글로브스캔^{Globescan}이 조사한 CSR 인식조사에서 한국 기업의 80%가 CSR 활동이 이미

스타트업, 록스타처럼 성공하라

지 개선을 위한 것이라고 응답해 경제적 이익과 사회적 가치추구를 이분법적으로 구별해온 국내 CSR 활동의 한계를 명확히 보여주었다. 이런 기업의 CSR 활동의 한계를 벗어나기 위해서는 무엇을 해야 할까? 영국 밴드 U2를 통해 그 해답을 알아보자.

| 밴드의 명성을 통해 사회적 책임에 동참한 U2 |

영국의 4인조 록 밴드 U2의 리더 보노Bono는 개인적인 수상 이력과 훈장 목록이 밴드의 히트곡 못지않게 많기로 유명하다. 그는 에이즈에 대한 인식 제고와 제3세계의 부채 경감을 위해 앞장서온 노력을 인정받아 2003년, 2005년, 2006년 세 번이나 노벨평화상 후보에 이름을 올렸다. 2003년에는 프랑스의 레지옹 도뇌르 훈장ordre national de la Légion d'honneur(프랑스의 훈장 중 가장 명예로운 훈장)과 2006년 영국 기사 작위를 받았으며, 2005년에는 〈타임〉Time이 선정한 올해의 인물이 되었다. 2010년에는 아프리카의 가난과 질병을 퇴치하기 위한 자원의 교류와 경각심을 촉구하는 '원'One 캠페인에 적극적으로 참여한 공로를 인정받아, '인도주의 지도자상'을 수상하기도 했다. 이 모든 것은 보노가 U2의 브랜드에 힘입어 누구도 하지 못했던 사회적 책임 활동을 해온 공로를 인정받았기 때문이다.

"저는 유명세라는 것은 어리석지만 분명히 힘도 가지고 있다고 생각합니다. 우리는 우리가 가진 명성을 지혜롭게 사용하려고 노력합니다. 뭔가 좋은 목적을 위해 써야죠." 보노가 한 잡지 인터뷰에서 한 말이다. 그는 밴드가 성장하고 상업적으로 크게 성공했을 때, 그들이 사회에 미치는 영향력이 얼마나 큰지 깨달았다. 보노는 그저 그런 유명한 밴드가 아닌 위대한 밴드로 팀을 이끌고 싶었다.

보노는 음반과 콘서트 등으로 얻은 막대한 수입을 어떻게 하면 의미 있게 쓸 수 있을까, 늘 고민했다. 그의 이런 노력은 아프리카의 에이즈 환자들을 위한 구호 기금을 모으는 캠페인으로 연결되었다. 〈레드〉RED 캠페인이라고 불리는 이 캠페인은 생명, 탄생의 의미를 가진 빨간색을 테마로 한 캠페인이었다. 이 캠페인은 대단히 성공적이었는데, 애플은 주요 앱 개발사들과 협력해 앱 스토어에서 '앱스 포 레드'Apps for RED라는 코너를 운영하였고, 코카콜라, 나이키, 컨버스 등 세계적인 기업들이 이 캠페인에 참가해 큰 성과를 얻을 수 있었다.

밴드가 유명해지고 돈을 많이 벌자 보노는 새로운 생각을 했다. 미국 뉴욕에서 열린 제20회 로큰롤 명예의 전당 헌정식에서 패션사업을 통해 개발도상국을 돕겠다고 밝힌 것이다. 이제까지는 밴드의 수입과 유명세로 사회적 책임을 지는 활동을 해왔지만, 이제 개발도상국 구호라는 사회적 가치 자체가 목적이 되는 기업 활동을 하겠다는 것이다. 보노는 그의 아내 앨리 휴슨Ali Hewson과 함께 '윤리적 패션'이라는 모토를 가지고 에던EDUN이라는 패션 기업을 설립했다. 이는 개발도상국에 경제적으로 참여할 기회를 주자는 목적으로 만들어졌다. 여러 차례 아프리카를 방문한 보노는 현지인들과의 만남을 통해 그들이 원하는 것은 자선이나 구호품이 아니라 그들 스스로 경제활동에 참여하는 기회임을 알게 되었다.

에던은 저개발국 의류 노동자에게 이로운 방식으로, 의류 생산 과정에서 환경 피해가 가장 적은 방식으로 의류를 제작하여 '지속 가능한 패션'을 추구했다. 에던은 2005년 창립 이래 튀니지, 탄자니아, 케냐, 마다가스카르, 모로코 등에 지부를 두고 개발도상국과 아프리카에서 안정적인 일거리를 창출해오고 있다. 이후 기업의 가치를 알아본 루이뷔통이 에던과 손을 잡았고, 이를 통해 에덴은 전 세계 300여 곳에 진출을 하는 쾌거를 이룰 수 있었다. 그 결과 다시 밴드 U2의 명성을 세계에 알렸음은 물론이다.

| 사회적 기업이 결국 돈을 번다 |

U2가 보여준 사회적 기업 에던의 사례처럼 단순히 벌었으니 기부한다는 사고방식에서 벗어나, 기업 활동을 통해 사회적 가치를 만들어 낸다는 인식의 개선이 필요하다. 존경받는 기업들은 사회적 가치가 향후 기업의 생존으로 직결된다는 것을 일찌감치 깨닫고 사회적 책임을 아예 경영전략으로 흡수한 기업들이다. 이들 기업은 사회가 당면한 문제를 해결하고자 하는 노력으로 사업 기회를 개발해왔고 사회가 필요로 하는 가치를 제공할 줄 아는 기업들이었다.

UC버클리University of California, Berkeley 경영학과 존 데너John Danner 교

U2가 보여준 사회적 기업 에던의 사례처럼 단순히 벌었으니 기부한다는 사고방식에서 벗어나, 기업 활동을 통해 사회적 가치를 만들어 낸다는 인식의 개선이 필요하다. 존경받는 기업들은 사회적 가치가 향후 기업의 생존으로 직결된다는 것을 일찌감치 깨닫고 사회적 책임을 아예 경영전략으로 흡수한 기업들이다. 이들 기업은 사회가 당면한 문제를 해결하고자 하는 노력으로 사업 기회를 개발해왔고 사회가 필요로 하는 가치를 제공할 줄 아는 기업들이었다.

수는 최근 한 국제 포럼에서 "기업은 원래 사회적 기업이다. 그렇기 때문에 사회적 기업은 새로운 것이 아니며, 새로운 것은 기업에 대한 사회의 기대가 확장되고 있다는 점이다." 라고 말했다. 즉 사회에 가치를 제공하지 못하면 창업 자체가 성립될 수 없기 때문에 기업은 태생적으로 사회적 기업의 성질을 갖는다는 것이다. 이는 기업의 존재 목표가 단순한 이윤 추구에 있지 않음을 깨닫고 사회에 가치를 줄 수 있는 사회적 기업으로 변해야 한다는 점을 시사한다.

이제까지 이윤 추구라는 기업의 목표는 조직으로 하여금 어떻게 경쟁에서 살아남을 것인가에 집중하게 했다. 이는 경쟁을 기반으로 한 전략을 내세우고 모든 경영 활동을 펼치게 했다. 하지만 사회적 사명을 갖고 있는 사회적 기업은 가치 기반의 전략을 근거로 한 비즈니스 모델을 구축해 왔다. 그리고 이는 '사회적 목적 달성을 위한 비즈니스'라는 모순된 개념을 통해 사회를 변화시키는 혁신을 가져왔다.

미국의 안경 회사인 비전스프링VisionSpring의 사례를 살펴보자. 비전스프링은 '볼 수 없으면 일할 수 없다'라는 캐치프레이즈를 가지고 저렴한 가격의 안경을 저개발국가에 공급하여 저소득층의 자립을 도왔다. 저개발국가에서 안경을 구입할 수 없었던 이유는 바로 안경을 구입할 곳이 없었기 때문이었다. 즉 시력을 상실한 대부분의 사람들이 안경을 구입할 기회를 얻지 못하고 일자리를 잃었다. 비전스프링은 이런 접근성 문제와 가격 문제를 동시에 해결하기 위해 현지인들과 비즈니스 계약을 맺고 창업을 할 수 있게 지원했다. 또한 기부금 조성과 다른 사업체와의 파트너십을 통해 제작 단가를 낮췄고, 결과적으로 사람들은 단 4달러에 안경을 구입할 수 있게 됐다. 비전스프링은 방글라데시, 엘살바도르 등 5개국에서 9천 명의 기업가를 탄생시켰고 100만 개의 안경을 판매했다. 또한 시력 회복을 통해 저개발국가의 생산성을 증가시켰다. 이에 따른 회사의 급격한 매출 신장은 덤이었다. 비전스프링은 10년 동안 가장 빨리 성장한 사회적 기업에게 주어지는 Fast Company's Social Capitalist Award에서 3차례나 수상하며 나눔을 통해 가장 빨리 성공한 회사로 손꼽혔다.

우리는 많은 기업들이 CSR 활동을 전개하는 것을 보아왔다. 하지만, 이제까지는 조직의 CSR 활동이 대중의 주목을 끌 수 있는 이벤트를 기획하고 실행하는 방식으로 진행되어 온 것이 현실이다. 하지만 이제 사회적 가치가 더 큰 이윤으로 돌아올 수 있다는 사실을 기억하고 조직이 어떤 사회적 가치를 실현할 수 있을 것인지 고민해 봐야 한다. '돈을 벌었으니 환원하겠다'가 아닌, '환원함으로써 돈을 벌겠다'는 생각의 전환이 필요한 것이다.

수많은 밴드들이 명성을 얻고 막대한 부를 축적했어도, 사회적 가치와 함께 성장하지 못했던 밴드들은 결국 마약, 폭력, 섹스에 무너졌다. 세계적인 인기 록 스타가 된 U2가 돈과 인기가 전부인 음악시장에서 밴드가 추구해야 할 가치와 사회 문제를 함께 고민하고 해결하려했던 모습, 그리고 사회적 가치의 실현을 통해 함께 성장하려고 노력했던 모습들은 우리에게 큰 귀감이 된다. 이제 지역 발전과 함께 성장할 수 있는 진정한 사회적 가치 실현을 위한 비즈니스를 통해 영속하는 위대한 기업으로 발돋움해야 할 것이다.

　"제가 바라는 것은 여러 가지 문제를 다루는 사회 운동이 강력하게 일어나서, 저 같은 사람이 주도하는 일이 더 이상 특별한 일로 주목받지 않게 되는 것입니다. 결국은 록스타에 의해서가 아닌, 누구에 의해서나 사회 운동이 보편화되고 활발해지기를 소망합니다." 보노의 희망처럼 사회적 가치 실현을 위한 기업의 노력들이 모여 비즈니스의 성공뿐 아니라, 모든 사회 구성원들이 함께 가치를 실현해 가는 사회의 초석이 되길 희망한다.

에필로그

"창업자 정신은 마음속으로 반체제 사상을 형성한다. 그리고 이것이 실리콘밸리를 위대하게 만든다."

-스티브 블랭크 Steve Blank

미국 다큐멘터리 채널인 PBS에서 실리콘밸리 스타트업 기업에 대해 특집 다큐를 방영한 적이 있다. 내용의 주제는 '스타트업은 곧 저항의 문화'라는 것이었다. 이 다큐에서는 페어차일드 세미컨덕터Fairchild Semiconductor라는 트랜지스터 기업을 소개했다. 이 기업은 로버트 노이스Robert Noyce를 리더로 8명의 젊은 청년들이 모여 만든 회사로, 실리콘밸리 스타트업의 시초로 불리는 기업이다. 그들은 저항의 정신으로 보수적인 직장의 문을 박차고 나온 집단이었다. 그들은 기성 조직에 대한 반항으로 캘리포니아에서 창업을 시작했는데 이는 마음껏 시가Ciga를 피우고, 술을 마시며 아름다운 여성들을 실컷 볼 수 있기 때문이라고 한다. 즉 스타트업의 시작은 자신의 속한 조직의 부당한 권력과 획일화된 가치를 거부한 채 창조적 자유를 찾아 떠나는 여정으로 시작되었고, 이들이 시작한 이런 조직 문화는 실리콘 밸리의 상징이 되었다는 것이다. 위계가 아닌 평등, 안정이 아닌 도전, 순응이 아닌 반항, 그리고 정장과 보수가 아닌 청바지와 혁신의 문화가 바로 스타트업 문화라는 것이다.

그런 의미에서 스타트업은 록 밴드를 닮았다. 록 음악은 탄생부터 지금에 이르기까지 사회의 부조리함에 대한 비판과 억압에 대한 해방의 움직임이다. 록 밴드는 여러 시대에 걸쳐 보수주의에 반해 프롤레타리아 청년들의 반항을 보여주었고, 기성세대의 권위에 도전하는 저항을 상징하며 청년 시대의 음악적 헤게모니를 대표해 왔다.

페이팔PayPal의 공동 창업자 피터 틸Peter Thiel은 스타트업을 준비 중인 사람들에게 저항 정신을 강조하며 이런 조언을 한다. "당신이 하려는 것에 대해 '대부분의 사람들은 X라고 믿지만, 진실은 X가 아니다'라고 설명할 수 있을 때 비로소 당신은 스타트업 창업을 위한 올바른 방향으로 가고 있는 것이다." 즉 스타트업의 근간은 록 밴드가 보여주는 저항 정신과 일맥상통하며, 록의 저항 정신이야말로 스타트업을 성공에 이르게 하는 핵심이라는 것이다. 록 밴드들은 시대를 거슬러 올라가는 도전을 통해 혁신을 이뤄왔으며, 다양한 시도를 통해 성과를 관리하고 조직을 정비하며 거친 비즈니스 환경에 굴복하지 않고 오랜 세월을 버텨냈다. 이 모든 과정을 통

스타트업, 록스타처럼 성공하라

해 이들은 세계적인 영향력을 펼칠 수 있었고, 영속하는 조직을 다질 수 있었고, 지속적인 성과를 창출해낼 수 있었다. 이것이 스타트업에 도전하는 모든 이들이 록 밴드의 저항 정신을 배워야 할 이유이며, 이들이 걸어온 행보를 주목해 봐야 할 이유이다. ☆

스타트업,
록스타처럼 성공하라

세계적 록스타에게 배우는 스타트업 경영전략

제1판 1쇄 인쇄　　2019년 10월 10일
제1판 1쇄 발행　　2019년 10월 14일

지은이　　이용준
펴낸이　　김덕문

펴낸곳　　더봄
등록번호　　제399-2016-000012호(2015.04.20)
주소　　경기도 남양주시 별내면 청학로중앙길 71, 502호(상록수오피스텔)
대표전화　　031-848-8007　　**팩스**　031-848-8006
전자우편　　thebom21@naver.com
블로그　　blog.naver.com/thebom21

ISBN 979-11-88522-59-0　03320

ⓒ 이용준, 2019

저자와의 협약에 따라 인지를 붙이지 않습니다.
책값은 뒤표지에 있습니다.